Shanxi

Chanye Touzi

Jiegou Bianqian

1950 ~ 2010

山西产业投资结构变迁

1950 ~ 2010年

任力军　著

经济科学出版社
Economic Science Press

图书在版编目（CIP）数据

山西产业投资结构变迁：1950～2010年／任力军著.
—北京：经济科学出版社，2016.3
ISBN 978－7－5141－6519－7

Ⅰ.①山… Ⅱ.①任… Ⅲ.①产业结构－投资结构－研究－山西省－1950～2010 Ⅳ.①F832.725

中国版本图书馆CIP数据核字（2016）第020888号

责任编辑：周国强
责任校对：郑淑艳
责任印制：邱 天

山西产业投资结构变迁：1950～2010年
任力军 著
经济科学出版社出版、发行 新华书店经销
社址：北京市海淀区阜成路甲28号 邮编：100142
总编部电话：010－88191217 发行部电话：010－88191522
网址：www.esp.com.cn
电子邮件：esp@esp.com.cn
天猫网店：经济科学出版社旗舰店
网址：http://jjkxcbs.tmall.com
北京密兴印刷有限公司印装
710×1000 16开 16印张 290000字
2016年3月第1版 2016年3月第1次印刷
ISBN 978－7－5141－6519－7 定价：69.00元
（图书出现印装问题，本社负责调换。电话：010－88191502）

本书受“山西大学资源型经济转型协同创新平台”资助

前　言

产业投资结构变迁是产业投资结构体系整体或局部缓慢变化的过程。这一过程中，存在不同的动力因素和影响因素，它们之间的关系错综复杂，在它们共同的作用下，或是由局部变化引起整体变化，或是由整体变化导致局部变化，从而形成了产业投资结构变迁。

产业投资结构变迁是产业结构变迁和经济结构变迁的原因之一。不仅产业结构、经济结构的形成源于最初的产业投资结构，而且产业结构和经济结构的优化升级同样依赖于产业投资结构的优化升级。因此，研究产业投资结构变迁是研究经济结构变迁和产业结构变迁的基础之一。研究产业投资结构变迁就是对产业投资结构体系整体或局部的变化及引起这些变化的影响因素进行分析，以探求产业投资结构变迁的规律。

影响产业投资结构变迁的因素有很多，其中自然资源因素、政策因素、技术因素、沉淀投资以及需求因素是决定产业投资结构变迁的最主要因素。这五个最主要因素对产业投资结构变迁的作用是不一致的，在不同时期它们的影响程度有着明显的差异。本书在研究山西这个具有明显特点的资源型区域产业投资结构的基础上，根据不同时期五个最主要因素的作用不同，提出资源型区域产业投资结构变迁会经历三个不同阶段，即单一因素决定期、单一因素决定弱化期和多因素决定期。在每个阶段，产业投资结构变迁的五个最主要影响因素的决定作用是不同的，而这五个影响因素间的关系又是紧密相连的，它们的共同作用推动了资源型区域产业投资结构变迁。

本书依据决定山西产业投资结构变迁的影响因素作用变化将山西产业投

资结构变迁分为1950～1979年、1980～1999年和2000～2010年三个时间段，收集了大量文献资料和相关数据，对每个时间段山西产业投资结构变迁的背景、政策措施以及投资概况进行了分析，进而详细地从三大产业投资结构变迁、三大产业内部投资结构变迁、地区投资结构变迁、投资资金结构变迁等方面分析了每个时间段山西产业投资结构变迁的特点；针对每个时间段山西产业投资结构变迁的形成因素，采用因子分析法，对五个影响产业投资结构变迁的主要因素进行了计量分析；并对每个时间段的产业投资结构变迁的贡献及其对山西经济发展的影响进行了计量分析。

研究表明，1950～1979年山西产业投资结构变迁奠定了山西工业化发展道路，特别是重工业的发展；1980～1999年山西产业投资结构变迁，由于偏重于能源工业的发展，导致产业投资结构不合理，对山西经济产生了负面影响，而从三次产业内部结构变迁分析看，这一时期只有第三产业内部投资结构变迁的经济效益是正向的；2000～2010年山西产业投资结构变迁，第二产业（主要是工业）内部投资结构变迁的经济效益明显得到改善，使得山西产业投资结构变迁的总体经济效益也得到了好转。研究还表明，1950～2010年，影响山西产业投资结构变迁的五个最主要因素中，自然因素、政策因素和需求因素的影响要远远大于技术因素和前期投资因素，但技术因素的影响逐步显现，特别是在2000～2010年，但是对山西产业投资结构变迁的总体影响仍比较小。

本书采用协整检验方面，研究了1980～2010年山西产业投资结构变迁对山西经济增长的影响。研究表明，三大产业的固定资产投资结构变迁都会对山西的区域生产总值产生影响，但对第一产业产出的影响最大，对第二产业产出的影响最小；山西全社会固定资产投资只有对第二产业（工业）的产出影响是积极的，而对第一产业和第三产业的产出影响是负的。

此外，本书专门研究分析了1950～2010年国家投资对山西产业投资结构变迁的影响。研究表明，国家对经济资源的需求和山西自身资源供给优势是国家对山西投资的最重要因素；国家最初决定了1950～1979年山西产业投资结构变迁，但在1980～2010年山西产业投资结构变迁中，随着国家规模的下降，国家投资对山西产业投资结构变迁的作用逐步减小，而国家投资政策，特别是能源投资政策对山西产业投资结构变迁的影响是较大的。

目 录
CONTENTS

第1章 绪　论

1.1　研究背景和研究意义

1.1.1　本题研究背景

国民经济结构变迁和产业结构变迁可以说是过去产业投资结构变迁的结果。也就是说，不仅产业结构、经济结构的形成源于最初的投资结构，而且以后的调整和优化升级也要依赖于产业投资结构的调整和优化。因此，产业投资结构变迁的不合理，势必会造成产业结构变迁和经济结构变迁的不合理，最终表现为国民经济发展比例关系的失调。在宏观经济体系中，国民经济各产业之间的结构、产业内部的结构都是经济有机体的重要支撑。所以，产业投资结构变迁的研究是研究产业结构变迁、经济结构变迁的前提条件和基础。

以往国内外学者对产业投资结构进行了大量的研究，这些研究主要限于对某一时段上产业投资结构的研究，目的在于阐述或论证如何调整或优化某一时段的产业投资结构，而忽略了从长时段分析产业投资结构形成的原因和变化的规律，即产业投资结构变迁。

对于产业投资结构变迁的研究，就是要运用静态和动态的产业投资结构理论，运用产业投资结构的一般性决定因素，结合各个历史时期的国情和发展阶段，研究不同历史时期，在产业发展需求及市场条件变化的双重作用下，投资结构在各产业之间、产业内各部门之间的关系、决定因素以及不同历史时段产业投资结构的变化规律和影响因素，梳理历史，总结经验教训，为今后的产业结构调整和升级寻找一种合理的、符合经济发展规律的产业投资策略，以提高产业的竞争力，优化产业结构。

在中国的经济发展历程中，资源型区域的发展模式具有一定的相似性，其投资结构变迁在自身发展需要、国家经济体制变化和政策的影响，以及社会发展的需要的内外因共同作用下，极其容易形成单一的或不均衡的投资结构变迁，从而影响着本区域的经济发展。中国有很多地区都属于资源型区域发展模式，本书选择山西省作为研究对象，是因为新中国经济六十多年的发展主要能源是煤炭，而山西曾经是中国最大的煤炭资源供应地，是典型的资源型区域，受国家经济发展需要和政策的影响较深，为中国经济的发展做出了巨大贡献。丰富的煤炭资源没有让山西成为中国经济的大省、强省，也没有让山西人民因煤而过上富裕的生活，其人均 GDP 远远低于全国平均水平。丰富的煤炭资源留给山西的是单一的产业发展模式，巨大的环境发展压力，以及煤炭资源枯竭所带来的发展压力。而纵观中国其他资源型区域，几乎都与山西有着相同或相似的命运。其原因何在？如何破解这种发展困局？这不仅是山西要思考解决的问题，也是其他资源型区域要思考解决的问题。

在新中国成立六十多年的发展过程中，山西形成了以煤炭资源为主的较为单一的经济结构，而煤炭经济的发展使得山西经历了较快的工业化发展以及资源型经济发展带来的困局，当前还面临着资源型经济的转型发展要求，特别是 2011 年国家将山西作为“国家资源型经济转型综合配套改革试验区”，不仅关系到山西未来的发展，还关系到为其他资源型区域改革发展的探索。而山西现有的经济情况与山西以往的产业投资结构变迁是密不可分的，因此研究山西产业投资结构变迁不仅可以总结历史经验，更是要为未来像山西这样的资源型区域转型发展提供理论依据。山西产业投资结构变迁是在多种因素的共同作用下形成发展的，具有显著的资源型区域特点，在国家和山西经济发展不同历史时期发挥了不同的作用，本书旨在通过应用产业投资结构变迁的决定因素、产业投资结构变迁发展阶段等相关理论，应用历史学和经济学的研究方法，剖析新中国成立六十年山西的产业投资结构变迁，探索山西产业投资结构变迁的决定因素及其变化规律，分析山西产业投资结构变迁特点和变迁脉络，以及产业投资结构变迁与产业结构、经济增长之间的关系，并对转型时期的山西产业投资结构优化提出建议与对策，也为像山西这样的资源型区域转型发展提供一种研究思路。

1.1.2 本研究的理论和现实意义

1. 研究的理论意义。

本研究的理论意义在于：①研究资源型区域产业投资结构变迁的影响因

素及作用。新中国成立之后，中国步入了工业化发展道路，对于资源的需求越来越多，越来越倚重；国家为了解决资源限制瓶颈，也采取了各种各样的措施和政策。因此，资源型区域的产业投资结构以及由此决定的区域产业结构在其发展因素及变迁中是有共性的，这是本研究的理论意义之一。②研究资源型区域产业投资结构变迁的区域影响因素与国家影响因素之间的关系。影响因素分为主要影响因素和非主要影响因素，而主要和非主要因素又分为内因和外因。本书主要研究影响资源型区域产业投资结构变迁的主要因素，特别是在这些主要因素的影响中，是区域的内因还是国家的外因对资源型区域产业投资结构变迁的作用更大，为资源型区域产业投资结构发展提供理论意义上的参考，这是本研究的第二个理论意义。

2. 研究的现实意义。

本研究的现实意义在于：①按时间序列研究山西产业投资结构变迁。本书以产业投资结构变迁为研究视角，详细分析了山西产业投资结构的变化过程，即产业投资结构的形成、发展和效率，客观地评述了各阶段山西产业投资结构变化以及从历史发展的角度综合评述了山西产业投资结构变迁，这是以往研究山西产业投资结构的前辈们没有做过的。②研究山西产业投资结构变迁的规律。本书详细分析影响山西产业投资结构变迁的主要因素以及这些主要因素发挥作用的背景，进而深入研究山西产业投资结构变迁的规律和路径，旨在解决山西现有产业结构变迁的困惑，为改变“一业独大”的局面以及山西今后转型发展、跨越发展提供一种可借鉴的路径选择。

1.2　国内外研究综述

1.2.1　国外产业投资结构变迁的研究评述

在西方资本主义国家，投资主体是以私有制企业为主，而其投资行为是以利润最大化为准则的，所形成的投资结构及其变迁是在“看不见的手”的作用下完成的，因此，西方经济学家没有专门的针对产业投资结构及其变迁问题的研究。但是西方经济学中区域分工理论、投资理论、产业结构理论等都涉及了投资结构及其变迁的相关问题。

1. 古典经济学派对产业投资结构变迁的研究。

古典经济学派并没有专门研究投资结构变迁问题，但区域分工理论在研究投资结构问题时还是涉及一些投资结构变迁。

无论是亚当·斯密的绝对优势理论、大卫·李嘉图的比较优势理论，还是赫克歇尔—俄林的生产要素禀赋论，都是在说区域之间如何进行分工，即某一国家或区域应该投资什么产业，生产什么产品，然后进行自由贸易，从交换中获取区域利益的最大化，只不过是分工的依据不同而已。斯密认为分工的依据是由自然优势和获得性优势所决定的区域所具有的绝对优势，李嘉图认为分工的依据是比较优势，要素禀赋论则认为分工的依据是区域所具有的生产要素禀赋。这些理论间接影响到区域投资的方向，就是要去投资那些具有绝对优势、比较优势或与生产要素禀赋相一致的产品或产业。这就必然会形成以这些依据为指导的区域投资结构，而比较优势和生产要素禀赋的变化也必然会引起投资结构的变化。

区域分工理论实际上是对区域投资空间分布的一种解释、一种依据，是属于投资结构及其变迁的空间结构的研究范畴。

2. 产业投资理论中投资主体与投资结构变迁的关系。

受古典经济学中自由市场思想的影响，西方在投资主体上曾一直是个人或有经济学、法律上所指的经济人（法人/企业）。他们的投资出发点和最终动机，就是要获取最大利益，实现个人效用最大化。因而，投资什么取决于这些他们的个人或集体对市场等各个因素的综合判断。这种投资主体曾经给西方经济发展带来卓有成效的投资效果。但单一依据个人或经济人进行投资本身也存在着缺陷，投资的自发性、盲目性表现最为突出，特别是当经济出现危机时。所以，在20世纪20年代末30年代初资本主义国家经济大危机之后，特别是在凯恩斯经济学思想的影响下，西方资本主义国家改变了过去对个人或经济人作为投资主体的观念，投资主体就包括了个人、企业和政府。尽管如此，政府这个主体所投资领域也非常有限，西方国家的投资主体仍然是以企业或个人为主。

这一内容实际上是对投资结构中投资主体结构及投资结构变迁进行的研究。西方经济学对投资主体的认识的演变过程也说明在商品经济条件下投资主体的多元化是必然的结果。

3. 产业结构理论对产业投资结构变迁的研究。

西方关于产业经济学的研究热点之一集中在产业结构问题的研究，通过结构的研究进而研究经济增长问题，并形成了“产业结构理论”。西方“产业结构理论”的特点是使用多种较粗的产业分类，以经济发展这个动态眼光，寻求产业结构演变的一般规律。

最早揭示结构演变的基本方向的是经济学家威廉·配第，在其《政治算术》一书中，他从收入的角度得出结论“比起农业来，工业的收入多，而商业的收入又比工业多”。但由于时代的局限，威廉·配第没有对此问题进行深入的分析。新西兰经济学家费歇尔确立了对现代产业结构理论影响深远的三次产业分类法。而真正揭示产业结构演变规律的是英国经济学家克拉克，并提出了著名的“配第—克拉克定理”。美国经济学家库兹涅茨对国民收入核算的主要成分进行了国际间的比较，对产业结构变动的规律作了进一步的研究，指出各产业部门在经济发展中所出现的差异是引起产业结构变化的原因，现代经济增长实际上也是经济结构在经济增长进程中不断变化和更替的过程。德国经济学家霍夫曼对工业结构演变规律做出了开创性的研究，并根据二十个国家的时间序列数据，指出重工业化是一个国家或地区工业结构向高级化演进过程中必经的且较高级的阶段。钱纳里等人揭示了制造业内部转换的原因，即产业间的关联效应，这为了解制造业内部的结构变动趋势奠定了基础，同时还提出了经济增长即是经济结构转变的过程的论点。罗斯托提出的经济成长的“六阶段”理论从经济发展进程的角度解释了产业的更替过程，认为每个阶段都有起决定作用的主导部门，且它们都具有不同的特征，同时罗斯托也对产业间的扩散效应作了规范解释。日本经济学家筱原三代平提出了著名的动态比较成本说，认为产品的比较成本是可以转化的，从某一时点上在国际贸易中处于劣势的产业，从发展的眼光看却可能转化为优势产业，因此，对那些潜力巨大且对国民经济有重要意义的产业，不但不应放弃，而且还要扶持，使之成为强有力的出口产业，这一理论在日本的实践取得了巨大的成功，也为后进国家产业结构高级化提供了实现的途径。可以看出，产业结构理论蕴涵着产业投资结构变迁，是从产业结构的演变角度来研究产业投资结构变迁。

4. 马克思的投资结构变迁理论。

马克思对投资结构及其变迁也没有专门的分析研究，在其再生产理论中，总量分析和结构分析是浑然一体的。马克思将社会再生产按产品的最终用途分为生产资料生产和消费资料生产两大部类，并科学地提示出社会再生产进行的必要条件。马克思在其社会再生产理论中指出：在简单再生产过程中，第一部类的可变资本（V）加剩余价值（m），必须和第二部类的不变资本（C）相等，即Ⅰ(V + m) = ⅡC；在扩大再生产过程中，第一部类必须有积累，在补偿了两个部类所消耗的生产资料之外，再生产出一个余额ΔV，以满足扩大再生产对生产资料的需要，第二部类的产品除了补偿两大部类所消耗的消费资料外，还要再生产一个余额ΔC，以满足扩大再产对追加消费资料的需求。以m/X表示剩余价值用于消费的部分，则两大部类的关系式为Ⅰ(V + ΔV + m/X) = Ⅱ(C + ΔC)。此外，马克思还明确指出随着资本主义生产的发展，投资在机器和原料上的资本部分在增加，而用于工资上的资本部分是在减少的。可以看出，马克思对投资结构及其变迁的研究实际上是从投资结构内部来进行的分析，而投资结构的变迁也是生产过程的内部结构变化。

综上所述，区域分工理论可以间接为区域所形成的产业投资结构提供一种合理的解释；投资主体的变化，可以看出，投资主体结构多元化是投资结构变迁的必然结果；产业结构理论则更多的是研究产业结构变化规律及其与经济发展规律之间的关系；马克思的再生产理论则明确地分析了两大部类之间所存在的相互依存、相互促进的密切关系。尽管西方经济学家在研究产业结构时，没有对产业投资结构做出专门性的研究，但从其研究产业结构的成果中，也可以看出产业结构随着产业投资结构变化而呈现出有规律的变化，这也为专门研究产业投资结构提供了研究方法和理论依据。

1.2.2　国内产业投资结构变迁的研究综述

我国的投资体制与西方国家有着根本的不同，“看得见的手”和“看不见的手”在不同阶段的作用有着明显的不同。因此，研究我国的产业投资结构及其变迁的重点不应当只说明产业投资结构本身的内容，而更应当说明这一内容形成变化的原因。但是，我国学者对产业投资结构的研究成果丰富，而对产业投资结构变迁进行研究的成果却比较少，即便现有的一些成果也多为研究产业结构时有所涉及。

1.2.2.1 研究产业投资结构时涉及的变迁研究

1. 理论研究。

我国学者对产业投资结构变迁理论方面的研究主要集中于三个方面：

（1）某一阶段产业投资结构的决定因素。

基于西方经济学理论，我国学者研究认为自然条件、经济发展阶段、技术进步、组织要素是决定一国投资结构的现实因素和共同因素，但也不是绝对的，诸如国际贸易环境与开放度、经济发展战略与实施方式、一些非经济因素都会影响投资结构的形成。有学者则是从微观角度研究了产业投资结构的决定因素，认为产业市场进入壁垒、企业的时间视野和企业退出机制是产业投资结构的微观决定因素。还有学者认为，收入和需求也是投资结构的决定因素之一。戴玉林在其著作《投资结构论》① 中，从供给和需求两个方面、借助于投入产出模型，给出了一个静态的投资结构决定模型，从定量方面展示了投资结构决定的各种逻辑关系；此外，其研究还涉及对各国投资结构和我国投资结构的分析与评价，探索投资结构成长的一般规律以及我国投资结构成长演化的道路，并对优化我国投资结构的基准、条件、障碍与途径提出一些政策建议，其很多观点及方法都被后来学者广泛采纳，但其研究仅限与投资结构本身。

（2）某一阶段产业投资结构的评价标准。

20世纪80年代就有学者开始研究投资结构的衡量标准的方法论，从投资结构效益、技术进步、适应性等方面给出衡量标准；还有学者缩小研究范围，具体针对不发达地区来研究投资结构的评价标准。

90年代开始，我国学者利用数量经济学模型来探求产业投资结构的评价方法与标准。朱江（1990）就投资结构分析的基础理论进行了研究，提出了投资结构的描述格式和投资结构分析的结构及三种基本型（历史型、预测型和混合型），形成了投资结构的评价公式；周萍、赵炳新（1996）用目标规

---

① 戴玉林，《投资结构论》，中国金融出版社，1995年。

划方法设计了一类用于投资结构优化分析的数学模型，以确定系统内部各产业间合理的投资比例。

（3）不同阶段之间产业投资结构的变化及规律。

在进行具体问题的理论研究基础上，学者们在20世纪90年代，也开始对投资结构变化规律进行研究。刘立峰（1995）通过对基础产业与加工工业多种比例关系的历史分析，探讨各历史时期各类比例关系的合理性问题、比例关系的变化规律及变动特征，并对未来基础产业投资比重、基础产业与加工工业投资比例及基础产业内部投资比例进行了预测。一些学者还通过大量分析国外发达家的投资结构成长历程，总结出具有一般规律性的共同特点。

以上三个方面的研究成果中，第一个和第二个内容注重静态研究，而第三个研究内容则开始从动态的角度却研究产业投资结构，已经涉及了产业投资结构变迁的部分内容。事实上，较为全面涵盖投资结构问题的研究成果在我国并不多见，在可看到的文献中，除了前面已经提到的戴玉林（1995）的《投资结构论》外，李杰（2002）的博士论文则是从投资结构的内容出发重新构建了投资结构理论框架，并且将其研究突破了投资结构本身，把投资结构与产业结构联系起来进行分析。

2. 应用研究。

我国学者在进行理论研究的同时，也进行了更多的、丰富的应用研究，主要包括：

（1）针对农轻重的比例关系开展的产业投资结构变迁研究。

产业间的投资结构及产业内投资结构是产业投资的典型的两个方面，也是新中国成立后，在产业投资结构研究中最早出现的内容，这也与当时新中国投资结构存在的明显问题有关。

新中国成立至改革开放前的三十年时间，是我国为工业化发展打基础的三十年。在这三十年中，出现的产业间及产业内投资结构比例失调，完全是国家政策制定及地方政府对政策的理解出现了一定程度的偏差。针对当时经济发展中存在的问题，学者们就农业、轻工业和重工业的关系及其发展速度问题、积累与消费问题进行了研究。尽管这些研究并不是直接研究产业投资结构，但其问题的出现，本身就与产业投资结构不合理有着本质的关系。

学者们在研究农轻重比例关系的同时，也关注到投资效果。

进入20世纪80年代，就很少有学者单纯研究农轻重的比例关系，而是从政策、投资领域出现的现象来进行研究，进一步缩小研究范围，只对当时一些重要的产业投资分配进行研究分析。之后，学界研究的重点就放到投资结构优化方面。

（2）投资结构优化及调整而引起的投资结构变迁研究。

针对改革开放前形成的不合理的产业结构，从20世纪70年代开始，学者就把研究重点放在了结构优化及调整上，除了研究重点的变化外，学者也越来越重视采用数量经济学中分析方法来研究投资结构问题。

这个问题的研究存在一些共性特点。

在研究方法上，更加注重采用数量经济学中的一些具体方法，除了求伪逆法和常用的灰色关联法外，还主要有结构化分析、多元回归、相对势法、层次分析法、主成分分析法、动态规划法，还有学者将不同方法组合起来进行实证研究。当然，也有人采用其他方法进行研究，如文彬、马翔（2007）选择了从制度与效率的视角理解投资结构的优化，分析了投资结构与制度变迁的关系以及调整我国投资结构的制度安排，得出结论就是，我国宏观投资不存在总量过热，而是结构问题；不同的制度安排会对投资结构产生不同的影响，会导致不同的投资结构；制度效率决定结构效率。

从研究思路看，都属于通过使用不同的研究方法寻找出地方或区域产业投资结构的问题，从而提出合理实施并优化产业投资结构的政策建议。

从研究内容看，主要集中在以下两个方面：

一是对过去的产业投资结构效益和效率的研究。这类研究主要是从产业投资结构的效益或效率低下的角度来分析原因，并提出调整或优化建议。

二是对未来产业投资结构优化的研究，以解决产业结构及经济发展的问题。这类研究则立足于产业投资结构的调整与优化，即通过有效政策的实施预测、劳动生产率的提高、竞争力的提高等促进产业投资结构优化。

（3）对外商直接投资结构变迁的研究。

随着中国吸引外资的不断增多，外资也成为学者研究的热点。郭克莎（2000）对我国加入WTO后外商投资结构的变动趋势和效应做了分析，认为从外商投资结构看，将会出现一些合理的变动趋势，并对我国的产业结构调整产生某些有利效应；金仁淑（2000）对战后日本对外投资结构的变迁做了研究，认为日本对外直接投资结构不断变化，使其产业结构由资源开发型向市场开拓型结构的转变，由劳动密集型向资本技术密集型转变；何晓群（2005）从外商直接投资的主体构成、产业结构及区位分布三个方面分析了我国外商投资结构。

（4）区域性产业投资结构实证研究。

由于投资结构对产业结构、经济发展有着重要意义，学者们也更多地进行区域产业投资结构研究，这些研究多为采用一种或多种数量经济学方法来验证某一区域内投资结构状况，进而提出优化和调整的建议措施。而有些学者在研究区域性问题时，则把研究视角选择在了投资结构上。

这些实证研究基本上是从投资结构的结果入手进行研究，大多数的研究目的是为产业结构的调整和优化而服务的。另外，这些研究都忽略了产业投资结构形成变化的原因。

1.2.2.2　产业投资结构与产业结构关系研究中涉及的投资结构变迁

由于产业投资结构与产业结构之间有着相当密切的关系，产业结构对经济增长的影响和作用最大，是经济结构的核心，而产业结构的形成与演化又取决于产业投资结构的形成与变化，即产业投资结构变迁的轨迹。我国学者在这方面的研究也取得了丰富的成果。

理论研究的成果丰富。①从不同的视角研究了两者之间的关系和规律。有学者将投资结构、产业结构和经济发展联系在一起研究了投资结构运动与产业结构演进的相关规律（郭跃进，1987）；还有学者论述了投资结构与国民经济结构、生产力结构、产业结构等的内在关系，并就投资的质态结构、量态结构、时间结构等的演进规律和调整方法进行了深入的研究（黄汉江，1998）；程兴华（1999）、张中华（2000）认为对产业结构和投资结构起决定性作用的是市场需求结构，为了促进产业结构和投资结构的合理化，必需优化需求结构。②从理论的角度研究如何利用两者的关系和规律促进其结构的合理性。改革开放后，中国正逐步建立以市场经济体制为主导的经济体制，针对投资领域完全市场化的观点，学界有人就指出国家政策的重要性。如有学者就指出，产业投资结构不能仅参照市场机会信号，还要依据产业结构在经济发展进程中变化的一般规律，因此，我国的产业投资结构应有方向性的倾斜（吴小萌，1987）；还有学者指出：在开放经济系统中，整个国民经济和各地区产业与投资结构的配置，应立足于国际国内市场，以对策论为指导，积极寻找有发展空隙的产业，并就评价空隙、在空隙中崛起需要的条件、可能遇到的困难和采取的对策做了详细的研究（张中华，1987）。此外，张燕冰等（2002）根据投资结构与产业结构之间互相影响和制约的关系，运用灰色理论的方法，对产业结构的合理性、协调性进行了分析，对区域内投资结构与产业结构的关联度进行了分析；范德成、刘希宋（2003）就产业结构与产业投资结构之间的相互制约和相互影响的关系做了理论性的研究。

实证研究方面，学者多是对中国的产业投资结构与产业结构的关系从不同角度进行实证分析。有学者分析我国当时产业结构和投资结构的矛盾，从矛盾入手来指出要从经济体制深处分析两者不合理的症结，并提出了优化两者的综合措施建议（张仲敏等，1991）；李杰（2002）从中国产业投资结构的地区偏差入手，就如何调整投资结构进行了分析；陈婧（2007）在其硕士论文中运用定性和定量分析方法，对我国20世纪90年代以来的产业结构和产业投资结构状况进行了分析，对我国三次产业投资效率进行了比较分析，从中指出我国产业投资结构存在的问题，并提出相应对策建议。

1.2.2.3 以史料作为支撑、用归纳法等经济史分析方法研究产业投资结构变迁规律

受新中国成立的时间所限，从投资史的角度研究新中国成立后的产业投资结构，文献并不是很多。但在仅有的文献中，学者都从产业投资结构或投资的变化进程为研究对究对象，在大量的史料基础上，进行规律的探索。方敏（1991）在《试论我国投资结构的历史演变》[①] 一文中，根据我国投资结构演变过程的不同特征和原因，分成了两个阶段：重工业导向型的投资结构（1950～1978年）和需求导向型的投资结构（1979～1989年），对这两个阶段演变的条件和投资结构的特点做了详细的研究；曹尔阶等著的《新中国投资史纲》[②] 一书中用史学和经济学方法来考察和研究新中国成立以来投资活动发展的变化历史，作者通过对新中国成立以来近40年各个时期固定资产投

① 方敏，《试论我国投资结构的历史演变》，《投资研究》，1991年第10期，第34～41页。
② 曹尔阶等，《新中国投资史纲》，中国财政经济出版社，1992年。

资规模、投资布局、投资结构、投资管理体制以及投资速度、效益、成就和问题等发展演变情况的分析，研究了各个时期的投资指导思想，并从中总结出投资运动的客观规律；吴亚平著的《中国投资30年》① 系统回顾了改革开放三十年我国固定资产投资运行状况，全面总结投资建设、改革和发展的经验与教训，深刻剖析了当前投资领域存在的问题，并在第三章重点论述了三十年来我国产业结构和投资结构的变动趋势及特征，回顾了产业政策的演变历程，提出了未来我国产业结构调整方向和政策取向。

这种研究方法有助于研究某一历史阶段的产业投资结构的变化规律，但却忽视了不同历史阶段产业投资结构变化规律及原因的研究。

1.2.2.4 关于山西产业投资结构及变迁的研究

山西学者对山西产业投资结构进行了深入的研究。这些研究几乎涉及产业投资结构所包括的全部内容，但研究的出发点是以投资结构的效果为依据进行分析，进而提出产业投资结构优化升级的对策建议。

刘贯文在《山西经济社会发展战略》② 一书中从投资资金来源和投资资金运用两个方面总结出山西投资结构效果不佳的原因，即实际形成的固定资产的投资远远超过基本建设投资规模；偏重于外延型扩大再生产，忽视内涵型扩大再生产；注重物质生产投资，轻视智力投资。史锦文、李向前（1988）在谈到山西的投资结构不合理问题时，指出从三个方面来调整解决，即山西经济发展必须服从于国民经济整体的发展、改变条块分割的投资体制并推行投资产出总承包、平衡综合财力和投资分配。王树静等著的《山西投资研究》③ 一书指出投资结构调整进展缓慢，投资持续向第二产业倾斜，且“畸轻畸重”格局更加明显；在分析“分行业的投资结构与产业结构的对比分析”中指出，“六五”和“七五”初期 山西已经形成相对稳定的投资结构和行业结构，行业的投资结构与产业构成变动幅度很小；在投资内部结构中，基本建设投资和更新改造投资之比显示出八九十年代山西投资的外延化特征明显。张莲莲（1999）从山西的投资结构一直存在三种倾斜，即向全民所有

① 吴亚平等，《中国投资30年》，经济管理出版社，2009年。

② 刘贯文，《山西经济社会发展战略研究》，山西人民出版社，1985年。

③ 王树静等，《山西投资研究》，中国轻工业出版社，1996年。

制企业倾斜、向基本建设倾斜、向能源工业部分倾斜来研究投资结构不合理；在《投资结构优化与山西国有企业的再振兴研究》① 一文中，对山西投资结构的现状和特点进行了分析，重点研究了山西投资结构劣化态势成因及其基本特征，并提出一些较为适合山西国有企业改造和重振的投资结构优化的战略决策。孔繁珠《山西产业发展论》② 一书中，分析了山西固定资产投资结构基本特征，认为山西国有投资比重高、长期集中于能源和原材料方面、利用外资比重偏低，总的来说就是重外延扩张、轻内涵发展；同时还指出了山西产业结构的不合理，是由于不合理的投资结构所致，投资结构的不合理表现在投资构成的各个方面，认为这些不合理，是由历史的、自然的、经济的和社会的原因造成的，更是由于山西关于经济发展的战略产业发展模式选择而造成的。

这些研究可以说在一定程度上反映了山西产业投资结构不合理的原因所在，但却没有从产业投资结构变迁的规律出发研究产业投资结构变化的原因，因此，很难判断在已经研究出的导致山西产业投资结构原因中哪些是主要因素，哪些是次要因素。

1.2.2.5 现有研究的特点与不足

从国内外研究现状来看，特别是国内关于产业投资结构的研究，现有研究呈现出以下几个特点：

（1）理论研究从产业投资结构的决定因素入手，研究产业投资结构的整体变化规律，着重研究产业投资结构的优化与调整。

（2）应用研究则从不同的视角涵盖了我国产业间投资结构和主要产业内投资结构的优化及调整路径、方式与政策建议。

（3）应用史料，进行归纳整理，探求某一历史阶段投资结构形成的原因及其变化规律。

（4）地方产业投资结构研究多以应用研究为主，注重产业投资结构的效果研究，研究思路基本上是通过分析现有产业结构的问题，并结合已有的产

---

① 张莲莲，《投资结构优化与山西国有企业的再振兴研究》，《经济问题》，2000年，第2期，第62～65页。

② 孔繁珠，《山西产业发展论》，中共中央党校出版社，2000年。

业投资结构理论分析问题存在的原因，从而为地方产业投资结构优化提供政策建议。

尽管有关产业投资结构的研究已经很多，但在这些众多的研究中，还是可看出有两点遗憾的，而本论文也拟从这两点遗憾入手来进行研究。

（1）在不同区域范围内，产业投资结构的决定因素所起的作用是不一样的，从而对区域产业投资结构形成与演变的影响程度也是不一样的，这就构成了区域产业投资结构的特性。而现有的理论研究则重视是从整体上研究产业投资结构的决定因素，忽略了不同区域产业投资结构决定因素的研究。

（2）当前的研究已经表明，山西产业投资结构为山西甚至是全国经济发展做出了巨大贡献，也给山西今后的发展带来了巨大制约。正如前面所述，现有研究是立足产业投资结构的效果，却忽略了从产业投资结构变迁的过程中去探求其具有地域特点的变化规律、具有区域特点的产业投资结构的决定因素及其与整体投资结构的决定因素之间的关系；忽略了从产业投资结构变迁中分析产业投资结构变化与经济增长的关系。而对这两个问题的研究，不仅可以深层次的剖析新中国成立以来影响山西产业投资结构的决定因素，对产业结构形成与发展的影响程度，还可以从科学的角度为下一阶段的产业投资结构数量比例关系调整提供依据。

1.3　研究思路与研究方法、创新与不足

1.3.1　本书研究思路与方法

1. 研究思路。

本书分三个历史阶段对山西产业投资结构进行梳理与分析，就不同历史阶段的产业投资结构形成的背景、特点及产业结构效果和对山西经济的影响进行分析，并对山西产业投资结构变迁的原因进行分析总结（见图 1 -1）。

本书对产业投资结构变迁进行分析，所涉及的产业分类，参照三次产业分类法和联合国标准产业分类标准，并结合山西产业特点，分为第一产业（包括农、林、牧、渔）、第二产业（以工业为主，包括采矿业、制造业和电

力、煤气、供水业）和第三产业（包括批发零售、餐饮、旅店业，交通运输邮电业，金融保险和商业服务业，以及社会团体、个人服务等）。

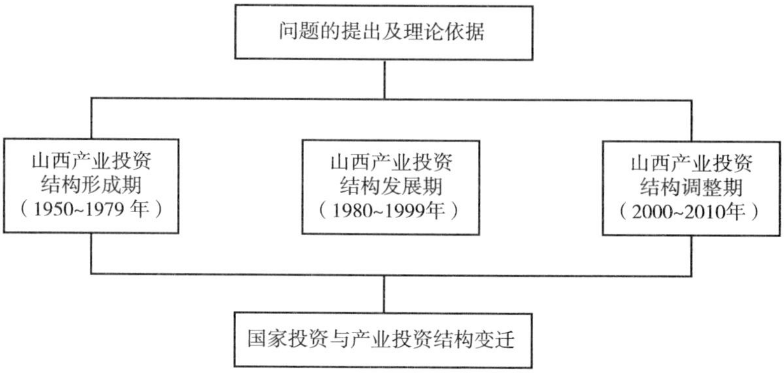

图1－1　本书结构安排

2. 研究方法。

本书采用的研究方法有：

第一，规范分析方法。规范分析法主要是要解决“事物的本质应该是什么”，是对事物运行状态做主观价值判断。本书就是运用规范分析法对山西产业投资结构变迁中各阶段的状态、形成原因、特点及结果进行论述。

第二，归纳总结方法。本书对山西产业投资结构变迁的史料进行了大量的收集与整理，并进行了定性分析。

第三，实证分析方法。通过计量统计的方法，从经济数据中发现和验证经济变量间的关系，定量分析山西产业投资结构变迁的因素和效果。其中，采用因子分析法对山西产业投资结构变迁的因素进行定量分析；采用协整分析法对山西产业投资结构变迁对山西经济增长的影响进行定量分析。

1.3.2　本书的主要创新点与不足

1. 主要创新点。

本书主要创新点在于：

（1）在不同区域范围内，产业投资结构变迁的决定因素所起的作用是不一样的，从而对区域产业投资结构形成与演变的影响程度也是不一样的，这就构成了区域产业投资结构变迁的特性。本书以资源型区域的产业投资结构变迁为研究对象，提出资源型区域产业投资结构变迁经历的三个不同阶段，并且在每个阶段，影响产业投资结构变迁的决定性因素是不同的，但是影响因素间又是有紧密联系的，而正是决定因素的变化和各因素的紧密关系成为推动资源型区域产业投资结构变迁的动力。

（2）本书将比较优势理论和演化经济学理论的思想结合起来运用于研究决定山西产业投资结构变迁的因素及其变化，从而研究山西产业投资结构变迁规律。研究指出短期内决定区域产业投资结构变迁是区域内具有较强优势的因素，而长期决定区域产业投资结构变迁的是这些影响因素间的结构变化程度。

（3）本书对山西产业投资结构效果的研究也与现有的成果有所不同，不仅注重产业投资结构变迁与产业结构、经济增长之间的关系研究，而且更加注重山西产业投资结构变迁的效果研究。研究表明，山西产业投资结构变迁不能单纯依靠不同产业间投资规模比例的变化或同一产业内部投资比例分配，有时规模的变化会引起总体投资结构效益下降。因此，研究山西产业投资结构变迁问题时还应该研究产业投资的结构效益。

2. 不足之处。

本书存在两个不足之处：

（1）本书没有从微观的角度即企业的角度去具体分析山西产业投资结构变迁的原因，而主要是从宏观角度来进行分析。之所以这样安排，是因为本研究时间跨度较长，从1950～2010年，这期间中国经济体制经历了计划经济体制、计划经济体制向市场经济体制过渡以及市场经济体制改革三个时期，企业这个微观主体经历不同投资地位的变化，而且受国家宏观因素的影响较大，因此本书对企业的投资因素未作考虑。这也使得本研究缺少了对微观因素的整体性分析，也成为本书以后继续研究的一个方向。

（2）由于本书研究时间限于1950～2010年，而本书定稿时，山西刚刚完成了“第十二个五年计划”。在第十二个五年计划的后两年，由于煤炭价格的大幅下跌，山西经济经历了断崖式的下滑，2014年GDP增长速度位居全国垫底，2015年GDP增长速度也位居全国倒数第二。此外，以往的产业发展引起的环境问题，特别是在国家碳减排压力和要求下，也即将成为未来山西发展的瓶颈，影响山西产业投资结构变迁。因此，在新的形势下如何调整和优化山西产业投资结构，实现山西转型发展，也是以后继续研究的内容。

第2章　产业投资结构变迁的理论及启示

国民经济结构和产业结构可以说是过去产业投资结构的结果。也就是说，不仅产业结构、经济结构的形成源于最初的投资结构，而且以后的结构调整和优化升级同样也依赖于投资结构的调整和优化。对于产业投资结构变迁的研究，就是要对不同历史阶段产业投资结构的形成和发展的过程进行研究，探求产业投资结构变化的规律。

2.1　产业投资结构变迁机制

2.1.1　产业投资结构变迁的概念

2.1.1.1　产业投资结构变迁的概念

产业投资结构变迁的概念要涉及产业投资结构的概念。在现有的文献中，产业投资结构与投资产业结构是没有区别的，均被认为是从投资结构的产业分布角度看，指投入到各产业的资本数量比例。但本研究认为，产业投资结构和投资产业结构是有区别的，产业投资结构的内涵要大于投资产业结构。现有文献中概念只是投资产业结构的概念，而不是产业投资结构的概念。产业投资结构是产业投资的结构，不仅包括投资产业的结构，也包括产业投资的规模结构、产业投资的主体结构、产业投资的资金来源结构和产业投资的区域分布结构。

因此，本书将产业投资结构的概念定义为：指一定时期内投资在各个产业部门之间的分配数量及其投资主体、投资规模、投资区域的比例关系；它体现了投资去向的产业分布，既包括一定时期内投资在产业之间的分配比例关系，也包括在国民经济各产业内部进行分配的比例关系。

变迁是事物的变化转移，是事物发展变化的动态的过程及其结果。

产业投资结构变迁是产业投资结构体系整体或局部缓慢变化的过程。这一过程中，存在不同的动力因素和影响因素，它们之间的关系错综复杂，在它们共同的作用下，或是由局部变化引起整体变化，或是由整体变化导致局部变化，从而形成了产业投资结构变迁。其中推动产业投资结构变迁的动力因素可以是单一因素，也可以是多种因素；影响产业投资结构变迁的因素却始终是多重的。我们把不同动力因素和影响因素引起的产业投资结构体系局部变化称之为产业投资结构升级、优化；把不同动力因素和影响因素引起的产业投资结构体系整体变化称之为产业投资结构转型。因此，产业投资结构变迁就是产业投资结构不断升级、优化和转型的过程。

2.1.1.2 固定资产投资与产业投资结构变迁

产业投资可以分为固定资产投资和流动资产投资，相应的产业投资结构结构可以分为固定资产投资结构和流动资产投资结构。

1. 固定资产投资与流动资产投资间的关系。

产业投资是社会总投资中一部分，按其投入后形成的资产的性质划分，可以分为固定资产投资和流动资产投资，固定资产投资和流动资产投资是相对应的两个概念，前者是指投资主体垫付货币或物资，以获得在社会再生产过程中可供长期反复使用的并在使用过程中不改变其实物形态的物质资料；而流动资产投资是投资主体获得可以在一年或者超过一年的一个营业周期内变现或耗用的资产的投资，即在固定资产投资中或在生产经营过程中周转使用的投资。

物质固定资产投资和流动资产投资最终都会产生生产要素，前者的实物形态主要是劳动条件，包括劳动工具以及在生产过程中不改变其实物形态的其他物质条件；后者的实物形态主要是劳动对象，包括原材料、燃料辅助材料等，在生产过程中，劳动对象往往会失去原有的物质形态，形成新的物质形态。两者是缺一不可的，这是因为：一方面固定资产投资如果没有流动资产投资配合的情况下，即使已经具备了劳动对象，生产仍然不能正常进行；另一方面，流动资产投资也只借助于劳动资料才能把自己的实体转换为加工的产品，没有劳动条件，只有劳动对象，生产也是无法进行或正常进行的。

首先，固定资产投资和流动资产投资一定要适应社会生产的需要。社会生产的发展是在一定的规模下进行的。在这个确定的社会生产规模中，如果固定资产投资超过规模的需要，就会使一部分资产闲置起来，降低固定资产投资的使用效率；流动资产投资超过规模的需要，会降低流动资产的周转效率，影响资金的使用效益。

其次，固定资产投资和流动资产投资之间的比例关系，即固定资产投资与流动资产应匹配的进行。在产业投资规模一定的情况下，两者的比例取决于投资资金的分配是否适当，而影响这一投资资金分配的因素有很多，包括：①技术因素，它是影响固定资产投资比例的重要因素。技术因素既可以引起固定资产投资比例的上升，也可以引起固定资产投资比例的下降。当出现技术变革时，新的生产方式会取代原有的生产方式，也就是生产工具等生产物质条件发生变革时，固定资产投资的比例就会上升；当出现技术改进时，即实现内涵式扩大再生产，也就是单位固定资产所能消化的劳动对象数量会增加，那么相应的固定资产投资的就会减少。而技术因素对流动资产投资而言，技术进步都会使得劳动生产率得到提升，流动资金的周转速度也会以日益加快，因此，在技术因素影响下流动资产投资的比例会呈下降的趋势。②各产业内部比例对固定资产投资和流动资产投资比例的影响。一般而言，农业产业的投资结构中所需的流动资产投资是较多的，一方面是因为农业的周转时间长，“在农业中，既有较长的劳动时间，又有劳动时间和生产时间之间的巨大差别”[①]，另一方面农业内部有机构成低于工业，流动资金在生产中占的比重大；工业内部的轻重比例不同，工业内部的固定资产投资和流动资产投资比例也会不同，重工业比重升高时，工业内部固定资产投资比例就会上升，而轻工业比重升高时，工业内部的流动资产投资比例就会上升。③资产的使用效益。在流动资产使用效益一定的条件下，固定资产使用效益的提高，会导致单位固定资产使用更多的劳动对象，因而，在固定资产投资比例减少的情况下，需要有更多的流动资产投资与劳动对象的需求增长相适应，流动资产投资的比例就会上升；在固定资产投资收益一定的情况下，提高流动资产的使用效益，就需要有更多的固定资产与之相适应，固定资产投资的比重就会上升。

最后，从固定资产投资与流动资产投资的比例关系可以看出固定资产投资规模、固定资产投资条件、固定资产的投资结构决定着流动资产投资规模、条件和结构；另外，固定资产投资可以形成存量资本，而存量资本的结构决定着下一轮的增量资本的产业投资结构，因此研究产业投资时，更重要的是

① 《马克思恩格斯全集》第24卷，人民出版社，1972年，第270页。

研究固定资产投资，相应的，研究产业投资结构更重要的是研究固定资产投资结构。

2. 产业投资结构变迁与固定资产投资结构变迁的关系。

鉴于固定资产投资结构和流动资产投资结构间的关系，因此研究产业投资结构变迁主要是研究不同阶段固定资产投资结构，包括固定资产投资的主体结构、固定资产投资的产业结构、固定资产投资的地区结构、固定资产投资的资金来源结构以及固定资产投资的产业内部结构，等等。

2.1.2 产业政策与产业投资结构变迁

产业政策是政府为了实现一定的经济和社会目标而对产业的形成和发展进行干预的各种政策的总和，包括产业结构政策、产业组织政策和产业布局政策，其中产业结构政策是决定产业投资结构变迁的主要机制之一。

产业结构政策是某一区域或一国政府根据本国在一定时期内产业结构现状、产业发展需要，按照产业和产业结构发展的规律，分阶段的确定重点发展的战略产业，实现资源的重点配置，引导区域经济增长的政策。产业结构政策的变化对产业投资结构变迁影响深远，特别是对每一阶段的产业投资结构变迁影响更为显著，而产业投资结构的变化效果也会影响到下一阶段的产业结构政策的制定。

1. 产业结构政策变化是产业投资结构变迁的基础和起点。

在有限的投资资源中，原有的产业结构政策是新的产业投资结构分配的起点，新的产业结构政策会成为新的产业投资结构分配的基础。产业结构政策的内容涉及主导产业的选择、战略产业的扶植、幼小产业的保护、衰退产业的撤让以及产业的可持续发展，不同时期的产业结构政策内容总会针对上一阶段产业结构中的和不完整因素进行调整和变化，而这些变化都会不同程度地引起产业投资主体结构的变化、投资产业的选择、产业投资规模的变化、产业投资区域结构的变化，从而决定着产业投资结构变化的方向和变化程度。

2. 产业投资结构变迁是实现产业结构政策变化的动因和手段。

过去的产业投资结构形成现有的产业结构，对现有的产业结构的调整是未来产业结构政策的目标，而这一目标的实现手段便是新一轮的产业投资结构变化，因此产业投资结构的动态发展也成为产业结构政策变化的基本动因。既然产业投资结构是为实现产业结构政策，且当前的产业投资结构影响着未来的产业结构政策的制定，那么，产业投资结构变化下所形成的供给和需求的变化，就会作用于产业结构，作用于产业结构政策的调整。因此，产业投资主体结构变化、产业投资选择变化、产业投资区域结构变化等产业投资结构的变化就会引起主导产业变化、新产业的产生和壮大、原有产业的衰退等，从而导致新的产业结构政策内容的变化。

2.1.3 市场机制与产业投资结构变迁

市场机制作用不同，对资源配置的作用就不同，对产业投资结构变迁的影响也就会不同；当市场对资源配置起到决定性作用的时候，市场机制就成为决定产业投资结构变迁的最主要机制①之一。

产业投资结构变迁实际上是资源在不同产业之间、在同一产业不同部门之间进行配置的变化过程。在市场经济条件下，市场对资源的配置起基础性作用。所以，市场对资源配置的能力以及市场的完善程度，也影响着产业投资结构的变迁。

市场包括商品市场和生产要素市场，生产要素市场包括资本市场和劳动力市场。从市场的方面来考察，投资结构的形成则要依赖于诸多市场之间的相互作用②。市场的发展对投资结构变迁的影响表现在以下几个方面：

1. 市场资源配置机制是产业投资结构变迁基础条件之一。

市场机制对产业投资结构变迁的影响是以引导性为前提的。

市场经济条件下，市场机制对产业投资结构变迁的影响是依靠经济手段，其中价值规律是其发挥作用的基础。在利益目标约束下，通过价格、税收等经济杠杆来影响投资主体的收益，从而影响其投资决策，进而影响到投资结构变迁。

市场经济条件下，通过市场对信息变化的灵敏性，可以使投资主体及早

---

① 在本书写作修改期间，2013年11月，党的十八届三中全会已明确指出“使市场在资源配置中起决定作用”。

② 戴玉林，《投资结构论》，中国金融出版社，1995年，第154页。

地从市场上得到价格、利润、效益等方面的信息，及时调整自己的投资方向。

市场经济条件下，市场约束的规则对投资主体是平等的、一视同仁的。任何投资主体投资活动要符合市场要求，这是风险与收益对称的刚性约束，任何投资主体都不享有超经济特权。

2. 商品市场的“自由度”影响产业投资结构变迁的方向。

预期收益率是决定企业投资行为的重要因素。预期收益率的高低取决于投资的投入与产出之间的差、风险的大小及消费者的时间偏好。在“自由度”高的市场环境中，投资行为的结果是投资一定会进入到收益率高的产业或部门中去，从而使产业投资结构得到优化。

但是现实条件是市场并非是自由的，而且市场本身对产业投资结构的发展也有消极作用。首先，各国市场化程度是不同的，表现为市场主体不成熟，市场信息传递不通畅，市场管理效率低下，市场分割现象存在，存在较多的干预市场的力量，等等。其次，完全自由的市场是不存在的，即使有些区域试图曾经实现自由市场，但是完全自由的市场只是理论研究中的假设，因为市场是有缺陷的。最后，市场对产业投资结构发展也有消极作用，因为市场具有失效性、过度竞争性以及还会形成垄断。具体而言，市场机制不能在所有经济领域发挥作用，不能应用于社会公共领域，否则将会带来社会的不平等，甚至会损害公众的利益；市场竞争如果没有约束，企业就会为了盲目地追求利润而采用各种手段，造成资源的浪费，产生过度竞争；市场是一个不断博弈的过程，当企业发展到一定规模时，就会出现垄断或独占，这时垄断企业就会对新产品、新技术和新信息的生产和销售形成扼制，从而使得投资结构的成长就会在一定的程度上出现停滞。

3. 资本市场决定产业投资结构变迁的融资能力。

各企业发展所需的产业资本是由自有资本和借贷资本组成的。随着现代产业的发展，企业仅依靠自有资本来扩大企业规模已经是不可能实现的了，因此，现代产业和企业规模的扩大越来越需要从外部获取资本，需要有完善的资本市场进行融资等事项。马克思在《资本论》中论述说：“假如必须等待积累去使某些单个资本增长到修铁路的程度，那么恐怕直到今天世界上还没有铁路。但是，集中通过股份公司转瞬之间就把这件事完成了”。资本市场作为市场化的资源配置机制，其最重要的作用就是融资与投资，对产业投资结构变迁的影响是从对投资增量结构和投资存量结构两方面起作用的（见图2－1）。

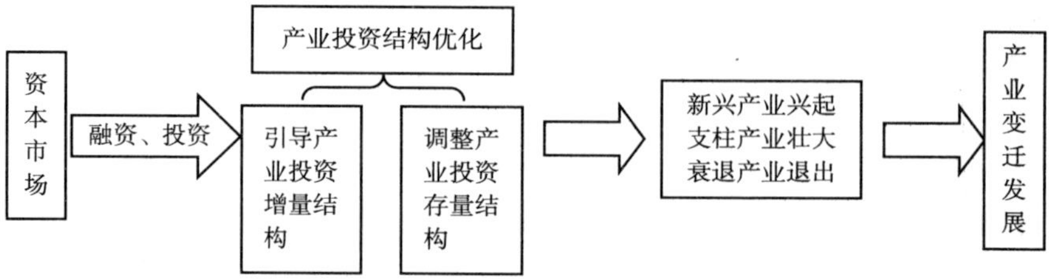

图2－1　资本市场与产业投资结构变迁的关系

（1）资本市场对产业投资增量结构变迁起着决定性作用。

资本形成是经济发展的前提和动力，社会扩大再生产在很大程度上是资本积累和资本形成的结果，产业的发展及产业投资结构的调整是离不开资金支持的。资本市场作为联系和沟通资金供给和需求的纽带，能够最快速度地实现社会闲散资金直接向融资企业集中，从而实现引导产业投资增量结构，向产业注入新的生产要素。

（2）资本市场对投资存量结构变迁起着调节的作用。

现代产业是以大规模的分工和协作为基础的，是以大量的资本投入为前提的，因而，在产业投资结构成长过程中，那些起到领先作用的部门中，首先需要进行相对充分的资本集中。如何才能实现资本集中呢？西方发达国家的经验表明，资本市场通常是实现产业集中的主要途径。各国工业化进程的实践也已经表明，产业资本与金融资本的密切配合是完成结构转换不可缺少的条件，而资本市场就为这种密切配合的实现提供了场所。

借助于资本市场，资产实现了价值化、货币化和证券化，不再以实物形态出现，克服了实物资产流动的时空限制。在信息、资金充分可流动的市场中，预期收益率就是金融商品的价格，通过各种有价证券的价格及其变化，引导资金流向高收益率的产业。投资者在对其投资资产进行有效整合的同时，相应对推动了生产要素的重新配置和组合，刺激市场资源向优势产业倾斜集中，实现资源在整个社会范围内的合理配置，促进产业投资结构的优化和调整。此外，在资本市场上，企业能够有效地改善公司的治理结构，转换经营机制，增加自身的市场竞争力，从而有助于改善产业投资的主体结构。同时，利用资本市场，通过企业间的参股、控股、兼并、收购、托管、破产等多种形式，从而实现产业投资存量结构的调整及优化。

4. 劳动力市场是产业投资结构变迁的支撑。

产业投资结构变迁不仅仅是资本或投资在各个产业部门的集中配置，更是劳动力在各个产业部门间的转移。因此，产业投资结构变动要有一个能够适应这种变动的劳动力市场。

劳动力市场的流动性和竞争性都会影响到产业投资结构的变动。

产业投资结构的成长是一个不断交替、变化、更新的过程，即一些产业的投资是处于不断扩大的状态，而另一些产业的投资则处于没落或夕阳状态。这种交替、变化、更新势必会导致一些投资需求旺盛的产业迫切需要劳动力的进入，而另一些处于夕阳投资的产业则需要大量劳动力的转移。劳动力在各个产业部门的转移数量、转移时间、转移地点等都可以在劳动力市场进行，而无须政府或社会为此作特别的安排。这就需要劳动力可以在市场上充分自由地流动，一方面，新兴的产业部门投资可以获得劳动力的源源不断的支持；另一方面，夕阳产业中的企业也可以在无劳动力的牵制下实现退出的目标，以改善利润和效率的状况。

劳动力市场的竞争性表现为劳动力技能的竞争和劳动力价格的竞争。劳动是生存的根本。劳动力为了获得工作，会不断地提高自身的劳动技能，而这种劳动技能的学习与训练是以劳动力市场的需要为前提的，如果忽视市场的需求，劳动力则会在竞争中被淘汰；市场需求是随产业投资结构变化而变化的，而劳动力技能的提高与变化也会满足市场需求的变化，为那些新兴产业的发展提供源源不断的合格的劳动力。此外，随着产业对劳动力需求的不同，劳动力的价格在这一竞争过程中不断变化。同时，劳动力市场的这些竞争性，会降低产业投资结构成长的代价，以创造更多的财富，用于整个国民经济的发展和劳动力自身物质文化需要。

此外，劳动力市场的双向选择性也可以使企业对社会的贡献和劳动力效用得到很大程度的提高。劳动力可以根据自己的爱好、能力等个人因素自由地选择自己工作的产业或企业，对于调动劳动力的劳动积极性，充分发挥劳动力的聪明才智、创造性的工作兴趣都是至关重要的；同时企业也可以根据劳动者的工作能力、工作态度、工作成绩等对劳动力进行优化选择，提高企业的劳动效率和生产效率。而这种效率的提高最终也会体现在产业投资结构的效果上。

可以看出，产业投资结构的变迁主要是由其产业投资结构形成的条件来决定的，因此，研究资源型区域产业投资结构变迁的规律主要是研究其产业投资结构形成和发展的条件的变化，即产业投资结构形成和发展的条件的变化及变化方向是决定产业投资结构变迁规律的根本。一般而言，产业投资结构形成的条件主要有自然条件、社会需求、经济发展阶段、技术进步和组织要素等，但是对于资源型区域的产业投资结构形成和发展变化，这些条件的重要性及其重要程度并不都是一样的，特别是在中国这样的经济体制下，产业投资结构形成和发展更具有一定的特殊性。而不同的条件、不同的重要性、不一样的重要程度正是本文研究山西产业投资结构的重点。

2.2　产业投资结构变迁理论研究发展及启示

当前，并没有一种理论专门针对产业投资结构变迁而进行研究。但是，在现有的理论研究成果中，可以看出，涉及产业投资结构变迁的理论研究主要是从产业投资结构变迁的结果和过程两个方面展开的，其中从产业投资结构变迁结果的角度又分为产业投资结构变迁阶段论和资源配置效果论。

2.2.1　产业投资结构变迁阶段论

产业投资结构变迁阶段论主要集中于产业投资学理论范围，是在研究产业投资结构中涉及了产业投资结构变迁的问题，而这种变迁主要是指产业投资结构优化升级阶段。

在产业投资学理论中，对产业投资结构的研究集中于产业投资结构的概念界定、产业投资结构与产业结构的关系研究以及产业投资结构优化问题的研究。

产业投资理论认为，产业投资结构是指投入到各产业的资本数量比例，是从投资去向的产业分布角度看的，也是投资产业结构。产业投资是一个过程，具有增量和存量两个方面的含义，那么产业投资结构指的是一定时期内各产业投资存量和增量之间的配置比例关系。

产业投资理论认为，对投资结构的衡量可以从两个方面进行：一是投资流向确定其结构的关系；二是投资结构确定其结构的关系。也就是，增量投资结构扩展了现有产业结构的存量规模，也改善了现有产业结构的存量结构。增量投资结构使原有产业投资结构的生产要素可以更加的巩固，也可以使产业投资结构的生产要素和新增的资金产生全新的组合，从而改变原有的产业投资结构。

基于对产业投资结构的研究，产业投资理论认为，产业投资结构变迁受制于现有的产业结构的产出构成，也受制于现有产业结构的存量构成，即受制于现有结构存量所要求的资金规模壁垒和要素组合比例，因为前者是产业投资结构变化的物质基础，后者是产业投资结构变化的要求。

产业投资学理论中关于产业投资结构的研究产业投资结构变迁研究的内容之一，也为本书研究山西产业投资结构变迁中各阶段产业投资结构提供了理论依据。

2.2.2 产业投资结构变迁的资源配置效果论

该视角下的产业投资结构变迁不再局限于某一阶段产业投资结构的变化，而是将各阶段产业投资结构以资源配置的效率为联系纽带动态地研究产业投资结构。这一研究视角是以结构经济学研究为主的。

结构经济学是以经济系统中的结构问题为研究对象，专门研究经济增长过程中经济结构的变化及其对资源配置的作用的一门应用学科。该理论把国民经济看成是由若干层次和多种因素组成的物质实体，它们之间通过一定的方式联系在一起，构成一个国民经济的有机整体。结构经济学研究的是经济结构的形成、发展、变化，以及对其进行决策、控制和调整的统一活动过程，其研究不再局限于经济结构系统本身的资源配置问题，而是强调经济结构系统运行与可持续发展的内在联系。它不仅研究经济结构运动本身的、不以人的意志为转移的客观规律，也研究人们对调整和控制经济结构活动的规律性。经济结构的分析、计算方法、经济结构变化规律、经济结构模式及产业结构、就业结构、投资结构等的内涵外延和变化规律均是结构经济学研究的内容，在此基础上的资源和能源结构、需求结构、市场结构、财政金融结构和企业规模结构也是结构经济学研究的内容，以此来研究经济结构的演进、优化与外部的适应性。但结构经济学研究的重点在产业结构的分析，也就是结构经济学研究的内容是围绕产业结构的分析开展的，因此，结构经济学对于产业投资结构的研究也是为服务于产业结构而展开的。

结构经济学在研究结构变迁方面，指出技术进步和制度创新是推动结构演进的重要作用机制。因而对于产业投资结构变迁而言，技术进步可以通过提高产业投资收益，改善产业投资结构，引起产业投资结构变化；各种制度创新中与经济结构演进最为紧密的是产权制度、融资制度和技术创新制度，产权制度创新会导致生产要素的重新配置或经济结构显著调整，融资制度创新会导致资本流向的调整，进而决定经济结构的演进；技术创新制度是因为技术创新存在着的溢出效应，进而成为影响经济结构演进的一项重要制度安排。

可以看出，结构经济学仍是与西方新古典主流经济学一样，在分析结构变迁时，依然是以资源配置为核心的，注重资源配置的结果，即结构的变迁是因为资源重新配置的需要，是为了更有效地使用现有的资源禀赋或提高现有资源禀赋的收益率，是市场竞争的结果。因此，对于区域性产业投资结构变迁而言，结构经济学更为注重结构变迁的效果或绩效。这也为本书实证研究山西产业投资结构变迁效果提供了理论依据。

2.2.3　产业投资结构变迁过程的研究

注重从内部结构变化的视角研究产业投资结构变迁，是演化经济学所提供的一种研究思路和研究方法。

演化经济学致力于阐释一个经济系统的内部结构，以促进人们更好地认识技术进步、产业变迁和制度创新发展的过程，从而更好地理解包括经济增长在内的经济演化过程。演化经济学注重对“变化”的研究，即对过程的研究，强调时间与历史在经济演化中的重要地位，通过了解经济组织的内部结构，更好地了解技术进步以及产业或行业变迁，理解创新发生的过程，从而更好地了解经济的演化过程。

与西方主流经济学研究“变迁”不同的是，演化经济学并不研究现有的资源禀赋，而是注重“新”的资源禀赋的创造、选择和保留，创新是发展，选择是连续的变化，保留是再次的创新的蓄水池，也就是说经济变迁是经济系统中新事物的创造、传播、选择和再创造的过程；此外，演化经济学还强调环境对“变迁”具有决定性作用，将直接塑造产业演化的路径①。因此，在“变迁”过程中，技术变迁是源泉，制度变迁是推动力，环境是路径。

尽管演化经济学并没有专门研究产业投资结构变迁，但对产业演化的研究是其非常重要的一个方向，其中就包括了产业结构的变迁的研究。与其他经济学派一样，演化经济学并不否认产业投资结构变迁是产业结构变迁的原因和结果，因此，借用演化经济学的思想和方法对产业投资结构变迁进行研究，更注重对变迁本身动力或因素的研究，可以更好地解释技术、制度和环境对产业投资结构变化过程的作用，为研究产业投资结构变迁理论提供了一种新思路和方法，也是本书研究山西产业投资结构变迁中内部结构或因素变化的理论依据。

2.3 资源型区域产业投资结构变迁与其特殊性

产业投资结构变迁是具有时间连续性并且在不同阶段又具有投资差异性的结果，这种差异性是由经济发展和社会发展过程中决定不同阶段产业投资结构的多种因素共同引起的，这些因素的影响不同、主次不同造就了不同阶段的产业投资结构，而这些因素对产业投资结构影响的变化，造就了不同阶段的不同产业投资结构的过程，就是产业投资结构变迁。然而，不同的环境使得不同的区域在同一阶段内产生了不同的产业投资结构，在长时间内又有着不同的产业投资结构变化规律。因此，研究区域产业投资结构变迁的理论是具有针对性的，特别是具有自然资源优势的资源型区域。这类型区域鉴于资源方面的比较优势以及社会需求，其产业投资结构更容易陷入“资源型投

---

① 黄凯南，《现代演化经济学基础理论研究》，浙江大学出版社，2010年，第119页。

资结构陷阱”，使得资源型区域的产业投资结构变迁以量变为主，而质变的发生则需要较长时间。本文从资源型区域产业投资结构变迁与其影响因素的关系入手，以探求资源型区域产业投资结构变迁的规律。

2.3.1 资源型区域产业投资结构变迁主要影响因素

影响产业投资结构的因素有内因和外因之分，正是内外因的结构变化和共同作用下，产生了产业投资结构变迁。那么影响资源型区域产业投资结构的主要因素有哪些呢？当一个区域由农业社会向工业社会发展时，其自然条件、社会需求条件和政府政策主要决定了这一区域最初的投资结构，但随着社会不断的发展，技术进步、社会需求、国家政策和已经形成的产业体系及产业条件就成为主要决定新的产业投资结构的重要因素，而这些主要决定因素在不同阶段所起的作用大小的变化就会引起产业投资结构量的和质的变化，从而形成了资源型区域产业投资结构变迁的规律。影响资源型区域产业投资结构变迁的因素主要有：

1. 自然资源。

自然资源是资源型区域产业投资结构形成的物质基础，不仅影响本区域产业投资结构的完整度和均衡度，还影响产业投资结构的扩张度①。

对于资源型区域来说，自然资源对其产业投资结构的影响则是至关重要的，甚至是决定性的。自然资源对于形成资源型区域的产业投资结构有着供给优势，特别是那些不可再生的、经济发展所必需的自然资源，这种供给优势与其他区域相比甚至可以是绝对的优势，是其他区域所不能比拟的，直接决定着资源型区域产业投资结构的主要投资方向，并且可以给这些区域带来源源不断的资源性财富收益。在技术水平一定的条件下，区域的经济发展是离不开自然资源的，即使是科学技术水平再发展，自然资源依旧是产业投资结构的物质基础，人类发展对自然资源特别是不可再生的资源的依赖程度只有多少之分。因此，具有自然资源优势的资源型区域必然会遵循其比较优势或绝对优势优先发展资源型产业，产业投资结构变迁也必然是倾向于资源型

① 详见：戴玉林，《投资结构论》，中国金融出版社，1995年，第21～26页。

产业及其相关产业，如何对区域内的自然资源加以利用也成为资源型产业投资结构变迁的主线。

2. 需求因素。

对于资源型区域而言，资源是社会生产消费和生活消费基本的物质条件，资源的需求因素就成为决定资源型区域投资结构变迁的重要原因之一，特别是需求容量和需求结构的影响。需求容量是对资源产品需求的总和，这决定产业投资的规模，决定产业投资结构安排，是资源型区域产业投资结构量变的决定因素之一；需求结构则是决定资源性产品的结构，是资源型区域产业投资结构质变的决定因素之一。因此，在社会对资源需求的带动下，围绕资源所进行的一系列生产活动的投资势必会受到需求的刺激，从而形成了以资源为主的产业投资结构形态，并随着需求量的变化，不断加深资源型区域产业投资结构形态。

但是，社会对资源的需求结构和容量不是一成不变的。当社会对资源的需求结构和容量发生变化时，资源型区域的产业投资结构也会随着需求结构和容量的变化而发生变化，特别是当社会对资源型区域的资源需求的依赖性有所下降时，资源型区域的产业投资结构就会出现较大变化，从而推动资源型区域产业投资结构变迁。

3. 国家和地方的政策因素。

国家和地方的政策对投资行为往往具有引导作用，但是在特定的历史发展阶段、特定的社会经济制度和投资体制下，国家和地方的政策由于体制因素、政策红利等因素，往往又会对投资行为产生决定作用。因此政策也是产业投资结构变迁重要因素之一。

在国家和地方的政策中，对产业投资结构变迁影响最为直接的是国家和地方的产业政策。一般来说，产业政策是政府为了实现一定的经济和社会目标而对产业的形成和发展进行干预的各种政策的总和。产业政策对产业投资结构变迁影响程度的强弱，取决于政府对产业的干预和管理的程度。如果政府对产业的干预和管理程度较弱，则产业政策对产业投资结构变迁的影响就较弱，这时市场对产业投资结构变迁的作用会相对较大；相反，如果政府对产业的干预和管理程度较强，产业政策对产业投资结构变迁的影响就会较大，市场对产业投资结构变迁的作用会较小，因为在政府的支持和干预下，特别是政府干预程度越高的产业领域，投资收益往往就会越大，就会有大量的资本流向政府扶持的产业，从而形成政府需要的产业投资结构及产业结构。

出于发展的需要，资源型区域的产业政策往往是围绕该区域具有比较优势的资源产业制定的，特别是在国家和地方政府对产业的干预程度高的条件下，产业政策对区域产业投资结构的形成和发展影响巨大。国家出于整体发展的需要及地方政府出于自身发展的需要，都会选择具有优势的资源型产业的发展，必然会体现在其制定的产业政策上，因此国家和地方的投资优先会倾向于资源型产业，从而吸引更多的其他投资于资源型产业，从而形成以资源型产业投资为主的产业投资结构变迁。

4. 政府的产业投资。

政府的投资对产业投资结构变迁的作用体现在两个方面：一是政府投资可以作为社会沉淀投资，成为培育新的优势产业的起点；二是政府投资不仅要考虑短期的经济因素，还要考虑长期的可持续发展因素。

首先，资源型区域的社会沉淀产业资本的投入主要是为满足需求，围绕资源的开发与利用以及有利于资源生产和流通而展开的。因此，对于资源型区域而言，由农业社会进入工业化社会发展阶段后，在经济发展需求的带动和利益的刺激下，会导致大量社会沉淀产业资本进入资源型相关产业，最初就体现在与资源相关的采掘、加工行业和为资源生产流通服务的基础设施行业，如交通运输业，从而形成资源型区域最初的产业投资结构。当然，社会沉淀产业资本投资方向因其他因素发生变化时，随后也会带动区域产业投资结构变迁。

其次，政府的投入也需要顾及区域产业的完整性或配套性，这是区域可持续发展的必要条件之一。资源型区域产业投资结构中则更多地倾向于有资源特色的产业配套结构，这些配套的产业的投资收益是受资源型区域优势产业投资收益的影响的，随着优势产业的不断发展壮大，也有可能成为资源型区域新的比较优势，继而推动该区域产业投资结构变迁。

此外，政府的投资，无论是社会沉淀产业资本的作用，还是完善产业投资的配套作用，都可以吸引政府以外的投资进入，从而推动产业投资结构顺利成长，成为产业投资结构变迁的重要推动力之一。

5. 技术进步因素。

技术进步会引起产业投资结构的二次变化，而产业投资结构变迁最为重要的动力和源泉便是技术进步因素。技术进步可以使资源要素禀赋从较低水平向较高水平提升：一方面，新的技术的出现可以产生新的产品和新的生产力，这样就会形成新的投资，进而形成一系列的、相关的投资部门，从而使得产业投资结构发生变化，如技术进步会引起劳动对象发生变化，特别是随着社会经济的发展，原有的资源、能源等劳动对象的供应出现紧张的局面，研发新的劳动对象，加速了新的投资部门的兴起，也会引起产业投资结构的变化；再如技术进步还会引起人们生活方式和消费对象的革命，极大地刺激生活消费投资的变化，从而引起产业投资结构的变化。另一方面，技术进步还会引起传统产业部门的投资发生量和质的变化，因为技术进步可以提高传统产业部门的劳动生产率，在市场容量一定的条件下，劳动生产率的提高必然会引起投资的下降；技术进步也可以引起产品的更新换代，而且产业的生命周期越来越短，必然会导致投资周期越来越短，从而导致了产业投资结构的变化。

资源型区域面临的技术进步也是来自于两个方面：新技术的出现和传统部门的技术进步。就资源型区域本身而言，技术进步可以给区域带来更优质的产业投资结构，也可以在一定时间内给其产业投资结构带来负面作用。正如前面所言，如果技术进步导致新的投资部门出现，特别是新的技术是引起了原有的资源、能源等劳动对象发生变化，这对于资源型区域的产业投资结构的负面影响是较大，这时，资源型区域面临的产业结构调整、转型的压力较大；如果技术进步导致了传统产业部门投资发生量和质的变化时，资源型区域则面临产业结构升级的压力，可以提高资源型产业的品质，增加资源型产品的附加值，而来自产业升级所带来的压力和阵痛要远远小于产业结构调整和转型的压力。

6. 资本国际化途径因素。

除以上五个主要因素外，资源型区域资本国际化途径对其产业投资结构也有较大的影响①。从对外贸易的商品结构看，资源型地区的商品进出口结

① 任力军、杨军，《资源型地区资本国际化的途径》，《光明日报》，2012 年 7 月 15 日，第 7 版。

构中，与资源类相关的商品的进出口额较大，进出口受国际市场及国家政策影响较大。从进口结构的角度而言，进口额大的商品主要是资源类商品的部分原料或辅料，随着资源类商品出口的增加，对于这类原料或辅料的需求就会增加，引起相应原料的价格上涨，从而推涨进口成本。从出口结构的角度而言，依赖于相对丰富的资源，这些地区的资源类产品在国际市场上有较强的价格竞争力。当国际市场需求旺盛时，资源类商品的出口额及地区总的出口额都会有较大幅度增加；当国际市场需求减少时，则地区的总的出口额会明显下降。此外，资源类商品受国家政策影响也较大，国家如果对资源类商品的出口增收出口关税或其他税费，则会增加资源类商品的成本，从而影响其国际竞争力。这样的进出口结构，也会使资源型地区产生其他诸如该地区对外贸易地理方向集中等的对外贸易弊端。从吸引外资方面看，资源型地区的外商直接投资普遍存在两个问题：一是外商直接投资的总量较小；二是外商直接投资的投资结构集中在资源类的产业。究其原因，与资源型地区的投资环境和较为单一的优势产业有关。投资环境有投资硬环境和软环境之分，随着我国各地区的基础设施建设，投资硬环境基本能满足投资的需求，但是投资软环境则各地区发展不一，特别是各地区政府服务意识差距较大。资源型地区一般处于我国内陆地区，普遍存在投资软环境差的问题，政府在吸引外资过程中的错位、越位、缺位的现象与东部沿海地区相比较为严重。此外，资源型地区具有比较优势的产业较为单一，使得外商直接投资的投资结构也较为单一。外商投资主要是看中资源的获取，而对资源的开发利用甚至持续性都不做考虑。从对外投资方面看，资源型地区对外直接投资普遍存在四个问题：投资方式简单，以工程承包和劳务合作为主；投资规模小，投资主体较为单一；投资地理方向以发展中国家为主；投资产业相对集中。导致这种对外直接投资局面的原因主要是资源型地区对外开放程度不高。对外开放程度不高，就会导致国际市场信息不灵，从而更加束缚资源型地区对外直接投资的步伐；对外开放程度不高，资本出于安全的考虑，会选择不对外进行投资或以初级的投资方式（如对外工程承包等）进行投资；对外开放程度不高，会影响涉外人才的培养，而国有企业相对于民营企业在人才竞争中又具有一定的优势，从而影响了民营企业的对外直接投资。

2.3.2 资源型区域产业投资结构变迁轨迹

2.3.2.1 资源型区域产业投资结构变迁三阶段论

影响资源型区域产业投资结构变迁的五个主要因素在不同时期不同的作用程度，是该区域产业投资结构变迁的主要推动力。按照自然资源因素和技术因素这两个内因所发挥的不同作用，资源型区域产业投资结构变迁可以分为三个阶段：

第一阶段：资源型区域产业投资结构变迁——单一因素决定期。

在此阶段，资源型区域所拥有的自然资源因素对该区域的产业投资结构的形成是非常重要的。

一般而言，区域内产业投资结构的形成取决于区域在现阶段所拥有的比较优势，决定不同阶段比较优势的则是影响产业投资结构的主要因素在不同阶段发挥作用的程度。但与非资源型区域不同的是，具有自然资源优势的区域，这种最初的比较优势是与生俱来的，不需要培养的，投资成本较低，因此，一般来说，在经济发展起飞阶段容易形成以自然资源投资为主的单一优势的产业投资结构，特别是当区域所拥有的自然资源是社会经济发展需要的资源时，资源型区域的自然资源优势和需求因素（即产业投资结构形成所需的内外因）就成为推动该区域的产业投资结构形成的主要动力和原因；此外，在较强的需求因素刺激下，政府的投资以及政策的变化会进一步刺激和吸引其他投资主体向资源型产业的投资，成为这一阶段产业投资结构形成的助推器。而决定产业投资结构变迁的其他因素（如技术因素）则会被忽视。

这一阶段，资源型区域的产业投资规模结构、产业投资布局结构、产业投资分配结构等均会朝着具有比较优势的产业倾斜，形成以资源为主的产业投资结构变迁，并且随着投资规模不断扩大，这种单一的产业投资结构态势会不断加深。短时期内在需求或产业政策的刺激下会给区域内的相关产业带来快速的投资发展，这种投资结构会引起社会生产要素分配的变化，使资源配置效益持续递增并最终达到一个相对高效的状态。因此，无论是投资规模收益还是投资结构收益，在这一阶段一般都是正收益，且投资规模收益会大于投资结构收益。

第二阶段，资源型区域产业投资结构变迁——单一因素决定弱化期。

当第一个阶段产业投资结构使区域资源配置达到一个有效高点之后，就会出现以自然资源为主的产业投资结构固化，就会导致资源型区域产业投资结构陷入“资源投资结构比较优势陷阱”，即在不变或几乎不变的产业投资结构下会出现越投资越穷的囧境，也就是投资效益不断地下降。对于资源型区域而言，要避免陷入“资源投资结构比较优势陷阱”，就要不断地提高资源配置效益，不断地提升生产要素的结构效益，培育下一个阶段的投资优势。不同阶段具有不同的投资优势，并依据不同的投资优势形成阶段性的产业投资结构，实际上就是产业投资结构变迁。这种“不同”可以是原有投资优势的升级或优化，也可以是新优势的创造。那么，这种“不同”怎样才能实现呢？也就是说一种新的、更有效的投资优势代替原有的投资优势实现的路径是什么？这就需要通过改变影响产业投资结构主要因素作用程度而实现，也就是要改变产业投资结构的影响因素（要素）结构。

可是这种改变不是一蹴而就的。因此，在这个阶段期间，自然资源因素依然是资源型区域的产业投资结构变化的最主要因素，但是其影响力度出现下降，即自然资源因素决定性作用开始弱化，其原因是竞争越来越激烈，市场需求也接近饱和，投资利益下降。此时，由于新的投资增长点尚未形成，资源型产业依旧是投资重点，但是规模投资的扩张速度下降，在政府投资和政策开始转向产业链中较高产业的带动下，较大的产业投资向资源型产业链较高一级的产业转移，同时用于提高技术方面的投资逐步增加，表现为更新改造投资增加，技术因素的作用开始受到重视。

一般情况下，这一阶段，投资规模达到了阶段性高点，投资规模收益和投资结构收益都明显下降，因此总体的投资收益较低。

第三阶段，资源型区域产业投资结构变迁——多因素决定期。

在这一阶段，由于以往影响产业投资结构变迁的主要因素中，最主要的因素地位发生了改变。所以资源型区域产业投资结构将会出现较大的变化。

在影响资源型区域产业投资结构变迁的五个主要因素中，除了原有的自然资源因素和需求因素的决定作用外，技术因素成为导致产业投资结构升级或转型的最终决定因素。技术不仅在以科学为基础的产业中而且在整个经济中都已经成为最重要的战略性资源，因此，不同阶段的产业投资结构所出现的不断的升级优化是生产经验积累、知识积累和创新（技术升级和技术创新）的交互作用的结果。产业投资结构越高级，其所含的知识量就越多，创新的机会就越大，新的比较优势就越容易培育和形成。然而，技术因素的最终决定作用离不开需求因素的配合。一方面，需求因素变化，可以刺激技术因素的发展变化，这种刺激作用表现为技术升级和技术创新；另一方面，技术因素的发展需要有足够的市场，足够的需求，以确保技术变革的动力。

当然，资源型区域产业投资结构变迁的最主要因素还可以是在技术进步和需求因素变化的前提下采用新的自然条件因素代替旧的自然条件因素，从而形成以新自然条件为主的产业投资结构，这种产业投资结构是与以往产业投资结构完全不同的，形成新的产业投资结构变迁的起点。政府投资和国家或地方政策依旧是辅助作用，这时更多的是对技术因素的辅助，如政府的政策会进一步创造和优化技术进步的环境，政府会对先进的技术进行研究投资或补助，等等。

在这一阶段，投资的效益更多来自投资结构的优化或转型以及由此而出现的投资规模扩大所带来的效益，即产业投资结构性收益要大于投资规模收益。

2.3.2.2 资源型区域产业投资结构变迁与其影响因素模型

上述分析说明，资源型区域产业投资结构变迁实际上就是影响产业投资结构变迁的五个主要因素对产业投资结构变化的作用程度出现变化。因此，可以使用因子分析法将其关系构建以下公式：

$$I_1 = a_{11}x_1 + a_{12}x_2 + a_{13}x_3 + a_{14}x_4 + a_{15}x_5 + \theta_j$$

$$I_2 = a_{21}x_2 + a_{22}x_2 + a_{23}x_2 + a_{24}x_4 + a_{25}x_5 + \theta_j$$

$$\cdots\cdots$$

$$I_n = a_{n1}x_2 + a_{n2}x_2 + a_{n3}x_2 + a_{n4}x_4 + a_{n5}x_5 + \theta_j$$

其中，I_1 至 I_n 表示资源型区域产业投资结构变迁的每一个时段的投资结构；a_{ij}（i = 1，2，…，n；j = 1，2，…，5）；θ_j（j = 1，2，3，4，5）表示影响资源型区域产业投资结构变迁五个主要因素中起最主要作用的一个因素；x_1，x_2，x_3，x_4，x_5 表示影响资源型区域产业投资结构变迁的五个主要因素。

2.3.2.3 资源型区域产业投资结构变迁理论小结

不同的阶段的产业投资结构，是由每个阶段的要素本身的优势决定的；而在产业投资结构在长时期内如何变迁，则是由其决定因素之间的交互作用变化或者说是因素之间的结构变化来决定的，这也是各阶段产业投资结构变迁的根本动力。如图2－2所示，资源型区域产业投资结构的升级或转型过程中，技术因素是决定资源型区域产业投资结构变迁的主要决定因素，也就是说，资源型区域产业投资结构怎么变迁、如何变迁，归根结底，取决于其技术因素的作用。

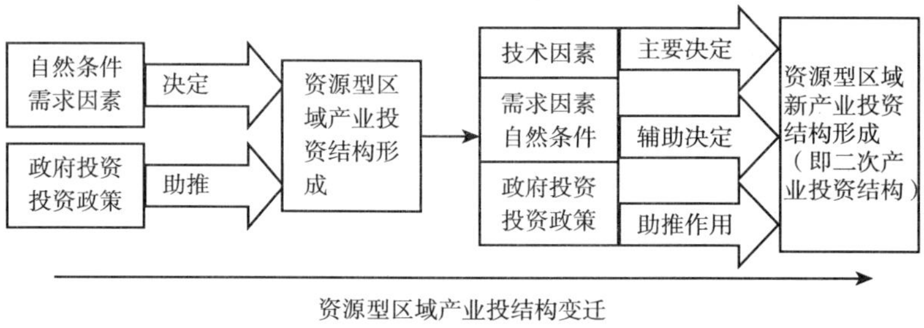

图2－2 资源型区域产业投资结构变迁与其影响因素关系

2.3.3 资源型区域产业投资结构变迁的困境与障碍

资源型区域产业投资结构变迁沿着三个阶段缓慢进行，但是在第二个阶段，即资源型区域产业投资结构变迁——单一因素决定弱化期，就已经陷入了变迁困境。

首先，单一因素决定的短期优势不利于资源型区域的可持续发展。具体表现为，资源面临枯竭的威胁，原有的优势正在丧失，替代产业尚未形成，会降低该区域产业投资结构变迁的总体速度。单一因素决定下的产业投资结构变迁，使得这一变迁过程中绝大部分要素过于集中，造成产业的不均衡发展，使得资源型区域产业结构单一。一旦资源型产业投资出现下降，会影响整个区域产业投资结构变迁，原有的资本会因为投资收益下降等原因撤离该区域，从而影响该区域产业投资结构变迁。

其次，单一因素决定弱化期会使资源型区域产业投资结构变迁不仅面临环境压力，还要面对企业缺乏投资动力。一方面，资源过度开采后，环境恶化，治理环境成本高，会降低该区域产业投资结构变迁中的优化速度；另一方面，产品竞争力下降，企业开始出现亏损，甚至亏损严重，会减少企业投资行为，从而影响该区域产业投资结构变迁的活力；此外，这一阶段有些企业会面临转型，在其转型过程中会存在大量的人力、物力、财力的消耗，会限制企业的投资行为，同时资源型区域以往的经济发展已经形成了固有的发展思路或模式，市场资源配置更多倾向于原有的结构，例如人才结构，当面临企业转型发展时，要面对资源的重新配置，有一部分资源配置会出现不平衡状态，影响企业的转型，从而也会限制了企业的行为。

在破解资源开型区域产业投资结构变迁的困境时，最大的难点是来自体制和机制的障碍。由于国家在发展过程中对资源的依赖和需求，国家会在一定时期内主导资源型区域产业投资结构，这样资源型区域产业投资结构变迁极容易形成一种发展定式。在国家强大的推动力下，资源型区域产业投资结构变迁过程中明显带有国有经济烙印，观念陈旧，区域改革动力不强，这就需要资源型区域在其体制和机制上有新的突破，特别是打破国有经济比重过大的弊端。这就要求政府实施制度创新，充分发挥市场对资源配置的作用，将国有企业彻底推向市场，对国有企业和民营企业、对国有资本和民间资本在资源配置上一视同仁，采取各项政策措施鼓励和吸引外来资本、本地民间资本，释放原有体制下束缚的经济潜能，增强区域内的经济活力；政府则要为企业转型、产业转型进行政府投资结构转型，更多地投入到人才的培育（特别是为新型产业进行职业培训）、制度建设等方面，为企业创造更好的投资环境。

山西产业投资结构变迁：
1950~2010年

Chapter 3

第3章　1950~1979年山西产业投资结构变迁

3.1 山西产业投资结构变迁过程概述

山西现代产业开始于晚清时期。到新中国成立前，山西产业虽然还是以农业为主，但在资源禀赋、区位条件和政治因素等因素的促动下，山西的工业，特别是军事工业，有了一定的发展，成为新中国成立后山西产业结构形成的基础。

3.1.1 新中国成立前山西产业及产业结构（1898～1950年）

3.1.1.1 新中国成立前山西的经济情况和主要产业

新中国成立前，尽管山西工业有了一定程度的发展，但工业总产值占当时的国民生产总值的比重只有5%①，山西仍是一个农业为主的经济社会。

1. 农业产业发展状况。

新中国成立前，山西农业生产水平低下，内部比例关系不协调，农业生态系统条件不断恶化。

辛亥革命前，随着中国沦为半殖民地半封建社会，赔款和战争不断加重农民负担；帝国主义和封建地主阶级的疯狂掠夺，灾荒袭击，造成农民贫困潦倒，无力扩大再生产，甚至简单的再生产也无法维持，农村经济一派萧条惨淡的景象。农村劳动力或死于战争、灾荒、贫困，或背井离乡流落他方，造成农业生产无法正常进行；耕地荒芜，粮田面积急剧减少。据记载，康熙年间，山西耕地面积为504000顷，光绪时有497000顷，而到民国初年仅有455900顷②；饥荒还导致大量耕畜死亡，农业生产衰退，农作物产量下降，如1905年全省111个州县，收成不足六成的占81%，1910年全省112个州县，收成不足六成的占82%③。

---

① 李旺明、苗长青，《当代山西经济史纲》，山西经济出版社，2007年，第19页。

② 《山西六政三事汇编》卷三“令文”，第135页

③ 中国社会科学院，《中国农业近代史资料》，1958年，对相关数据进行了处理和计算。

辛亥革命至抗日战争爆发前，阎锡山独揽山西军政大权，推行了以“六政三事”为中心的农业改良运动。大兴水利是这次改良运动中首要考虑的问题，阎锡山督促各地方政府和水利机构，投资水利，开办水利公司，拓展水利事业，并有了相当程度的发展，民国7年恢复和新开水渠165道，可灌溉农田71.5万亩①，到1933年，山西150县共疏浚、开凿新旧渠道500余道，凿井17000余眼，灌溉面积达13157967亩②。同时，阎锡山政府还推广养蚕栽桑，奖励种棉，植树造林，发展畜牧业。这一时期，阎锡山政府对农业的投资主要投向农业基础设施（水利）和经济作物，但总的农业投资额非常小，以1932年阎锡山政府开始施行《山西省政十年建设计划案》为例，经济建设是整个计划的重点，且农业排在第一位，但从实施结果看，则侧重于重工业的发展，如1934年山西财政厅所经营的银行贷款，一半以上用于工业建设，而农业贷款不足4%③。总的来看，抗战前山西农业较清末民初是有所发展的，1936年与1914年相比，全省小麦总产量22年间共增加了24.9%④；1936年全省人均粮食317.8公斤，棉花2.83公斤，油料4.25公斤，果类11.65公斤⑤。1936年也是山西当时农业生产的最高年，“全省农业总产值为19.51亿元（按1980年不变价计算），占工农业总产值的87%，其中种植业产值占农业总产值的90%左右”⑥。

抗战期间在沦陷区，农业遭到了非常严重的破坏，农作物播种面积减少，农产品产量大幅度下降。抗战胜利后，阎锡山又推行新式农奴制“兵农合一”，不仅向农民掠夺粮食，还强迫农业“义务劳役”，人民纷纷外逃，大片土地荒芜无收。据《农村统计手册》记载，1947年与1936年相比，山西粮食总产量减少28%，棉花产量减少70.3%，油料产量下降8.8%；1947年每个农业人口平均生产粮食230.6公斤、棉花0.9公斤、油料4.15公斤。⑦

---

① 《山西通志·总述》，第269页。

② 刘建生、刘鹏生等，《山西近代经济史》（1840～1949），山西经济出版社，1955年，第435页。

③ 《工业辞典》，第176页。

④ 刘建生、刘鹏生等，《山西近代经济史》（1840～1949），山西经济出版社，1995年，第4451页。

⑤ 《山西通志·总述》，第270页。

⑥ 阎卓儒，《山西农村经济发展概略》，第7页。

⑦ 数据来源于《山西通志·总述》（第二篇），第272页。

到1949年新中国成立前，山西农业一片萧条。1949年，山西粮食产量比1936年减少22.9%，棉花产量下降32.7%，油料产量减少23.4%，大牲畜存栏数量减少4.5%，按不变价格计算的全省农业总产值仅为1936年的79.3%；农业内部结构严重不协调，种植业产值占到85%以上，畜牧业为7%左右，林业产值仅占1%，渔业空白；在种植业中，粮食的播种面积又高达95%以上，产值占90%以上；农业技术依旧是处于原始状态，没有任何农业机械，很少使用化农药，农业依旧是靠天吃饭；第二产业和第三产业在农村经济中的比重的不足7%①。

留给新中国的是一种几千年持续下来的单一、封闭、极不协调的农村经济格局和农业内部产业结构，严重抑制和束缚着山西农业生产和农村经济的发展。

2. 新中国成立前山西现代工业的发展状况。

山西的现代工业开始于晚清（公元1892年）。直到新中国成立前，山西的工业发展速度还是非常缓慢的，规模也很小，而且“颇不发达”，② 工业种类主要有“食品工业、纺织工业、化学工业、日用品工业、五金机器工业、建筑工业及其他工业”③。

1892～1914年的第一世界大战爆发前，山西陆续建立了几个现代化的企业：1892年山西巡抚胡聘之首建太原火柴局，投资2万银元；1898年建立太原机器局和通省工艺局，其中太原机器局的开办经费为“拨库银480万两及上年整顿归化关税长余银5万两”④；1906年一些地主富绅集资106万两白银建立山西省保晋矿务公司；1907年，成立山西保晋矿务公司，投资额达300万两银币，政府和民间各集资一半⑤；1909年汾阳大地主刘笃敬在太原设立了电灯公司，投资209790元；此外，还有山西省邮电事业和法国巴黎银公司承办修建的正太铁路。这一时期山西省的主要工业产品是煤、火柴、纺织品、木器、玻璃、肥皂和印刷以及机械修理（表3－1为民国初年山西部分工业的

① 数据来源于阎卓儒，《山西农村经济发展概略》，山西人民出版社1997年，第8页。
② 《中国实业志》第二篇，《山西经济之鸟瞰》，商务印书馆，1937年，第87页。
③ 同上。
④ 《山西经济开发史》，第373页。
⑤ 生岛广治郎，《山西省の工业发展》，神户商业大学商业研究丛书第五册，第32页。

投资情况），共投资白银 290 余万两[①]，多数为民资官办；投资的项目大约有 16 项，其中火柴业一项、印刷业两项、机器业两项、纺织业三项、采矿业七项、电业一项；官资官办者五项，投资额为银币 10 万元；民资民办者五项，投资银币 30 万元[②]。这一时期的工业投资结构主要是以生活消费型的投资为主（见表 3－1），基础设施的投资其次，生产型的投资基本没有。

表 3－1　　民国初年（1911 年）山西主要工业的资本金额

行业名称	数量	资本金
纺织工业	20	1250 万元
制粉工业	11	235 万元
火柴工业	5	32 万元
造纸工业	2	249 千元

资料来源：据朝鲜银行调查课：《山西省に与ける金融经济概况ら金融机关の内容》，昭和十二年十二月，第 41 页和 42 页的资料整理而得。

1914～1937 年山西现代工业得到了一定程度的发展，主要体现在轻工业、机械工业、采矿业和冶金工业方面。这一时期，无论是官僚资产阶级还是民族资产阶级都在积极兴办工业，共投资有 60 余个工厂，投资额约为 4800 万元[③]，山西形成了以煤矿业、纺织业、铁工业、机械工业、面粉业、烟草业、化工业、印刷业、电气工业等为主的工业产业结构。民族资产阶级比较重视煤矿、纺织和机械修理方面的投资（部分民族资本家投资的现代工业企业见表 3－2），官僚资产阶级则重视军事工业及其相关工业的投资。从工业投资结构看，除基础设施（铁路和公路）、采矿业、电力、机器制造外，多为纺织、火柴、面粉、造纸等轻工业。

① 山西省委调查研究室，《山西省经济资料》（第二分册），山西人民出版社，1959 年，第 5 页。

② 同上。

③ 山西省委调查研究室，《山西省经济资料》（第二分册），山西人民出版社，1959 年，第 9 页。

表3-2　　1914～1937年山西民族资本家投资的部分工业企业

企业名称	产业（行业）类型	投资额	投资主体
汾阳煤炭公司	煤炭机械	不详	刘公衡等民族资本家
晋城南村煤矿		5000元	李生裕等
长治峙峪煤矿		1万元	王家驹等
天成煤窑		不详	韩文仁
晋丰公司		不详	地主贾绪等
庆丰公司		不详	“庆丰当”掌柜们
子房沟、西沟煤窑		不详	大地主康家
滴水岩、四达沟、大窑坡煤窑		不详	大资本家张子章
晋华纺织股份有限公司	纺织业	150万元	赵鹤年、徐子澄等
大益纺织厂		255000银元	李通等
晋生染织厂		100万银元	徐子澄等
天镇县普晋铅银公司	有色金属开采冶炼	10万银元	徐一清等
闻喜涑川铜矿公司		36600余两	不详
新绛荣昌火柴公司	火柴工业	10万元	段连岑、张贵贡等
平遥金井火柴公司		9万元	赵鸿漠、王恒昌等
新绛毓华火柴股份有限公司		10万元	五廷甫等
汾阳昆仑火柴公司		不详	安福堂、冀金义等
大通面粉公司	机械加工面粉业	10余万	不详
晋丰面粉公司		40万元	田中玉
晋恒造纸厂	造纸工业	219500元	徐一清
大德制针公司	制针业	不详	刘知章

资料来源：根据《山西通史·总论》第300～303页整理。

这一时期的工业投资结构是建立在资源禀赋基础上的，主要依托山西自然资源进行投资；此外，轻纺工业也是投资的主要方向之一，因为当时中国工业发展处于初级阶段，轻纺工业的发展是工业化初级的标志。从投资额看，由于行业发展所需的前期投入不一样，“纺织企业和机械制造业投资较大，少至20万元，多至100万元以上，煤炭开采业投资相对较少，平均水平仅

1 万元”①，并且见利快、获利大。“西北实业公司”是官僚资本主义对工业投资的典型代表，仅 1931～1937 年，该公司投资 3000 万元进行工业基本建设，既有改扩建项目，也包括新建项目，涉及机械工业、化工工业、轻工业、采矿业和冶金业。这一时期工业的发展，尽管没有改变山西的经济结构，但就全国而言，山西在当时发展成为工业较为发达的一个区域，无论是重工业还是轻工业都有了一定程度的发展，工业实力仅次于上海、天津、北京和东北地区。

1937～1949 年，山西工业主要是为服务战争而发展的。在日寇占领区，日本殖民主义者不惜追加投资，尽可能多地掠夺山西的资源，并且为了开采煤铁等矿产修建了发电厂及专用的铁路和公路。在解放区，重视农业的同时，积极“发展军事工业及公营矿业、制造业和手工业，奖励合作和私人企业”②。在中国共产党的领导下，解放区军民“集中领导，分散经营”，“自力更生”，“发展经济，保障供给”，进行工业经济建设（见表 3－3），山西省各个解放区的工业从无到有，从小到大，从手工生产到部分使用机器，逐步发展起来，为新民主主义工业经济发展奠定了基础。

表 3－3　　1937～1949 年解放区部分工业企业

企业名称或类型	所涉及产品	投资额
黄岩洞修械所	投弹筒、轻机枪、步枪等	不详
兵工一大厂、二大厂	小型地雷、手榴弹、机械等	不详
太行实业公司	纺织、造纸、毛织、机械、煤矿等	不详
太岳实业公司	造纸、纺织、毛织、铁、硫黄、煤矿等	不详
新华制药厂		不详

资料来源：根据《山西省经济资料（第二分册）》第 17 页、18 页整理。

3. 新中国成立前山西的交通运输业。

新中国成立前，山西人的交通工具主要是人力、畜力，现代化的交通运输屈指可数。

---

① 刘建生、刘鹏生等，《山西近代经济史》（1840～1949），山西经济出版社，1995 年，第 400 页。

② 《晋察冀边区目前施政纲领》，《晋察冀边区财政经济史料选编》总论，北京师范大学出版社，1991 年，第 85 页。

山西最早的铁路是正太铁路，是当时山西与河北之间的交通要道。这条铁路最初建成时，因设备简陋，且依天然形势较多，弯道多、坡度陡，牵引力很低。抗战时期，日寇为了控制山西全境，分两次将石太线改为标准轨距。同蒲铁路是阎锡山时期修筑的一条重要铁路，是窄轨铁路，1937年全线通车，正线与支线建设共投资59045千元白洋。

到1949年新中国成立前，山西交通运输线路总长度为2071公里，其中铁路通车里程783公里，公路通车里程1288公里，货物运输82万吨；邮政线路长度为45995公里，电信线路156312公里。

4. 新中国建立前其他主要行业情况。

（1）山西对外贸易状况。

一个地区的出口商品的结构大致可以反映出该区域的产业优势。1937年以前，山西出口的商品主要是农产品、畜产品和矿产物等原料商品，而进口商品则以加工棉布、药品、杂货、烟草等精加工产品。抗战前，山西的对外贸易总量如何，并没有完整的史料详尽的记载，但是可以从1937年山西进出口商品情况（见表3－4）对抗战前山西对外贸易略见一斑，当年山西进口总额为55389千元，出口总额为36024千元，逆差额为19365千元，商品出口到包括美国、加拿大、朝鲜、印度、澳洲、英国、荷兰、法国等多个国家和中国香港地区。

表3－4　　1937年山西进出口商品概况　　单位：千元

品名	出口额	进口额	贸易差额
木材类	163	54	109
畜产类	674	1906	－1232
金物类	1033	764	269
黑物及其制品	789	430	359
加工棉布类	3208	16974	－4766
陶瓷器类	23	295	－272
皮革类	1766	3799	－2033
染料类	162	1289	－1127
食品类	347	2347	－2000
京广杂货类	181	1100	－919
纸类	236	716	－480

续表

品名	出口额	进口额	贸易差额
药类	478	739	-261
鸦片	2500	14700	-2200
杂货类	397	940	-543
烟草类	182	4701	-4519
燃料类	4653	1386	3267
服用品类	64	236	-172
谷物类	6926	252	6674
海产物类	38	391	-353
毛皮类	354	50	304
其他	1850	2320	-470

资料来源：朝鲜银行调查课，《山西省に与ける金融经济概况ら金融机关の内容》，昭和十二年十二月，第 33 页、第 34 页。

抗日战争爆发后，直到新中国建立前，山西的产品出口主要由日寇直接进行掠夺后运往其本国，对于其他国家的出口则均陷于中断。

新中国成立前，山西的对外贸易是极不发达的，从表 3-4 中可以看出，山西出口的品种不多，而且是以土特产、手工产品为主，工业制成品的出口基本没有。因此，从山西出口商品结构中也可以看出，尽管当时山西省的工业有所发展，但是山西的产业结构仍然是以农业为主，而工业的结构则是以轻纺类工业为主。

（2）山西金融业。

山西最早的新式银行是清宣统年间作为大清银行的分行而设立的。1919 年“山西省银行”成立，总行设在太原，新绛设立了分行，太谷设立了办事处。随着山西省银行业务的开展及其分支机构的设立，山西的银行才逐渐发展起来。到抗日战争爆发前，在山西的银行主要有山西省自己设立的银行、中央设立的银行在山西的分行以及民间经营的银号，表 3-5 是 1936 年（民国 25 年）山西主要的公营银行及其情况。山西银行是当时山西省金融枢纽，除经营银行一般业务外，主要从事兑换券发行和省及建设金库事务。在山西的银行业中，山西省银行占据 70% 以上的比重。据《中国实业志》对 1935 年相关数据的统计，全省存款总额 3564555 元，其中山西省银行占 39%；存款种类中，定期占 63%，往来占 34%，特种占 3%；存款来源有 54% 来自住户，有30%来自公团，有10%来自商业；贷款额总计为8419188元，其中山西省银行占71%；贷款种类，信用占80.4%，抵押占19.6%；贷款对象中，商业占53.9%，工业占27%，公团占12.5%①。

表3－5　　1936年山西主要的银行情况一览表

名　　称	资本金	存款额	贷款额	收益
山西银行	2000万元	2121万元	658万元	1122万元
晋绥地方铁路银号	1000万元	233万元	1237万元	111万元
晋北盐业银号	200万元	115万元	126万元	6万元
中国银行	—	2476千元	1291千元	62千元
中国农民银行	—	1345千元	107千元	－10千元
交通银行	—	1664千元	358千元	900元

资料来源：朝鲜银行调查课，《山西省に与ける金融经济概况ら金融机关の内容》，昭和十二年十二月，第17～21页。

3.1.1.2　新中国成立前山西产业结构

山西近代的投资结构主要是建立在山西所拥有的丰富的资源的基础之上的，所以到1949年新中国成立时，山西的产业格局以农业为主，农业产值是工业产值的4倍，在工农业总产值中，工业总产值只占到12%左右。

尽管山西经济以农业为主，但全省的农业发展条件却非常落后。1949年以前，全省没有一座水库，水地很少，以山地为主的耕地，绝大部分不保水、不保肥、不保土，耕种很少使用化肥和农药；没有现代农业机械，耕作手段和技术仍是封建落后的、千年沿袭下来的手段、技术；农村生活更是落后，完全没有电；经历了长年的战争后，农民的生活也极为贫困。农业内部，以粮食作物为主，占所农业总播种面积的95%左右，其他则是经济作物。

山西的工业在当时的中国是属于较发达的，工业基础较好，特别是军工业，但工业在山西国民经济的比重却只有5%。在工业结构中，山西依托资源优势，发展重工业，轻重工业发展规模基本上平分秋色，轻重工业的产值比为1：0.9；工业发展初步形成了以钢铁、燃料、机械、化学、建材、食

① 详见《中国实业志》第二篇，《山西经济之鸟瞰》，第117～119页。

品、纺织为主的产业格局，其中机械工业占到当时工业总产值的 23.2%，纺织工业占 14%①。

第三产业新中国成立前在山西国民经济的比重更低，其结构以商业和交通运输业为主。商业方面，1949 年，山西社会消费品零售总额是 16583 万元，商业从业人员 157253 人，远低于工业从业人员和农业从业人员。交通运输方面，尽管在阎锡山时期，为了工业的发展，曾经大力发展交通运输业，但新中国成立前，山西的交通运输在战争的破坏下，仍旧十分落后，能通车的铁路里程只有 358 公里，公路以土公路为主，路基不平，弯急坡陡，桥梁不全，天气不好的情况下交通经常会被中断。

3.1.2 国民经济恢复时期（1950～1952 年）

3.1.2.1 国家及山西的经济发展政策和投资政策

新中国成立以后，党和国家立即着手恢复经济的工作。在当时的政治经济形势下，人民政权对经济的管理一开始就选择了集中统一的模式，并确定从 1950 年开始到 1952 年，以三年时间作为恢复国民经济的时期。在此期间，党和国家在经济上的纲领是："没收封建阶级的土地归农民所有，没收蒋介石、宋子文、孔祥熙、陈立夫为首的垄断资本归新民主主义的国家所有，保护民族工商业。"② 在此纲领指导下，人民政府开始致力于接管官僚资本，稳定物价、打击投机倒把，统一财政等一系列的具体的政策和措施。这一时期的经济工作包括投资工作都是按照国家恢复期的路线、方针、政策进行的。

国民经济恢复时期，国家资金短缺，国民经济建设只有从财政收支中自己节约，自己投资，但当时国家财力有限，只能把有限的资金投入到最需要的领域，因此，国家实行了集中分配的投资体制。具体而言，国家在统一了财政经济工作后，对基本建设投资实行了集中分配的计划管理制度，即"二上一下"的制度，其核心是以国家作为投资主体，自上而下地分配投资，国家决定各部门、各行业、各地区的投资分布，确立由国家集中分配投资和管

① 孔繁珠，《山西产业发展论》，中共中央党校出版社 2000 年，第 5 页。

② 《毛泽东选集》第 2 卷，第 666 页。

理投资的体制①。在投资限额上，国家按项目的投资规模将其划分为限额以上项目和限额以下项目，进行分类管理，其中投资不足20万元的为丁类项目，由省决定，报中央有关部门备案。

这种国家的投资管理体制，使得各行各业的新建、扩建的基本投资，基本上由国家集中分配，因此，国家发展的战略、路线、方针及其对各地方经济发展的计划对地方的投资结构的形成和发展都具有决定性的作用。

1949年8月27日，刚刚组建的中共山西省委在太原召开了第一次全体（扩大）会议。本次会议确定了山西省经济工作总方针和总任务，指出：全党今后的基本任务，是生产建设、文化建设和社会治安，其中心任务是生产建设。同时还指出：国家的真正富强，必须工业化。也就是要建设一个工业化的山西。为此，“党的领导重心必须转向城市，恢复与发展工业”。会议提出一个重要的发展方针，即利用现有基础，加以改造，缩小其军事性，扩大其对于农业的支援作用，制造各种农业上所需的生产资料，生产各种生活用品，开展农产品加工、农副产品加工。会议还指出，要发展工业，必须发展农业，并且加强城乡联系。

3.1.2.2　国民经济恢复时期山西产业投资情况

随着新中国成立初期货币的统一和物价的稳定，以及对官僚资本主义企业的没收和新区土地改革的完成，山西经济进入到全面恢复阶段。为此，国家和地方政府进行了大量的投资，但在国家集中统一分配的投资管理体制下，国家的投资决策直接决定了山西产业投资结构。

在国民经济恢复时期，为了改变旧中国经济落后、产业结构畸形，实现国家的社会主义工业化，国家的投资方向主要是兴修水利和恢复交通运输，并新建了山西榆次经纬机械厂等14项重大工程。在投资结构上，这一时期国家投资较好地处理了国民经济各部门的关系。以1952年的情况为例②，工业尤其是重工业是首要的投资重点，农业投资领域中则是以恢复、发展农业基本措施的水利建设投资作为投资重点为的。这一年工业投资为16.89亿元，占投资总额的38.8%，其中，重工业投资为12.83亿元，轻工业投资为4.06

① 曹尔阶、李敏新、王国强，《新中国投资史纲》，中国财政经济出版社，1992年，第53页。
② 曹尔阶、李敏新、王国强，《新中国投资史纲》，中国财政经济出版社，1992年，第75页。

亿元，分别占投资总额的 29.5% 和 9.3%；农业投资为 5.83 亿元，占投资总额的 13.4%，其中水利投资一项就达到 4.1 亿元，占投资总额的 9.4%，占农业投资额的 70.3%。在国民经济恢复时期，以重工业和农业水利建设作为投资重点是符合当时实际情况的，由此也大大改变了旧中国留下来的工、农业之间和重、轻工业之间的比例关系极不协调的畸形状态。因此，在国家投资管理体制和投资结构的影响和需求下，山西的重大投资项目集中于工业、农业、邮电运输业行业。

1. 工业领域的投资。

由于山西较好的工业基础，山西工业的恢复与发展，对于全国经济的恢复与发展具有重要意义，因此，国家与山西政府都给予工业以巨大的投资，一大批原有的工业企业得到了恢复、改造和扩建。

1950 年山西主要是对旧有的企业着手有计划的恢复和改建；1951 年，工业建设由恢复转向扩建，同时也新建了六个重大企业；1952 年，则在恢复和改建的基础上增加了扩建的数量与规模（见表 3－6）。

表 3－6　　国民经济恢复时期山西工业投资的重点项目

年份	项目情况	总投资额（万元）
1950	恢复项目：太原钢铁厂、太原矿山机器厂、大同矿务局、西山矿务局、大同电厂、晋生纺织厂、太原造纸厂、太原自来水厂；各地的小电厂、小面粉厂、农具厂 新建项目：太原重型机器厂、新绛轧花厂、运城面粉厂、运城榨油厂	2981.6
1951	扩建项目：太原钢铁厂、阳泉铁厂、大同矿务局、阳泉矿务局、山西机器厂、山西化学厂、晋华纺织厂、新绛纺织厂、太原印刷厂 新建项目：太原化工厂、经纬纺织机械厂、晋西机器厂、兴安化学材料厂、太原第一热电厂	4829.9
1952	新增扩建项目：东山煤矿、富家滩煤矿、太原机车修理厂、山西机床厂、太原水泥厂、运城盐务局、荫营煤矿、太原窑素厂、平遥火柴厂	8355

资料来源：根据山西省委调查研究室编，《山西省经济资料》（第二分册）整理而成，山西人民出版社 1959 年，第 548 页、第 549 页。

国民经济恢复期的三年中，中央和地方投资建设的大中型工业项目共有 94 个，其中改造和扩建的厂矿有 70 个，新建的厂矿有 24 个①。投资额超过

① 李旺明、苗长青，《当代山西经济史纲》，山西经济出版社，2007 年，第 27 页。

100万元以上的项目19个，其中新建项目6个，改扩建项目13个。这些重点项目建设规模很大，涉及的企业大部分是全国有名的大厂矿，如榆次经纬纺织机械厂，太原重型机器厂，晋西机器厂、太原钢铁厂、大同煤矿，而对于太原钢铁厂的恢复和改扩建的投资就占全省基本建设总投资的1/7左右。在新建的厂矿中，属于限额以上的建设项目有6个单位；在改建的厂矿中，属于限额以上的建设项目共有5个单位。

2. 农业领域的投资情况。

山西省政府认识到了农业的恢复与发展对工业发展的重要性，因此，在这一时期，对农业的恢复主要是从三个方面开展的：一是大力提倡使用新式农具、农药、化肥、良种；二是大力开展水利建设；三是奖励养殖。

山西省地处黄土高原，大部分地区为半干旱气候区，是全国最严重的缺水省份之一。“前年晋南、晋中解放时，许多河道淤塞失修，护堤林木砍光，河堤则被日、闫匪修建工事所毁坏；不仅浇地面积减少38万余亩，且连年发生水患。”① 这是当时新中国山西省的水利设施情况。农业的发展离不开水，山西省政府认识到了“水利是实现增产的关键”②。1950年1月召开了全省首次水利会议，会议确定了当年水利建设的方针任务是以河渠灌溉为主、充分发展小型水利③。尽管政府财政困难，但1950年国家仍投资粮食87万余斤、人民币1987.28万元用于山西水利建设，山西省政府也鼓励民众集资开发山间的小水利。国民经济恢复的三年间，在有限的财力和物力下，山西省用于水利的资金总计达到了0.37亿元，重点修建、改造和扩建了一批原有的但年久失修的水利工程，并新建了10项新的水利工程，完成了千余处防洪工程。仅1951年，山西省“共完成水利灌溉工程723处，大小防洪工程388件……仅水车一项，全省即推销5657部。”④ 到1952年，山西有效灌溉面积达609万亩，是1949年的1.6倍；实际灌溉面积309.59万亩，是1949年的1.87倍。

此外，改良农业技术也是农业投入的重点。以1951年为例，“推广优良粮种388万亩，优良棉种54万亩。推广新式农具2577件，并奖励改良旧式

---

① 《山西日报》，1950年1月13日，第2版。

② 同上。

③ 同上。

④ 《山西日报》，1951年10月26日，第2版。

农具”①。三年间，全省共推广新式步犁3.7万部，玉米脱粒机2263部，铡草机429部，机耕面积达1.2万亩②。

3. 国民经济其他行业的恢复与投资。

首先是交通运输业的恢复和发展。山西省属于内陆省份，新中国成立前交通运输主要是铁路和公路，但是新中国成立前建的公路、铁路都在战争中遭受到严重的破坏。新中国成立后，政府即展开了大规模的公路和铁路修复和建设工作。1949年，全省通车里程仅为1288公里。在国家对山西公路交通有限投资的情况下，山西省交通部门按照“先求其通，再求其好”的方针，发动群众，以民工建勤的方式，对原有公路干线进行了恢复性修建。1950~1952年3年间修建公路1000多公里，到1952年全省通车里程达到2350公里，可通汽车的县城达到54个、乡（镇）达到431个。这一时期公路运输能力的恢复基本上满足了国民经济恢复时期及支援抗美援朝战争的运输需要。铁路恢复工作主要集中在山西当时的两条主要干线——同蒲线和石太线。1950年8月，人民政府开始复修北同蒲线，1951年7月完工，总投资为746.33万元；石太线于1951年9月开始改线工程和技改工程，全部工程于1953年底完成，总投资额1287.11万元。1950~1952年，全省共修复铁路1100余公里，到1952年底，全省铁路通车里程达到1242公里。铁路的运力得到了大幅度的提高，例如，改线后的石太线，开始行驶大型列车，车速加快，改修后的新线比旧线在列车对数上增加了27.6%，牵引力增加了62.5%，运输能力增加了101%③。

其次是邮政通信业的恢复和发展。1949年山西邮电所共有447处，其中代办所310处，自办局所137处，每一局所平均服务的面积达294.28平方公里；长话电路仅有2路，市内电话3970门，长途线路长度185对公里。邮电通信设备极其落后，基本上是一个县一个邮电局（所）且省内大部分县市不通电话。在国民经济恢复时期，山西邮电事业有了初步发展。到1952年，全省邮电所发展为1008处，每一局所平均服务面积降为155.03平方公里；长话电路达42路，长途线路长度为2845对公里，市内电话也达到了6168门，

---

① 《山西日报》，1951年9月1日，第2版。

② 李旺明、苗长青，《当代山西经济史纲》，山西经济出版社，2007年，第28~29页。

③ 李旺明、苗长青，《当代山西经济史纲》，山西经济出版社，2007年，第31页。

其中农村电话在1949年几乎为空白，而1952年发展到1858门[①]。1950～1952年，山西省邮电业的投资集中在基本建设方面，共计投资了109万元，其投资结构为邮政投资为4.3万元，长途电信投资为46.8万元，无线电话投资0.7万元，市内电话投资9.6万元。

3.1.3 第一个五年计划时期（1953～1957年）

3.1.3.1 国家及山西的经济政策和投资政策

“一五”期间国家的基本任务首先是集中主要力量发展重工业，建立国家工业化和国防现代化的基础；相应地培养技术人才，发展交通运输业、轻工业、农业和扩大商业；其次，有步骤地促进农业和手工业的合作化，建立对于农业和手工业的社会主义改造的初步基础；最后，基本上把资本主义工商业分别地纳入各种形式的国家资本主义轨道，建立对于私营工商业社会主义改造的初步基础。为此，国家在投资领域的政策上大力倾向于大规模的基本建设投资，主要集中在工业投资，特别是重工业的投资。同时，在投资管理制度上实行高度的集中统一的投资管理体制，也就是国家在投资规模、投资结构、投资布局等宏观决策和项目管理的微观决策上进行一揽子的管理。在这样的国家投资体制下，山西的投资政策和决策完全服务于国家发展的需要。国家“一五”计划确定逐步把山西建设成为我国一个重工业区，决定在山西建设52个大中型项目和40个一般项目，总投资17.93亿元，其中包括苏联和东欧国家帮助设计和由国家投资建设的156个项目中的16个项目[②]。

山西省政府根据山西经济发展的需要及国家“一五”计划的基本任务和目标，制订了山西第一个五年计划，确定了12项具体任务，而其中的首要任务就是“全面地支援和配合国家的重点建设”，因此“一五”计划决定要大力发展土石建筑材料工业、金属加工工业，扩大工业用煤、硫铁矿石、石膏等的生产；同时，大力发展地方工业，推进工业化，并且除了适应国家重点

① 张广文，《山西通志 邮电志》中华书局，1996年，第85页、第381页。

② 张秉权，《山西工业基本建设简况》（山西地方史志资料丛书之八），山西地方志编纂委员会，1987年，第323页。

建设需要发展建筑材料工业、金属加工工业、煤炭工业等外，还要根据山西的实际需要，发展肥料工业、农具制造、修配工业、农副产品加工工业；脚踏实地地发展第一产业，相应地发展交通运输事业，相应地发展城乡物资交流，扩大商品流通，积极推进社会主义改造运动。山西省在“一五”计划完成时，社会经济成分在国民经济中所占的比重发生重大变化，不论是工业、农业、交通运输、邮政电信、商业贸易，还是教育、文化、科技、卫生、体育等各方面，都取得了辉煌的成就。

3.1.3.2 “一五”期间山西的投资情况

到 1957 年底，全省顺利完成了“一五”计划。五年中，全省基本建设投资巨大，累计完成投资额 21.3879 亿元，新增固定资产 160286 万元，其中国家投资完成 166303.6 万元，地方投资完成 47575.8 万元[①]。工业、农业和一些第三产业得到了迅速发展。

1. 农业投资情况。

“一五”时期，山西农业投资集中在农田水利方面。

第一，农业机械化投资。作为农业机械化的试办阶段，国家对农业机械化进行了大量投资，开始试办机械农场和国营拖拉机站，为山西农业机械化发展奠定了坚实的基础。山西省的拖拉机站的建设全部由国家预算拨款，建立了四个拖拉机站，总投资额为 1395 万元，其中用于拖拉机站基本建设投资为 878 万元（包括购置拖拉机、农具和房屋建筑）。到 1957 年，山西省拖拉机站发展到 20 个，全省农业用拖拉机增加到 659 台，比 1952 年增加了 640 台[②]；机耕面积由 2000 亩发展到 202.4 万亩。“一五”期间，国营农场也有了较大发展，到“一五”结束时，全省共有机械化农场四个，示范农场九十一个，共经营耕地 22.58 万亩。

第二，水利建设的投资。“一五”期间，山西用于水利建设的资金达到 1.5 亿元，其中国家拨款为 0.34 亿元，用作水利的基本建设和水利事业费，共完成水利投资 2772.19 万元。这一时期，建成了山西有史以来的第一批水库，到

---

① 山西省委调查研究室，《山西经济资料 第二分册》，山西人民出版，1959 年，第 565 页。

② 《山西统计局关于 1957 年国民经济计划和第一个五年计划执行结果的公报》，《山西日报》，1958 年 5 月 12 日，第 2 版。

1957年全省共有小型水库39座，总库容780万立方米[①]，并且还修建了一些小水电站，装机容量达到了532千瓦。山西的水利建设也积累了丰富的经验，培养了一批技术人才，为更大规模的水利建设做好了准备。到“一五”结束时，山西省各地增加灌溉面积404万亩，全省水田和水浇地达到了988万亩[②]。

第三，农业其他投资。山西林业建设有了巨大的发展。“一五”时期，国家在山西林业发展方面投资1586.5万元，占全省投资的0.5%左右。全省共造林629.7万亩，对保护农田，保持水土，减少自然灾害，发挥了积极的作用。

此外，国营农业企业也有了很大发展，1957年全省共有机械化农场4个，示范农场91个，共经营耕地22.5791万亩[③]。

2. 工业投资情况。

“一五”时期是山西进行大规模工业基本建设的时期，用于工业基本建设投资金额达144953.9万元，占全省基本建设总投资额的67.8%。

1953～1957年，山西工业基本建设投资额年年上升，投资项目不断增加。1953年工业基本建设投资额比1952年增长了65.5%，限额以上建设项目38个中有34个为工业项目；1954年，工业投资额比1953年增长了44.7%，限额以上55个项目中，有51个为工业项目；1955年工业基本建设投资额增长幅度有较大下降，比1954年仅增长了2.8%，限额以上72个项目中工业项目为59个，所占比例较前两年大幅下降，但仍占项目总数的80%以上；1956年，山西省正确贯彻了中央政府“关于加强发展建筑工业的决定”、“关于加强设计工作的决定”和“关于加强新工业区和新工业城市建设工作几个问题的决定”三个有历史意义的文件，工业基本建设较1955年有了突飞猛进的发展，工业基本建设投资额比1955年增长了103.1%，限额以上建设项目93个中有74个为工业项目；1957年工业基本建设投资额比1956年又增长了16.7%，限额以上106个项目中有83个为工业项目。

“一五”期间，工业基本建设的投资额是国民经济恢复时期的8倍，而且建设了山西省历史上从来没有的重型机械工业，建设了一批在全国都有名

① 张荷、李乾太，《山西通志 水利志》，中华书局，1999年，第159页。

② 《山西统计局关于1957年国民经济计划和第一个五年计划执行结果的公报》，《山西日报》，1958年5月12日，第2版。

③ 同上。

的大型厂矿，如榆次经纬纺织厂、大同水泥厂，并对太原钢铁厂、山西机床厂、大同煤矿、杏花村汾酒厂等进行了改造和扩建，其中规模大、投资多、结构复杂、性质重要的限额以上（如钢铁工业为 1000 万元以上，纺织业为 500 万元以上的）的工业项目达到 74 个，这 74 个项目中包括 13 个苏联通援助的国家重点建设项目。在国家和山西省地方政府对工业的重视与投入下，全省的工业生产能力和生产水平得到了大大增强：

（1）从工业生产能力上看，“一五”期间，大批新产品试制并投入生产，种类多达 770 余种，涉及钢铁、煤炭机械、纺织机械、化学工业以及农业机械等多个行业；机器制造工业发展较快，产品生产种类增加，机械化程度提升，增强了产品的竞争力，如太原矿山机器厂自成立到 1957 年，共试制成功了 117 种新产品，其中一些产品还先后到欧洲、东南亚的八个国家展览，获得好评。

（2）从工业生产水平上看，“一五”计划结束时，电力发电量达到 5.7 亿度，是 1952 年的 3.7 倍；原煤开采 2368 万吨，是 1952 年的 2.38 倍；生铁生产 37.9 万吨，是 1952 年的 1.9 倍；钢产量 26.4 万吨，是 1952 年的 2.86 倍；钢材 22.2 万吨，是 1952 年的 2.69 倍；水泥产量 51.4 万吨，是 1952 年的 5.3 倍；棉纱 6.8 万件，是 1952 年的 1.4 倍；棉布产量为 69459 千米，是 1952 年的 1.46 倍[①]。

3. 其他产业投资情况。

（1）交通运输业的投资情况。这一时期，山西对交通运输业的投资是国民经济恢复时期的 7.4 倍，投资总额达到 20577.3 万元，推动了交通运输业的发展。

国家对公路的投资逐年增加，因为随着大规模经济建设的开展，运输瓶颈越发显现出来，特是基建器材和煤炭的运输。公路投资除用于新建道路外，重点用于改善土路面，以及加固和修建必要的桥梁。五年间全省共修建公路 1753 公里，新修简易公路 1510 公里。到 1957 年底，全省公路通车里程达 8262 公里，其中县道达到 5082 公里，公路密度也由 1952 年的 1.5 公里/百平方公里上升至 1957 年的 5.3 公里/百平方公里，全省有 94 个县城和 3002 个乡村通了汽车[②]。

---

① 《山西资料汇编》，山西人民出版社，1960 年，第 119 页。

② 《山西通志·交通志》，第 2 页。

铁路建设方面，5年间“改建了石太线，完成了南同蒲线从榆次到风陵渡的宽轨工程，并开始了大同枢纽站的建设工作”①。

航运方面，1956年和1957年，国家先后投资八万多元，完成了从偏关老牛湾至兴县黑峪口184公里黄河航道的炸礁工程，开辟了山西晋西北黄河段的水上运输；同时，国家另投资15万元，对汾河下游航运进行了开发，结束了山西内河不能行船的历史。

（2）邮电通信业的投资情况。5年间，用于邮电基本建设的投资总额达到1669.6万元，新办邮电局（所）522处。到“一五”计划完成时，山西省邮电局所总数为1098处，每一局所平均服务面积为142.32平方公里，长话电路为173路，电报电路为278路，长途线路长度达到20626对公里，市内电话也达到17485门。

3.1.4 “大跃进”时期（1958～1960年）

3.1.4.1 国家及山西的投资政策

1. 国家投资政策的变化。

“大跃进”时期，国家投资管理和投资政策与“一五”时期相比有了较大的变化。

第一，“两本账”的实施。“一五”时期，国家实行的是集中计划管理的方法，国家对投资规模、投资结构、投资布局等进行全面的宏观决策；“大跃进”时期，开始实行“两本账”的计划方法，即名义上有计划、实际上无计划，也就是中央有中央的计划，地方有地方的计划，中央的计划与地方的计划之间失去了约束力。另一方面，“两本账”的计划方法，由于只考虑了中央与地方的关系，没有考虑部门与企业之间的合理关系，各部门之间的第二本账也没有考虑部门之间的相互协调关系，从而造成了生产、建设上的层层加码，投资规模恶性膨胀，导致国民经济重大比例关系严重失调。

第二，“投资包干”制度的变调。“投资包干”最初在石景山钢铁使用，

---

① 《山西省统计局关于1957年度国民经济计划和第一个五年计划执行结果的公报》，《山西日报》，1958年5月12日，第2版。

获得了“一顶二”[①] 成功，引起了各方面重视。1958 年 5 月国务院就下达了相关文件，在全国 18 个厂矿中推广使用“投资包干”制。1958 年 7 月 15 日，《人民日报》发表了题为《基本建设投资要实行包干制》的社论，认为“实行投资包干是革新基本建设管理制度的一项重大措施，也是进一步改进基本建设生产关系，促进生产力飞跃发展的一面红旗”。但是在“大跃进”瞎指挥和浮夸风盛行的情况下，投资包干的推行很快就变了调。在“钢铁产量翻番”的政治任务下，所谓“投资一顶二，产量翻一番，速度快一倍”成为钢铁产量翻番的措施，成为在基本建设中任意扩大建设规模和修改设计的合法形式，给投资领域带来了极为严重的混乱。

第三，“以钢为纲”的投资结构。1958 年 8 月中央正式提出了“以钢为纲”的工业建设指导方针，认为只要发展了钢铁业，就可以把机械、电力、煤炭、交通运输等产业带动发展起来，农业机械化也就有了指望。因此，全国出现了“一马当先，万马奔腾，以钢为纲，全面跃进”的局面，一切工业要为钢铁工业让路。这样做的结果是轻重工业投资结构严重失调，重工业内部投资结构严重失调，最终导致产业结构、经济结构失调。

第四，地方独立工业体系的建立。为了使地方能建立起自己独立的工业体系，中央相继扩大了地方的计划管理权，放松了基本建设项目的审批程序，限额以上的项目只需将计划任务书上报中央批准，设计与预算均由地方批准，对于那些不需要全国平衡的限额以上的项目，只需报中央备案即可。再加上“两本账”制度和投资包干制，实际上只要地方有钱就可以兴办工厂，扩大基本建设项目的投资规模。因此，为了追求自成体系的工业，各省都纷纷建设自己的工业，最终导致了重复建设、重复生产问题严重，且企业多小型化，没有规模效应。

2. 山西“大跃进”经济思想的确立。

在全国“大跃进”的思想指导下，山西省与全国同步开展了“大跃进”运动，并确立了“大跃进”的经济指导思想。

1958 年 1 月 1 日时任山西省委书记发表了题为《鼓足社会主义的干劲　争取农业生产大跃进——为庆祝 1958 年元旦而作》的文章中，提出了农业“大

---

① “大跃进”时期，石景山钢铁厂向冶金部提出按 2.4 亿元的投资包干使用，把钢产量从 48 万吨扩大至 120 万吨，这就是所谓的“投资一顶二”。

跃进”，要求农业在1958年完成的指标是：“粮食和棉花的产量都要大大超过过去最高年产量，大力争取粮食总量达到或者超过九十五亿斤，棉花每亩平均产量达到或者超过六十斤（皮棉）；扩大灌溉面积四百五十万亩，出现新的‘大泉山’五千个；养猪全省农户平均每户一头半，其他大牲畜和羊也要有较大发展，绿化面积要比最高的1956年增加一倍，每亩耕地的施肥量，要比往年增加二分之一到一倍，每亩耕地的用工量，要比往年增加30%～50%。”① 在确定农业“大跃进”的指标后，当年二月份山西召开了全省地方工业会议，提出了工业“大跃进”的指标，决定“1958年，全省地方工业的生产总值，要比上年平均提高50%以上（县属地方工业要提高一倍），两年翻一番，4年赶上农业总产值，5年大大超过”②。这些工农业发展指标经实践证明大多数都是不切合实际的。1958年4月28日，山西省再召开地方工业会议，总结前两个月的跃进经验，认为“要多快好省的发展地方工业，就必须贯彻全党全民办工业的方针，放手发动群众大搞工业建设。”③ 同时还列举很多好办法，如把小型工厂联合起来变成“万宝全”、母鸡下蛋的办法即大厂生子厂，等等。

3.1.4.2 “大跃进”时期山西主要的投资情况

在“大跃进”的经济思想指导下，山西的生产投资建设出现了高涨的热情。

1. 山西各地大办“小土群”、“小洋群”，发展“五小”企业④。小企业的发展，使得山西平均每天出现40座新工厂，甚至出现七天建成一座黑矾厂，而且广泛投资同类型工厂，例如，1958年5月14日《山西日报》报道，山西省工业厅计划在当年投资门600万元，在雁北、榆次、长治、晋南、忻县五个地区，各建一个年产3万余吨的小型水泥厂，生产设备和技术都很简单，有投资少、收效快的特点。山西工厂数量在短时间内得到了快速上涨，太原和大同新建企业多达3000多家，晋城县1958年2月至4月，两个半月

① 《山西日报》，1958年1月1日，第1版。

② 《山西日报》，1958年2月27日，第2版。

③ 《山西日报》，1958年5月14日，第1版。

④ “五小”企业指：小钢铁企业、小水泥企业、小化肥企业、小机械企业和小电力企业。

的时间，“就建成了二百个工厂，并有五百五十个新工厂开始动工建设”①；沁县在两个多月的时间“建成一百五十八个工厂②”。这一时期，山西也建立起了一批大中型骨干企业，如太原的山西电机厂、电解铜厂、电解铝厂、电石厂，大同的大同机车厂、山西柴油机厂、大同粮厂等，新增了铝、机车、汽车、机引农具、自行车、灯泡等多种新产品。

2. 钢铁工业遍地开花。在国家“以钢为纲”的政策带动下，全国各地出现了“土法上马，钢水遍地流”的局面，山西省也迅速掀起了钢铁工业建设的高潮③。在这场建设高潮中，阳城县应铁业社创造的用青砖陶瓷彻高炉，用冷风、无烟煤冶炼灰生铁的经验和故县铁厂创造的用手摇小转炉炼钢的经验得到全省和中央的重视，并在全省进行推广。为了赶超故县，许多县提出了钢铁大跃进目标，如高平县提出“在现在年产一万吨铁的基础上，1959 年达到年产二十五至三十万吨铁，十七到二十二万吨钢，1960 年达到年产三十五至四十五万吨铁，二十四至三十一万吨钢，1961 年达到年产五十至五十五万吨铁，三十五至三十八万吨钢，1962 年达到年产六十至六十五万吨铁、四十二至四十六万吨钢④”；平定县提出“到 1959 年春天使平定成为‘钢铁县’，做到乡乡有土高炉，城镇有大高炉和炼钢炉⑤”。

3. 农田水利投资。1958 年“大跃进”运动开始后，山西省农村开展了大规模农田水利基本建设，全省投入农田建设的劳动力，由原来的 200 万人迅速翻番，达到 466.8 万人，占到总劳动力的 74.6%⑥。这一时期山西省出现新中国成立以来的水利建设的第一个高潮，仅 1958 年和 1959 年两年时间，就完成“各种水库工程二千四百余座，可以蓄水十五亿公方。其中，完成和接近完成的蓄水在一千万立方米，而坝高在五公尺以上的大中型水库，有静乐汾河、曲活浍河、屯长屯绛、临县阳坡、太谷郭堡、广灵直峪、五寨南峰等三十三座水库⑦”。水利基本建设投资额也大幅增加，1958 年水利基本建设的投资额比

① 《我省地方工业飞跃发展》，《山西日报》，1958 年 5 月 14 日，第 1 版。
② 同上。
③ 《山西日报》，1958 年 5 月 29 日，第 1 版。
④ 《山西日报》，1958 年 7 月 20 日，第 2 版。
⑤ 同上。
⑥ 李旺明、苗长青，《当代山西经济史纲》，山西经济出版社，2007 年，第 90 页。
⑦ 《全省大修水库形成高潮》，《山西日报》，1959 年 11 月 6 日，第 1 版。

1957年猛增了5.6倍之多，1960年水利基本建设投资额达到了5039万元，是1958年的1.67倍。随着一大批水库的建设，山西有了水电站，据1959年8月21日《山西日报》的报道，全省当时共有水电站350多个，可发电11000千瓦，这些电不仅用于照明，而且供应给当地的小型工业企业。全省完成的水土保持工程的投资也成效明显，1958年可初步控制水土流失面积4668万亩，相当于1957年10月以前治理水土流失面积的1.35倍①。此外，山西农业投资还用于了支援农业的工业建设方面，以1958年为例②，全省地方国营基本建设投资中25.73%用于发展农具修理厂和农肥厂、农副产品加工厂的建设。

4. 交通运输业投资。这一时期，公路和铁路建设也取得了巨大的成就。山西公路通车里程得到了大幅提高，1960年，公路通车里程达到17589公里，公路密度也由1957年的每百平方公里5.3公里增加到1960年的每百平方公里11.2公里。为了适应农业生产发展和城乡物资交流，全省大量修建了简易公路。在两条腿走路的方针指导下，铁路投资除了集中在主要的干线和支线的新建和改造以及建设大同和太原两个枢纽站外，土铁路的建设也发展迅速，全省各地都在建土铁路，主要用于矿山和工厂联结、工业基地和洋铁路联结和矿山内自用。1958年底全省共有十一条土铁路正式通车，到1960年全省在建和已建成的土铁路达到七十四条，仅1959年初，“全省就有二百四十多公里的土铁路全面动工修筑”③；经过“大跃进”三年的交通运输投资建设，山西省的公路铁路运输能力得到了较大的提升，1959年全省货物运输总量达到了一亿零四百七十二万吨，比1958年增长36.2%，其中铁路货运量达到了三千八百六十六万吨，比1958年增长21%，公路货运量达到了六千六百零六万吨，比1958年增长47.1%④。

3.1.5 国民经济调整时期（1961~1965年）

三年的“大跃进”，投资层层加码，投资严重膨胀，投资结构不合理等

① 《政府工作报告》，《山西日报》，1958年12月8日，第2版。

② 内容详见《厂矿铁道建设工程宏大 地方工业发展面向农村》，《山西日报》，1958年2月9日，第1版。

③ 《全省各地大办土铁路》，《山西日报》，1959年1月12日，第2版。

④ 《关于山西省1960年国民经济计划草案》，《山西日报》，1960年5月24日，第2版。

投资领域的失误，导致全国投资规模过大，国民经济各部门比例关系特别是农业、轻工业和重工业之间的比例关系以及积累和消费的比例关系严重失调。与全国一样，山西产业结构发展也忽视农业和轻工业的发展，畸形高速地发展重工业；基础建设规模连年膨胀，超过了本省物力、财力的承受能力；由于过度发展重工业，农业和轻工业发展落后，造成人民生活必需品的供应紧张，人民生活水平下降；极端粗放型的重工业发展模式，带来了资源巨大的浪费和环境严重的破坏。随着中央经济政策的变化，全国经济发展进入了调整时期，投资政策也出现了较大变化，山西投资也随之发生了较大变化。

3.1.5.1 经济调整时期国家和山西的投资政策

1. 国家投资政策的调整。

（1）恢复集中统一的投资管理体制。投资膨胀主要是因为国家在宏观管理上失去了控制，因此投资政策的调整首先从投资管理上开始，即恢复集中统一的计划投资体制，生产投资执行“全国一盘棋”、上下一本账，不得层层加码；将“大跃进”时期不适当的放权收回，收回了项目审批权和投资计划管理权，所有基本建设投资和大中型项目纳入年度基本建设计划，由国务院批准，停止计划外的基本建设投资。

（2）调整投资结构。国民经济比例失调主要是因为“大跃进”时期“以钢为纲”的投资结构所致。1961 年国家提出了国民经济计划要以农业、轻工业、重工业为序进行安排，在工业生产、建设的安排中，要先生产、后基建，先采掘、后加工，先维修、后制造，先配套、后主机，先质量品种、后数量①。因此调整基本建设投资方向，主要是压缩非重点项目的投资，把国家的主要财力和物力用于重点项目、短板项目。投资结构的调整，主要是压缩重工业特别是钢铁工业的投资，加强农业、轻工业、支农工业和出口需要的工业的发展；对重工业内部结构也进行了调整，加强采掘、采伐工业的发展，加快燃料、原材料工业建设，以改变“重工过重”重工业内部结构。

2. 山西投资政策的调整。

随着国家投资政策方面的变化，山西投资政策也进行了相应的调整。一

① 曹尔阶、李敏新、王国强，《新中国投资史纲》，中国财政经济出版社，1992 年，第 184 页。

方面纠正经济工作中的“左”倾错误，调整农村生产关系和有关政策，恢复农业生产。另一方面压缩基建投资规模，调整工业结构，对效益差、质量低、成本高、亏损严重的企业进行关、停、并、转，以提高经济效益，并削减商业和金融业对企业投资的过度支持。具体调整投资的政策措施有：①增加对农业的投入和对农村社队所需的贷款，在财政上执行向农业倾斜的政策，并要求商业、工业、交通运输部门在以农业为基础、工业为主导的方针指引下，把本部门的工作积极地转向以农业为基础的轨道上来。②压缩基本建设投资规模，降低积累率。③调整工业结构，压缩重工业，充实轻工业。

3.1.5.2 调整时期山西的投资情况

1. 农业的投资。除了各项支农惠农等农业政策支持外，山西积极推进农业电气化、机械化和水利化建设。电气化方面，1962年10月，山西省成立了农业电气化局，有计划有步骤地推进农业电气化，到1964年9月，全省有62个县、市、600多个公社通了电，经1962年增加了6个县、市①。机械化方面，1961年，全省收回属公社自购的拖拉机457台，机引农具1898台以及一些修理、储油设备，共折价1079.7万元；1962年全省国营拖拉机站固定资产值为3286.6万元，1963年为3649.5万元；农机基本建设投资有了明显增加，1962年，农机基本建设投入为30万元，但1963年以后，这一项投入增加到100万元以上，到1964年，农机基本建设投资额为159万元，比1962增加了5倍多。水利投资有所压缩，按照“巩固提高，配套受益”的方针，投资主要集中于原有水利工程的配套工程建设，对灌区和井区进行了全面的清淤、整修、配套，重新调动起群众兴办水利的积极性；1961～1965年，水利基本建设投资总体上是减少的，1961年水利基本建设投资为1698万元，1965年为1024万元②，是“一五”以来水利建设的最低投资；有效灌溉面积在1961～1964年还是进一步得到了增加，到1964年9月，全省有效灌溉面积达1228.87万亩，其中保浇水地750万亩，万亩以上的灌区发展到130处③，但1965年时，全省有效灌溉面积只有806.56万亩，与1964年相比出现了较大的下降。

---

① 李旺明、苗长青，《当代山西经济史纲》，山西经济出版社，2007年，第156页。

② 《山西通志·水利志》，第579页。

③ 《我省农业技术改革迅猛异常》，《山西日报》，1964年9月24日，第2版。

2. 基本建设和工业投资。1961年，山西省停建、缓建了一批工业、交通和水利等方面的建设工程，基本建设全线收缩，能下马的工程全部下马，调整期内全省工业系统精简职工20多万人，有12.6万人回到农村第一线；1962年，基本建设投资额为2.51亿元，基本建设项目为1059个，分别比1960年减少了12.86亿元和2303个项目。1963年以后，基本建设投资开始逐年增加，1965年基本建设投资额增加到5.38亿元，约为1960年投资额的1/3。工业方面，降低钢、铁、煤等重工业生产指标，压缩重工业投资，强调重工业对农业的支援，主要是生产农业所需的机电产品、金属材料和配件；同时加强了轻工业产品的生产和投资，特别是在山区建成一批轻工业工厂，发挥了因地制宜、就地取材、增加收入的作用①。由于对重工业投资的压缩，1963～1965年重工业产品的新增生产力大幅度下降，炼钢和轧钢的新增产能分别为1.1万吨和4万吨，远低于1959～1962年的77.56万吨和29.21万吨；煤炭开采的新增产能由1959～1962年的1570.66万吨下降至1963～1965年的226万吨②。

3. 交通邮电建设投资。受经济调整的影响，1961年邮电基本建设投资比1960年大幅度下降，只有197.4万元，相当于1960年18.5%，随后的1962年和1963年投资又比1961年大幅度下降，1964年投资恢复增加到234.9万元，1965年出现了大幅度增加，投资增至1370.6万元，超过了1960年的投资规模；这一时期的投资涉及六项长途载波、线路工程，其中有3条是途经山西；1962年全省有邮电局1237个，到1965年达到了1392个，每一局所平均服务的面积为112.26平方公里；1962年市内电话为29590门，到1965年则为32100门。公路在当时是发展短途运输的一个重要组成部分，但以前总是注重修路而忽视了养路，使得不少中段长期失修失养，甚至影响了正常通车，因此这一时期除了新建公路外，建设重点是对原有公路进行整修、改修、提高等级、加强养护，汽车行驶速度也提高了，由每小时20公里提高到30～40公里③；到1965年年底，山西公路通车里程达到20365公里，县乡公路发展迅速，达到14572公里。铁路建设，到1965年，山西铁路通车里程达到1544公里，属新建的达到761公里。

---

① 《我省一批山区轻工业工厂建成投产》，《山西日报》，1961年9月20日，第1版。

② 《山西通志·城乡建设环境保护志·建筑业篇》，中华书局，1999年，第652页。

③ 《我省各地普遍维护整修公路》，《山西日报》，1962年12月3日，第1版。

4. 三线建设投资的开始。1964 年，中共中央做出了调整一线，建设三线，改善工业，加强国防，进行备战的战略决策。山西的晋西北和晋西管涔山区、吕梁山区属于西北三线的范围，根据中央的决策，山西开始进行三线建设。1965 年山西省成立了小三线建设领导组，并从当年开始，抽调了万余名建设者，赴吕梁地区，开展小三线建设，主要是新建、扩建和内迁项目的建设。从 1965 年起国家对太钢投入巨资，进行改造和扩建；国家在晋东南地区兴建电子工业基地；并将高炮生产基地选定在管涔山区。

3.1.6 “文化大革命”时期（1966～1976 年）

“文革”十年，由于对当时国际形势判断方面的问题，国家的经济转向了备战的轨道，投资政策也随之发生大的变化。

3.1.6.1 国家及山西投资政策措施的变化

1. 国家投资政策措施的变化。

这一时期国家投资指导思想混乱，投资管理体制破坏，投资政策和措施都蒙上了军事和政治色彩。

（1）投资指导思想混乱。投资指导思想混乱源于经济指导思想混乱。本来，在 1963 年国家制定“三五”计划时，是以“解决吃穿用，加强基础工业，兼顾国防和突破尖端技术”为指导思想。但是由于对当时的战争形势做了错误的估计，1965 年将“三五”的指导思想变为了“积极备战，把国防建设放在第一位，加快内地建设，逐步改变工业布局”。因此，“三五”的投资指导思想变成了备战的投资。制定第四个五年计划时，国家又提出了一些脱离实际的高指标，指出“四五”总要求是“狠抓备战，集中力量建设战略后方，建立不同水平、各有特点、各自为战、大力协同的经济协作区，初步建成我国独立的、比较完整的工业体系和国民经济体系”。在这样经济指导思想下，从 1970 年开始，投资领域又恢复了“大跃进”时期的做法，“左顷”思想再次影响了投资指导思想。

（2）投资制度的再次破坏。“文革”开始后，打着“先破后立，不破不立”、“反对资产阶级管、卡、压”的旗号，反对在调整期中正常的管理秩序，投资制度遭到了再次的破坏。投资决策仓促，项目成批上马，设计任意修改，不注重投资效果；地方对基本建设投资的管理权得到了放大，将农牧业、水利、交通等 18 个部门的投资划归地方统筹安排，工业项目中的小型项目由中央各部同地方具体商量安排。这些破坏基本建设程序和规章制度的做法，给投资领域带来了极度的混乱。

（3）投资结构的变化。再次突出钢铁工业，突出以钢为纲的工业指导方针。“1965 年毛泽东认为‘小三线’没有钢厂不行，提出两年内最好一省搞一个小钢厂”①，1970 年提出到 1975 年基本建成“大三线”的钢铁基地，包括太原在内，中央确定了五大钢铁基地，进行了巨额的投资。

2. 山西产业投资政策的变化。

这一时期，受政治运动影响，原有政策连续性被打断，使得山西投资政策出现了较大变化，表现为：加强农田水利建设，重新发展地方“五小”工业；响应中央的决定，围绕备战，投资“三线”工程；在进行“三线”工程中，投资以航天工业、装备制造业为代表的新兴工业建设。

3.1.6.2 山西投资概况

1. 农田水利投资。在“以农业为基础，工业为主导”的指导下，特别是毛泽东主席对山西农业的直接指示——“每县都应当在自己的全面规划中，做出一个适当的水利规划。兴修水利是保证农业增产的大事，小型水利是各县各工和各个合作社都可以办的……”②，农田水利建设在这一时期不仅没有中断，而且还有了发展，特别是山区小型水利建设得到了重视和快速发展③，大搞“蓄、小、群”水利工程，成绩显著。以 1972 年不完全数据统计，1972 年四季度前“全省投入农田水利建设的劳动力达 130 多万人……已完工项目近三万处，其中小型水库 850 多座……”④。10 年间，全省水利基本建设的投资总额总体上是在不断上升的，1966 年用于水利基本建设的投资额为

① 曹尔阶、李敏新、王国强，《新中国投资史纲》，中国财政经济出版社，1992 年，第 233 页。

② 《毛主席对我省农村工作的直接指示》，《山西日报》，1966 年 4 月 25 日，第 1 版。

③ 《狠抓路线斗争加强山区水利水保建设》，《山西日报》，1971 年 4 月 5 日，第 1 版。

④ 《我省农田水利建设取得显著成绩》，《山西日报》，1972 年 9 月 17 日，第 1 版。

1796 万元，1976 年达到 11430 万元，是 1966 年的 6.5 倍；在不断加大的水利基本建设投资作用下，有效灌溉面积和实际灌溉面积出现了平稳上升，有效灌溉面积从 1966 年的 941.05 万亩增加到 1976 年的 1870.5 万亩，实际灌溉面积从 1966 年的 909.55 万亩增加到 1976 年 1418.22 万亩；各地在兴修水利工程的同时，注重小型水电建设，小水电装机和发电量总体上一直保持平稳增长，1966 年，装机 5700 千瓦，发电 600 万度，到 1975 年装机 41299 千瓦，发电 8100 万度。

2. 农业机械化投资。在“农业的根本出路在于机械化”的指引下，各地兴起了大办农业机械化的新高潮，也带动了农业机械化投资。1972 年 9 月 22 日，《山西日报》以“我省农业机械化迅速发展”为题记录了当时山西省农业机械的发展，“全省各地、市和绝大部分县（区）都建立了农业机械管理机构，并有百分之八十二的公社建起了农机站……拖拉机和农田排灌机械增加了两倍，农副产品加工机械增加了二倍以上……”。1966 年用于农业机械化投资总额只有 385.9 万元，1976 年农业机械化投资总额增长到 4631.8 万元；农业机械总动力从 1966 年的 703200 马力发展到 1976 年的 4725000 马力；大中型拖拉机的拥有量从 1966 年的 2224 台增加到 1976 年 17394 台，小型拖拉机总量从 1966 年的 1170 台增加到 1976 年 162611 台。农业机械化投资使得农业作业机械化程度从 1966 年占总耕地面积的 19.8% 提升到 1976 年的 41.6%，占总播种面积的比重从 1966 年的 0.07% 提升到 2.4%。①

3. “五小”企业投资发展。山西省执行“以农业为基础，工业为主导”的总方针，还有一项具体措施就是多快好省地发展地方“五小”企业，各地对发展“五小”企业也表现出极高的热情，“到 1971 年底，全省县、社、队三级办的‘五小’工业厂矿已经发展到 18000 多个”②；仅小水泥企业，到 1972 年 8 月，“全省有 91% 的县、市办起了小水泥厂”③。

4. “三线”建设投资及新产业投资。1966～1975 年山西省三线建设共完成基本建设投资 9.98 亿元，先后进行了宁武高炮基地、晋南坦克基地、晋东

① 《山西通志·农业志》，中华书局，1999 年，第 475 页、478 页、488 页、489 页和 495 页整理而得。

② 《我省“五小”工业多快好省蓬勃发展》，《山西日报》，1972 年 2 月 5 日，第 1 版。

③ 《我省小水泥工业蓬勃发展》，《山西日报》，1972 年 10 月 13 日，第 1 版。

南电子工业基地、地方军工及其他一些工业建设①。

5. 工业投资情况。国家对山西工业投资出现了一些变化，主要表现为对山西资源的投资总额下降，特别是在中央“扭转北煤南运”的决策下，国家对煤炭工业的投资下降，投资额不足第二个五年计划投资总额的 70%。但是国家的投资还是促进了其他产业的发展，对太钢、临钢等大中型企业的改建和扩建，在冶金工业方面形成了新的生产能力；加大了对山西电力工业的投资，新建了一批大中型建设项目；新建了长治防爆电机厂等一批新的机械工业；除了对重化工业的投资外，对轻工业也累计投资 2.5 亿元，山西轻工企业由 1966 年的 43 年增加到 1976 年的 78 个，轻工业产值也由 1965 年的 27.6% 增加到 1976 年的 28.1%，建成了长治自行车厂、山西医疗器械厂等一批中小型轻工企业，推动了山西轻工业发展。

6. 交通邮电投资。①邮电通信领域建设主要以长途载波线路工程为主，完成了太原长途自动交换工程；与此同时，全省邮电局办起了水泥电杆厂，到 1973 年底，70% 以的县邮电局都有了水泥电杆厂，其中太谷等县率先实现了农村电话电杆水泥化，提高了农村电话线路的质量；到 1971 年底，全省 100% 的人民公社实现了通邮，99% 的生产大队实现通邮②，到 1975 年，全省邮路长度达到单程 151287 公里；这一时期邮电基本建设投资比较平稳，基本保持在 500 万 ~ 800 万元，个别年份投资超过了 1000 万元，其中 1969 年邮电基本建设实际投资达到 1811.2 万元。②铁路建设领域，除了继续前期投资的工程外，又进行了一批新改建工程建设，例如，1975 年开始石太线进入了全线电气化改造；投资 57551.93 万元的京原线在 1973 年全线投入正式运营；投资 10917.73 万元的宁岢支线，1973 年初正式运营。到 1976 年，全省铁路通车里程达 1843 公里。③公路建设领域，在“备战、备荒、为人民”和“准备打仗”的思想指导下，山西公路的建设以大大修战备公路为主，国家对山西的“小三线”和国防公路的专项投资十年间达到 12836 万元，新建公路 815 公里，改建公路 1765 公里，新建大、中桥 173 座③，军渡黄河公路大桥、太原汾河胜利桥、保德黄河大桥等几座重要的公路大桥在这一期相继建

---

① 《山西通志·军事工业志》，中华书局，1999 年，第 68 页。

② 《我省邮政事业迅速发展》，《山西日报》，1972 年 2 月 27 日，第 1 版。

③ 《山西五十年》（1949 - 1999），中国统计出版社，1999 年，第 56 页。

成通车；此外，山西柏油路建设速度加快，1965～1976年全省新修油路4171公里，太原通往各地、市所在地以及81个县、区、城镇通了柏油路，93.2%的农村人民公社通了公路，有59个县、区实现了社社通公路①；到1976年，全省公路通车里程达到了30049公里，与1966年相比，新建公路7578公里。

3.1.7 两年徘徊时期（1977～1978年）

3.1.7.1 国家及山西投资政策

1. 国家投资政策。

（1）鉴于"文革"十年投资领域的混乱，1977年开始，国家在基本建设投资领域进行了针对性的一系列措施和整顿。国家先后出台了《关于加强基本建设管理的几项规定》等多个文件，重申了新中国成立以来的在投资管理方面的成功经验，纠正了前一个时期错误做法，充实了一些新的要求，使投资管理的立法开始走向系列化、科学化和实用化。

（2）新"大跃进"思想下导致产业投资结构严重失衡。1977～1978年尽管全国着手进行了各行各业的整顿工作，恢复和制定了一系列有利于经济建设的方针政策，但新的"跃进"再次提出，无论是农业学大寨还是工业学大庆，都提出了"左"的口号；1977年11月，在全国计划会议上，提出了《关于经济计划的汇报要点》，研究长远规划问题，提出了许多不切实际指标；1978年2月，在全国五届人大一次会议上，华国锋明确指出"新的跃进形势已经来到"②。为了新"大跃进"，1977年和1978年投资规模再次膨胀，而且投资结构又高度集中在重工业，轻工业和非生产性建设投资严重落后，更加重了原本产业结构比例失调的矛盾。

2. 山西投资政策措施。

"文革"后，山西政府根据山西的经济情况，在1977年12月召开的山西第五届人民代表大会第一次会议上提出"在1985年前，把山西建设成为高产稳

① 李旺明、苗长青，《当代山西经济史纲》，山西经济出版社，2007年，第220页。
② 《中华人民共和国第五届全国人民代表大会第一次会议文件》，人民出版社，1978年，第12页。

产的农业基地和农、轻、重全面协调发展的、具有自己特点的工业基地”①，并且指出“两个基地”基本建设的途径分别是农业学大寨和工业学大庆。农业方面要坚持“以粮为纲”方针，基本实现农业机械化；工业方面要坚持“以钢为纲”方针，大力发展轻工业、原材料工业和动力工业，逐步建立起一个钢铁原料本省自给、主要农机产品本省配套的支援农业的地方工业体系。

3.1.7.2 1977～1978 年山西产业投资情况

1. 农田水利建设投资和农业机械化投资。

按照山西省“两个基地”建设的指示，农业方面全省掀起学大寨高潮，重点投资于农田水利建设和农业机械化建设。①每年冬春两季的农田水利建设，全省都投入大量的人力、物力和财力。两年间，山西水利基本建设投资分别达到了 11878 万元和 14784 万元；至 1978 年，全省有效灌溉面积达 1883.49 万亩，实际灌溉面积达 1571.72 万亩，小水电装机 182847 千瓦，发电量 43825 万度，水土保护治理面积为 4833.18 万亩；以 1977 年为例，这一年全省在农田水利建设中投入劳动力五百多万人，占到农村劳动力总数的 73%②；1976 年冬到 1978 年春，全省共完成各种农田水利工程 18.4 万处，建成高产稳产农田 482 万亩③，在一定程度上改善了农业生产的基本条件。②农业机械化方面，当时的山西省革命委员在 1977 年提出，“工业部门要切实把自己的工作转移到以农业为基础的轨道上来，保证 1978 年在主要农业机械的生产、配套上有一个大的突破”、“从我省实际出发，在耕作机械、农田基本建设机械、灌溉机械、运输机械、收获和脱粒机械、农副产品加工机械、化肥、农村小水电等八个方面，努力满足农业生产发展需要”④；1978 年 5 月，山西省召开了农业机械化会议，制定了“全省 1980 年基本上实现农业机械化的奋斗目标和措施”⑤。在这样政策指引下，1978 年全省用于农业机械化的投资比 1977 年增加了 20% 以上，两年间，山西省用于农业机械化的投资

① 王谦，《山西省革命委员会工作报告》，（1977 年 12 月 15 日通过）。
② 《山西革命委员会工作报告》，《山西日报》，1977 年 12 月 24 日，第 2 版。
③ 李立功主编，《当代中国的山西》（上卷），中国社会科学出版社，1991 年，第 230 页。
④ 《山西省革命委员会工作报告》，《山西日报》，1977 年 12 月 24 日，第 2 版。
⑤ 《全党动手 全民动员 大办农业机械化》，《山西日报》，1978 年 5 月 27 日，第 1 版。

总额达2062.3万元；到1978年止，农业机械总动力为629.28万马力，全省拥有大中型拖拉机24280台，小型拖拉机316281台，机播种面积达366.69万亩，占总播种面积的5.9%，远高于1977年的2.9%。

2. 工业基本建设投资情况。

1977年和1978年全省工业实际完成的基本建设投资总额分别为77621万元和104363万元，分别新增固定资产74533万元和74109万元。1977年全省的工业投资项目达646个，当年全部建设和部分建设的项目分别为84个和115个；1978年工业基本建设项目达526个，当年全部投资和部分投资项目分别为174个和109个。这两年的工业投资主要是用于前期未建设完成的一些大中型项目，如太原钢铁公司、临汾钢铁公司、山西铝厂的新建扩建项目等，新开工的大中型项目较少。

3. 交通邮电通信业投资情况。

交通邮电通信业1977年和1978年分别投资6716万元和11768万元，新增固定资产分别为3383万元和3739万元。公路运输方面，1978年全省用于公路的投资国3439万元，当年全省公路通车里程达31868公里；1978年用于铁路投资7136万元，主要用于大同机车厂和山西境内的太焦线、邯长线以及新建太岚线等项目的投资①，铁路通车里程达到2057公里。邮电方面，两年间，邮电通信业实际完成投资额1432.4万元，重点用于建设长途电信，仅此一项就占据了邮电通信投资总额的47.6%。

3.2 1950～1979年山西产业投资结构变迁的主要特点及因素分析

改革开放前，山西的产业投资基本上取决于国家对山西的经济和产业政策，再加上当时国家经济体制的单一性，使得山西产业投资结构变迁明显具有计划经济体制的烙印。

① 《统计公报》（1977年、1978年），山西省统计局。

3.2.1 山西产业投资主体结构变迁及资金来源结构变迁

单一的计划经济体制和国家的投资政策对山西的产业投资主体结构和资金来源结构起了决定性作用。

1. 山西产业投资主体结构变迁。

由于不同经济成分的存在及其对国民经济发展作用的不同，改革开放前山西的产业投资主体结构主要有国营单位、集体单位和城乡个人构成。以全社会固定资产投资主体（见图 3 – 1）为例，在国民经济恢复时期，因为多种经济成分并存，国营单位虽居于领导地位，但其经济比重还不大，所以城乡个人的投资要大于国营单位；但 1953 年出现了转折，国营单位的投资主体地位此后越来越突显；随后，山西省同全国一样，在 1953 ~ 1957 年对农业、手工业和资本主义工商业进行了社会主义改造，山西省在 1956 年就完成了社会主义三大改造，农业和手工业走上了合作化道路，资本主义工商业实现了全行业的公私合营，在投资主体结构方面，国营单位也确立了其主要的投资主体地位。国营单位的投资集中于大中型建设领域，承担了国家和地方最主要、最重要的投资，完成了新中国成立后山西许多重要产业的投资建设，在近三十的时间内，国营单位共投资 200 多亿元，“一五”以后其投资年均增长 12.1%，为山西从农业省向工业省转变及山西国民经济的发展做出奠基性的贡献。集体单位投资约为 22 亿元，自 1959 ~ 1978 年其投资年均增长 2.6%，

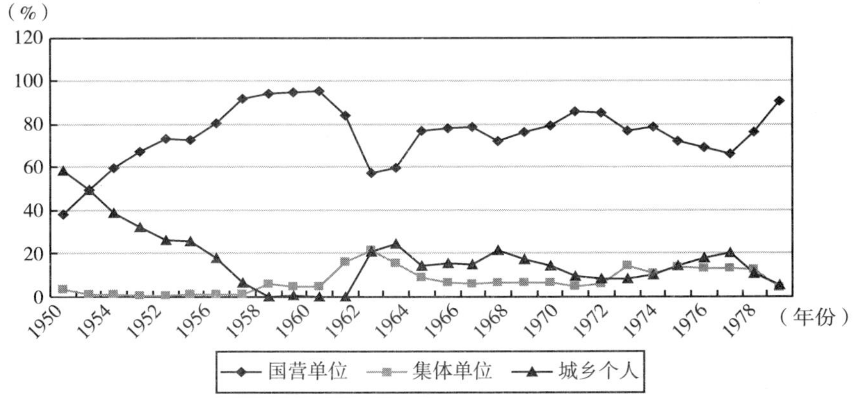

图 3 – 1 1950 ~ 1978 年全社会固有资产投资主体情况

约占整个社会投资的 8.3%；城乡个人的投资则集中用于住宅和购置生产资料，还涉及一些生产生活所需要的、国家和地方政府没有投资的领域或投资不足的领域，如 1957 年 11 月 10 日出版的《山西日报》中报道了长治区农业社依靠社员积极投资兴修水利①，这些投资主体的投资额虽然不大，但满足了当地的生产需要，其投资年均增长 4.6%，占全社会投资份额的 11.7%，高于集体单位的投资，对刚刚成立的新中国投资起到了资金补充作用。

2. 山西产业投资资金来源结构变迁。

山西用于产业投资的资金来源实际是较为集中的，来源于财政性拨款和银行贷款。

从图 3－2 中可以看出，国家和地方政府财政拨款在这一时期成为产业投资的最主要资金来源，其中国家预算内投资金额（包括中央财政和地方财政）占到山西全部基本建设投资总额的 70% 以上，最高达到近 95%，而预算外投资额最高是 1961 年的 30%。这样的资金来源结构主要是因为新中国成立后，国家经济实力薄弱，财政收入较少，国家和地方集中统一安排建设投资及资金，有助于将有限的资金用于急需的部门，有助于国民经济的恢复和发展。除了国家和地方财政的投资外，山西社、队引导的群众资金也流入了一些诸如"五小"企业等的经济领域，例如，1958 年 6 月 27 日《山西日报》

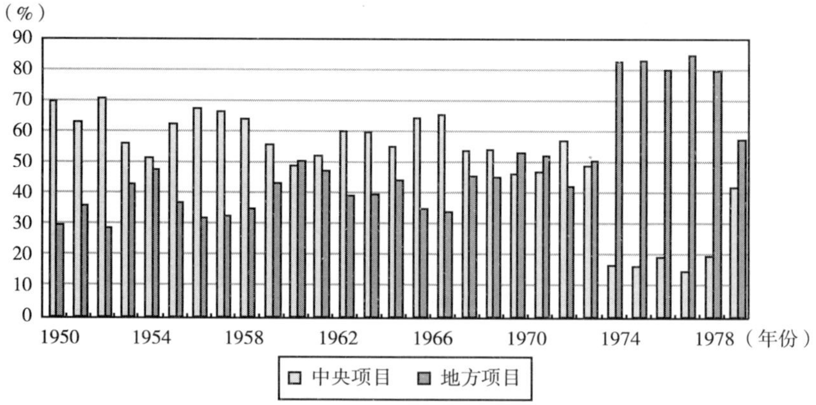

图 3－2　1950 ~ 1978 年基本建设投资国家预算内外投资情况

① 详见《山西日报》，1957 年 11 月 10 日，第 2 版。

报道忻县全民集资，投资297万元解决了全县34个乡办工厂、搞水利等缺少的资金①。

银行贷款的作用主要是利用居民储蓄和企业储蓄等社会闲散资金对经济领域的短期流动和农业贷款进行支持。银行贷款额在1950～1978年有了较快的增长，贷款余额从1950年425万元增长到1978年466071万元，28年增长了1096.6倍，除了1963～1965年调整时期有所下降外，其他年份的贷款余额与上一年度相比基本都处于增长状态。

图3－3是1950～1978年山西基本建设项目中中央和地方项目投资额的情况比较，可以看出，1950～1968年中央项目投资总额占山西全部基本建设投资总额的50%～70%，1969年以后山西省地方项目的投资额开始超过中央项目投资额，并在1973～1977年，山西地方项目投资总额达到了基本建设投资总额的80%以上。这样的变化主要是因为国家对地方工业发展政策的变化和在基本建设投资管理体制上的变化而引起的：新中国成立以后近20年时间，国家的基本上是实行的集中统一的投资管理体制，无论是项目审批、分配还是基本建设物资分配都实行集中管理，尽管期间也提出建立地方工业体

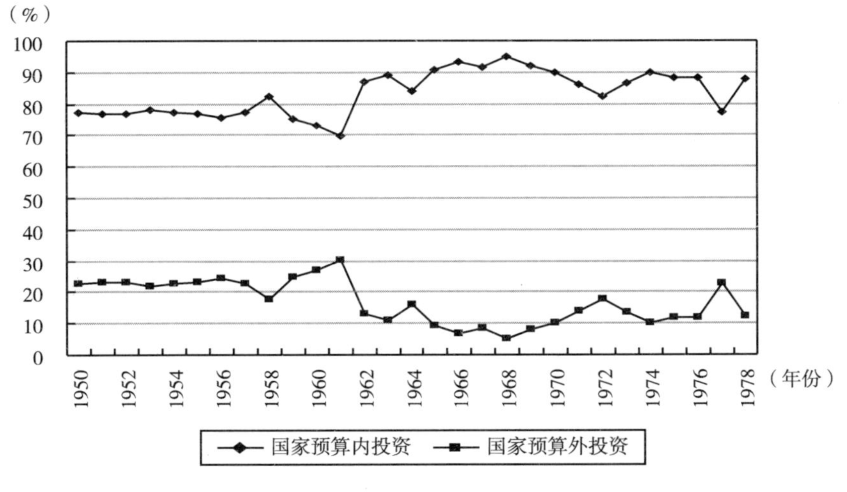

图3－3 1950～1978年中央和地方项目投资金额情况

① 详见《全民集资多快好省闹建设》，《山西日报》，1958年6月27日，第2版。

系和进行投资包干，但没实行两年就又回到了集中统一的管理；“文革”中，国家再次提出建立地方工业体系，鼓励地方办工业，1968 年和 1969 年中央企业又纷纷下放给地方，同时中央下放物资分配权，提出地方工业产品由地方分配，这对鼓励地方办工业更是进行了物质刺激；基本建设投资管理制度上，国家扩大了地方对基本建设的管理权限，地方工业小型项目由中央各部同地方具体商量安排，并在 1974 年采取了“四、三、三”的比例分配投资，即 40% 的投资由国家直接安排，30% 的投资由中央部委同地方商量安排，30% 的投资由地方统筹安排；此外，1970 年国家重新提出了基本建设投资“大包干”，由地方负责包干建设，投资、设备、材料由地方统筹安排，更是加剧了地方的投资。

3.2.2 山西产业投资布局结构变迁

山西产业投资布局结构受国家对山西产业发展的政策与投资影响，完全服从于全国经济一盘棋的大局；山西各地则在此基础又依靠其自身的资源特点，进行产业投资。

1. 1950 ~ 1978 年国家对山西产业发展的定位。

由于山西在阎锡山时期已经拥有比较好的工业基础，特别是军事工业，新中国成立初期，国家就把山西确定为一个重工业区，对山西首先的投资项目首要选择了恢复和大力发展原有工业，如煤炭、冶金、电力、化工和机械制造业，并开始了山西工业化发展过程中的超重型产业的发展；随后在“大跃进”时期，在国家“以钢为纲”的政策下，山西投资严重偏向于重工业；“文革”时期，产业投资又投向“三线”建设和“五小”工业发展。国家对全国投资的布局结构的政策，使山西产业投资在近 30 的发展中偏重于重工业、能源工业，又鉴于山西的资源禀赋优势，山西的重化工业和能源工业生产力不断提高，逐步成为新中国经济建设中能源产品的主要供应地，也为 80 年代后山西建立能源重化工基地奠定了基础。

2. 1950 ~ 1978 年山西内部产业投资布局结构。

从山西省 11 个地市 1950 ~ 1978 年部分全社会固定资产投资的情况看（见图 3 -4），太原市的固定资产投资明显多于其他地市，特别是在 1970 年以前，太原市固定资产的投资更是远远多于其他地市。这是因为全省规模较大的工业特别机械工业主要集中于太原，与其他地市相比，新中国成立前太原的工业基础相对较好，而且新中国成立前山西的公路和铁路也是围绕太原建设的，因此新中国成立后为了恢复和发展原有的工业和交通运输，国家给予了山西的巨额投资很大一部分用于太原，如太原钢铁厂在国民经济恢复时期一个厂的投资就占据了全省基本建设投资总额的 1/7 左右。1970 年以后太原市固定资产的投资与长治、大同等地市开始接近，这是因为国家在“文革”期间给予了军工及“大小三线”巨额的投资，到 1970 年国家对三线投资的总额占到全国基本建设投资总额的 60%，山西的“三线”建设先后进行了宁武高炮基地、晋南坦克基地、晋东南电子工业基地及其他一些工业建设，这些“三线”项目选址时注重“山、散、洞”，大量投资于偏僻的山区，带动了其他地市的投资。

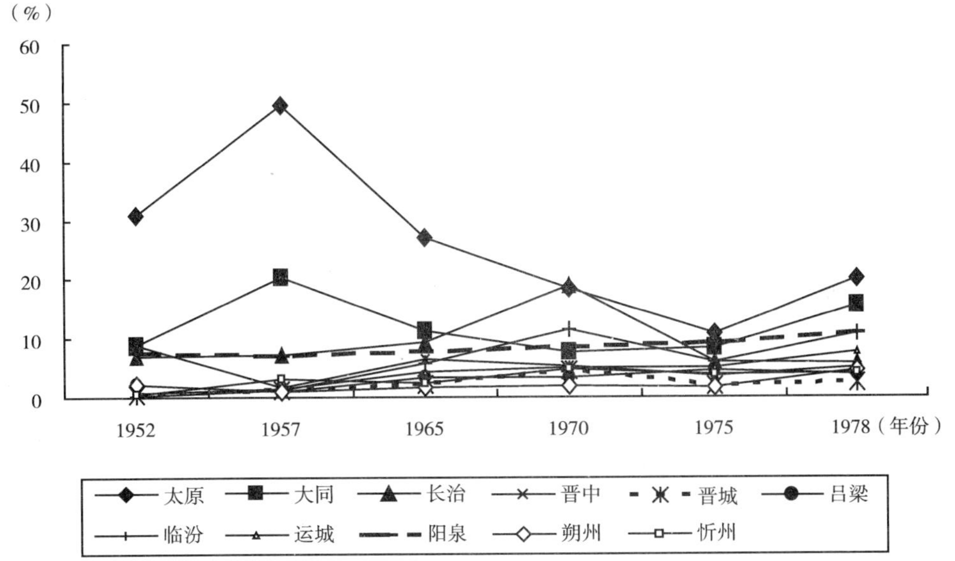

图 3－4　1952～1978 年部分年份山西各地市固定资产投资情况

此外，为响应国家“大力发展地方‘五小’工业”的要求，山西各地市对“五小”企业也进行了大量的投资，又多又快地兴办地方小型工业，为各地工农业经济发展起到一定促进作用，但从投资布局结构的角度上看，没有注重投资的规模收益，没有因地制宜，重复建设和盲目建设现象严重，导致了浪费和产业的雷同。

3.2.3 山西三大产业投资结构变迁及三大产业内部投资结构变迁

山西改革开放前的投资主要投向了工业建设，特别是重工业，这与国家的投资政策和国家对山西的投资定位基本是一致的。

1. 1950～1979年山西三大产业投资结构变迁。

从图3－5可以看出，1950～1976年，第二产业（工业）的基本建设投资占据了山西省这一时期基本建设投资的近70%；而第一产业（农、林、水利、气象）的基本建设投资是最少的，不足10%，；第三产业（运输邮电、商业粮食物资金融）的基本建设投资居中，约占13%左右。山西三次产业的这种投资结构分布与国家的三次产业的投资结构分布完全是一致的，因为无论是国家还是地方，对于经济发展的思想是“国家的富强，必须工业化”，而新中国成立之初，国家就把经济建设的总目标定为“由农业国转变为社会主义工业国”，所以国家和地方在基本投资建设中都严重偏向于工业。

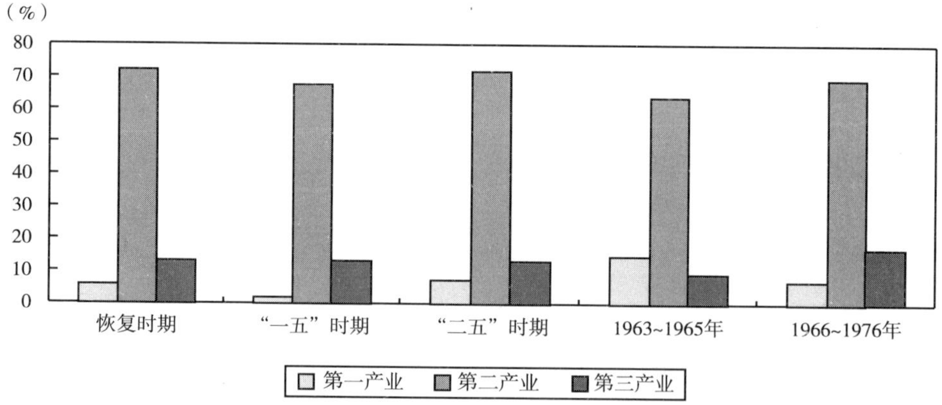

图3－5 1950～1976年山西各时期三大产业基本建设投资情况

2. 三次产业内部的投资结构变迁。

无论是国家财政拨款还是银行贷款，受国家经济政策和产业发展的影响，投资在三次产业的内部结构也有明显的不同。

（1）第一产业（农业）内部的投资结构变迁。

山西对农业在国民经济中作用的认识是较为一致的，而且在农业发展中也给予了较大的支持，对农业进行了较多的投资，尽管对农业的投资占其总投资份额并不大，但也改善了农业条件，使农业产业向着合理化结构发展。

1950～1976年，山西对农业的投资多数用于了农田水利建设（见图3－6），这与山西的自然地理条件是有一定联系的。山西水资源紧缺，洪旱灾害严重，而水又是农业发展的命脉，因此山西政府在发展农业的过程中，高度重视水利建设。但是在这期间，水利投资还是出现了较大波动，特别是国民经济调整时期（1963～1965年）和“文革”前期（1966～1969年）。国民经济调整时期水利投资减少主要因为“二五”期间水利建设出现了“大跃进”，有些工程被停工或缓建，水利建设更加重视配套建设，因此总体投资有所下降。“文革”前期，水利建设受到严重干扰，基本处于放任自流和停顿状态，甚至于一些水利设施还遭到破坏，使得水利建设投资降到了新中国成立后至改革开放前的最低潮。此外，山西农业基本建设另一个投入较大的就是林业建设，这是因为山西水土流失严重，而治理水土流失，主要就在于植树造林。

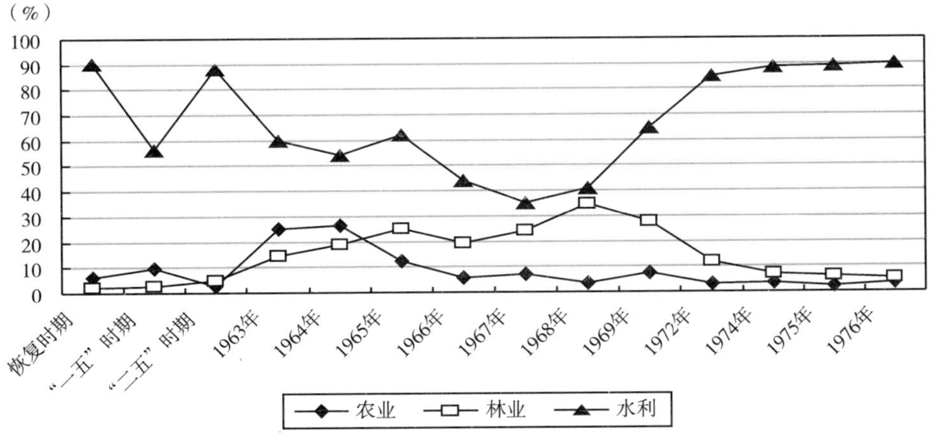

图3－6　1950～1976年农业内部基本建设投资情况

资料来源：根据山西《统计公报》1950～1976年相关数据计算整理而成。

(2) 第二产业[①] (主要是工业) 内部的投资结构变迁

山西基本建设投资主要集中于第二产业建设，而第二产业投资又集中在工业建设，但是从工业内部投资来看，各个具体行业间又存在较大的差别(见图3－7)。

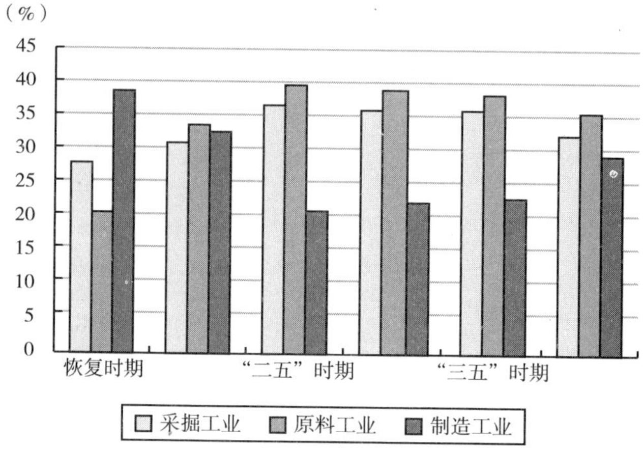

(a) 重工业内部各行业占重工业基本建设投资情况

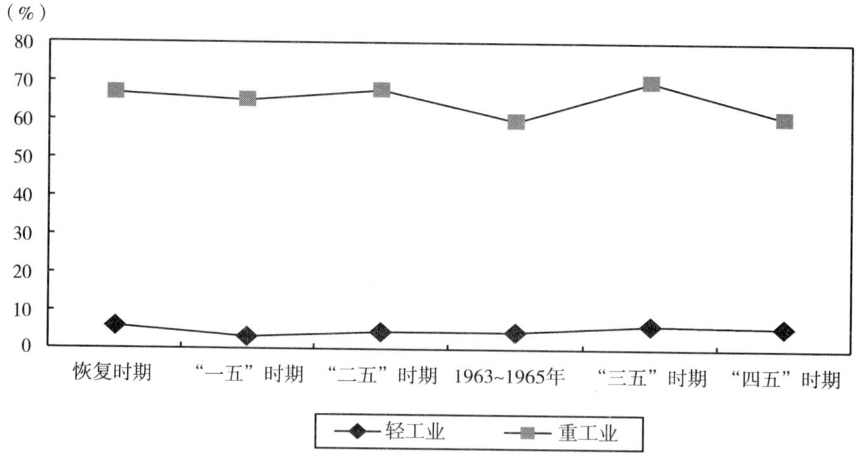

(b) 轻工业和重工业占工业基本建设投资的比重

① 这里的第二产业主要指工业，忽略了建筑业。

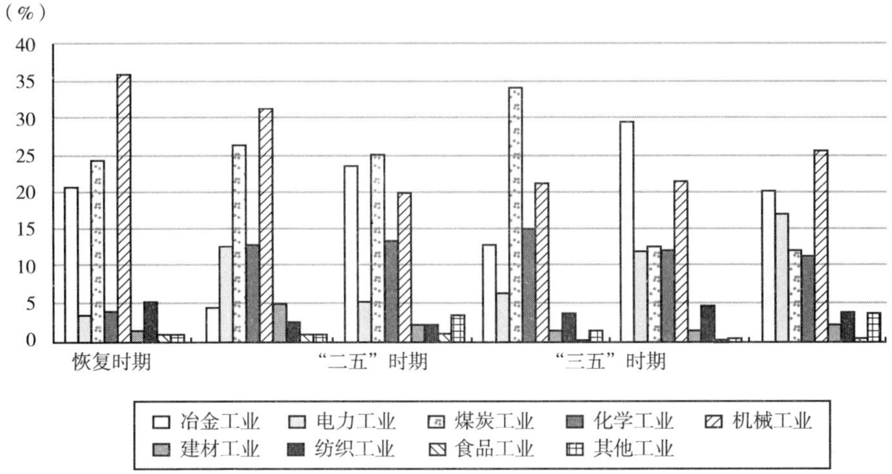

（c）主要工业行业占工业基本建设投资的比重

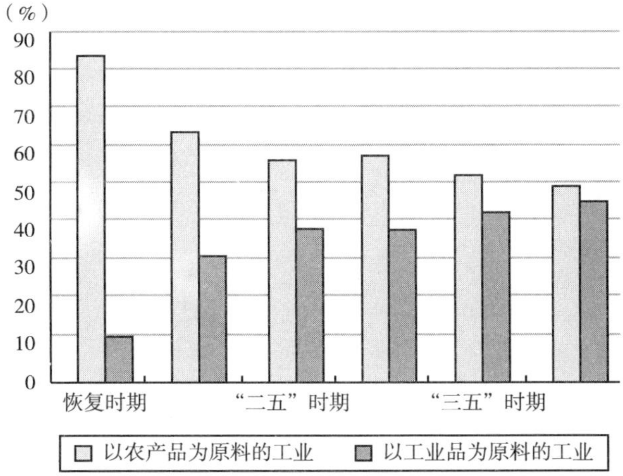

（d）轻工业内部各行业占轻工业总体基本建设投资情况

图 3－7　1950～1976 年各个时期工业内部产业和行业基本建设投资情况

资料来源：《山西五十年》，中国统计出版社，1999 年。

第一，鉴于山西的资源优势及新中国成立前工业的基础，新中国成立后国家对山西的工业投资集中于重工业建设。1950～1976 年各个时期，山西用于重工业基本建设的投资占到整体基本建设投资的 60% 以上，最高时期（“三五”时期）接近 70%。①国民经济恢复时期，山西用于重工业基本建设的投资14908万元，其中，制造业基本建设投资为5907万元，是投资最多的行业，其次是采掘业。国家在这一时期，大部分投资建设用于恢复原有的重工业企业生产建设，除1951年山西有较多的建设投资外，改扩建投资基本占据了一半以上；山西还投资新建了一批重大企业，其中六个限额以上的建设项目中，除太原第一热电厂外，均属于制造工业，而这些企业的规模，在当时的山西都是史无前例的。②“一五”时期，山西用于重工业的投资规模比国民经济恢复时期增长了9倍之多，其中原料产业投资最多，但是采掘工业、原料工业和制造工业在这一时期的投资差距不大，比较平衡，其投资比例为1∶1.08∶1.05。③“二五”时期，山西用于重工业基本建设投资总额比“一五”时期又增长了2.44倍，达到337935万元，占到山西基本建设投资的67.66%，原料工业成为重工业中投资最多产业，原料工业和采掘工业的投资份额明显上升，而制造业的投资份额明显下降；采掘工业、原料工业和制造工业这一时期的投资比例为1∶1.08∶0.6。④1963～1965年，国民经济调整时期，基本建设投资被大规模压缩，并对工业内部轻重工业的比例进行调整，山西重工业基本建设投资额因此出现了大幅下滑，只相当于“二五”时期投资额的22.83%，但在整个山西的基本建设投资比重中仍处于绝对多的地位，占到基本建设投资总额的59.6%。重工业内部，原材料工业和采掘工业投资较多，分别占到基本建设投资的39.92%和36.85%；制造业的投资虽然仍是最少，但是其占基本建设投资的比重较“二五”时期有所增加。⑤“三五”时期，重工业的投资额比上一时期增长了近2.6倍，在山西基本建设投资中的比重达到69%。原料工业是投资最多的产业；采掘工业、原料工业和制造工业在这一时期的投资比例较上一个时期没有太大变化。⑥“四五”时期，重工业的基本建设投资比“三五”时期增加了1.8倍，但在基本建设总投资中的比重下降至61%。原料工业依旧是投资最多的行业，但在重工业中的投资比重由前一个时期的39.5%下降至36.59%，采掘工业也有所下降，而制造工业的投资比重则上升至30.09%；采掘工业、原料工业和制造工业的投资比重又开始接近于平衡，其比例为1∶1.1∶0.9。总体来看，由于山西在新中国成立前的工业基础、资源优势以及国家在经济建设中对能源原料的需求等因素，使得改革开放前山西重工业的投资在所有基本建设投资中占据着明显的主导地位，而且在重工业内部原料工业的投资又是投入最多的产业。

第二，轻工业投资较少，其投资份额只有基本建设投资的 3% ~6% ，其中“三五”时期，轻工业投资的比重最高，也只达到6.3% ，“四五”时期其投资比重也达到了 5.6% ，主要是因为这十年山西轻工业的发展得到了政府的重视，建成了长治自行车厂、山西医疗器械厂、杏花村汾酒厂扩建工程等一批中小型企业，轻纺工业也有了新发展，轻纺企业由 1966 年的 43 个增加到 1976 年的 78 个①，这些都促进了山西轻工业的发展。从轻工业内部投资看，以农产品为原料的工业是改革开放前轻工业投资的主要行业，投资份额超过了 50% ；随着山西工业的发展，以工业品为原料的轻工行业也逐步发展起来，而且对这类行业的基本建设投资也越来越多，到“四五”时期投资额达到 15538 万元，占轻工业投资的 48% ；轻工业的产值所占工农业总产值的比重由 1965 年的 19% 上升到 1975 年的 19.5% 。

第三，分行业看，冶金工业、煤炭工业、电力工业、化学工业和机械工业在这一时期的投资中占要重要的份额。①国民经济恢复时期，机械工业、煤炭工业和冶金工业是工业基本建设投资最多的行业，中央和地方在这一时期对机械行业的投资是以改建和扩建主，并新建了太原重型机器厂和经纬纺织机械制造厂，新建投资占到了机械行业总投资的 92.5% ；对煤炭行业的投资主要是用于矿井的恢复和改建，并加强了机械设备、工具和仪器的投资；冶金工业在这一时期的总投资是 3412 万元，其中钢铁行业的投资为 3411.2 万元，除了新建了阳泉辗铁厂外，都用于的恢复、扩建和改建原有的钢铁企业。②“一五”时期，机械工业和煤炭工业投资最多，投资比重分别为 31.89% 和 26.53% ；化学工业和电力工业投资相当，投资比重均为 13% ~14% ；而冶金工业的投资额虽然是前一个时期的 2 倍之多，但投资比重较前一个阶段出现了大幅下降，只占工业投资总额的 4.9% 。究其原因，主要是需求。机械工业方面，山西承担了制造炼铁、炼钢、纺织机械、新式农具等机器制造任务，涉及限额以上的企业 12 个，限额以下的企业 61 个，其中仅金属加工业的投资就占到机械行业投资的 34.22% ；煤炭工业方面，由于全国煤炭的供需紧张和山西煤炭的资源条件，国家把山西当作一个重点的煤炭

① 孔繁珠，《山西产业发展论》，中共中央党校出版社，2000 年，第 11 页。

工业基地来建设，投资了大量的建设资金，涉及勘探、设计、新建扩建和机械设备更新改造等多项投资；电力工业投资增加是因为在国家“优先发展重工业”的政策下，用电负荷急骤上升，对电力企业进行了新建和扩建，如太原第一热电厂就是这一时期的重点建设工程之一，而且这个工程的投资占到全省电力行业投资的51.8%；冶金行业最大的需求是钢铁，所以其投资还是主要用于了钢铁行业的扩建，以增加钢铁产品的品种，同时经过几年对铜矿等有色金属的勘探，炼铜业等有色金属行业也开始发展起来，这一时期可以说是山西冶金行业初步发展阶段。③“二五”时期，煤炭、冶金和机械工业是投资最多的工业行业，特别是冶金工业，从“一五”时期占工业投资比重的4.9%快速升至这一时期的24%，其原因主要是由于国家“以钢主纲”的政策和钢铁翻番的高指标等“左”的影响，使得钢铁的投资挤掉了其他行业的投资，导致以钢铁为代表的冶金工业投资份额迅速增加；这一时期全省冶金工业投资较为集中，主要用于太原钢铁厂和阳泉钢铁厂的改扩建及新建了临汾钢铁厂；此外，铜、铝等一批有色金属企业也相继建成投产。煤炭行业的投资额也出现的膨胀，“二五”时期煤炭工业的投资额是“一五”时期的2.4倍，其原因除了国家对煤炭行业的投资外，地方煤炭行业投资在中央“中央工业与地方工业同时并举，大型工业与中小型工业同时并举，洋法生产与土法生产同时并举”① 的政策的指导下，以及炼钢对煤炭需要的刺激下，地方煤炭行业投资加大，特别小煤矿大面积涌现，地方煤炭行业投资额比“一五”期间增长了2.6倍之多。④1963～1965年，尽管山西基本建设投资额大幅压缩，煤炭行业的基本建设投资额也明显下降，但与其他行业相比，出现了煤炭行业投资“独大”的局面，占据了工业基本建设投资的1/3，其中除改扩建设项目外，大部分资金用于确保已开工项目的建设。冶金行业的投资份额再次出现了较在下滑，投资主要用于太原钢铁厂和中条公司的重点建设项目，其他基本建设投资都被缩短，关、停、并、转了一部分企业，导致冶金行业投资下降。⑤“三五”和“四五”时期（“文革”期间），冶金工业在经历了调整时期投资的低潮后，其投资份额再次成为全省工业行业的第一，占到了这一时期工业基本建设投资的近三成；机械行业投资较上一个

① 《关于在发展中央工业和发展地方工业同时并举的方针下有关协作和平衡的几项规定》，1958年4月。

时期相比，投资份额没有太大变化；而煤炭行业投资份额出现了大幅度的下滑，占基本建设投资份额不足 13%。冶金工业方面，这一时期国家再次突出钢铁工业，山西在“三五”和“四五”对冶金工业的投资额比“二五”期间分别增长了 5.8 倍和 7 倍，用于钢铁的投资占到冶金行业投资的 82%，17% 用于了有色金属投资，其中仅太钢和中条公司的项目就占据了总额的 75% 以上。机械行业在这一时期加速本省农业机械化的要求下继续稳定的投资，企业数量由 1966 年的 100 个增加到 1970 年的 129 个，1975 年又增加到 184 个，发展最快的是农机系统的修配企业，几乎全省各地、各县建立了自己的农机修配企业。煤炭工业投资方面，受国家“扭转北煤南运”的指导思想影响，75% 的基建施工队伍和大量的煤田地质勘探人员调往南方，致使山西煤炭工业建设规模缩小，速度减慢；10 年间，煤炭工业的基本建设投资不足“二五”期间的 70%，直属国家的煤矿新建矿井只有 3 对，恢复建设矿井 1 对，续建矿井 7 对；地方国营煤矿先后新建矿井 17 对，但因管理混乱，违反基本建设程序，地质资料不清，投资不足等因素，到 1975 年底只有 2 对投产。

（3）第三产业内部的投资结构变迁。

第三产业是为工农业服务的，这一时期山西的第三产业主要是传统的服务行业，包括交通运输、邮电通信、商业和财贸金融行业。

从图 3 – 8 可以看出，1950 ~ 1975 年山西在第三产业的投资主要用于了流通行业的投资，特别是交通运输邮电业的投资，约为山西基本建设投资的

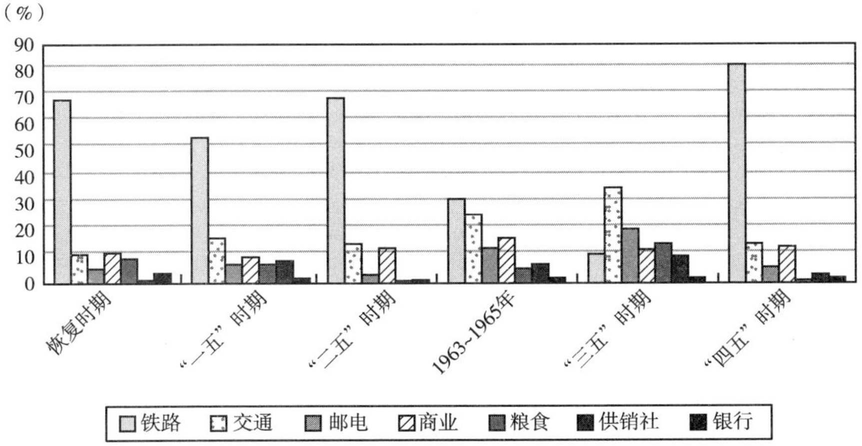

（a）服务业主要行业投资占服务业总投资比例情况

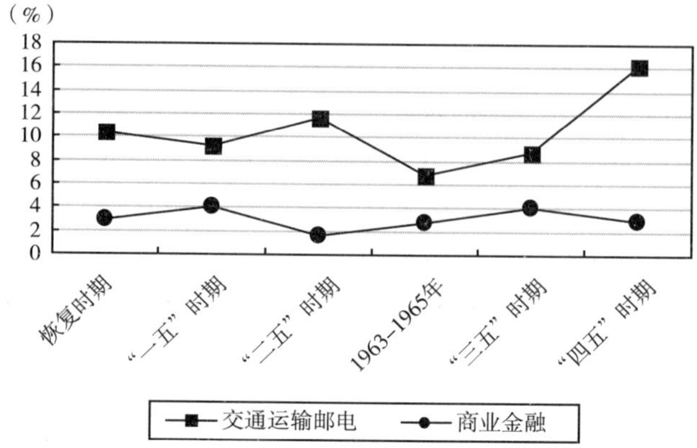

（b）交通邮电和商业金融行业在山西基本建设投资的比重情况

图3–8　第三产业内部及其主要行业投资结构情况

资料来源：《山西五十年》和各年份的《统计公报》，其中“服务业主要行业投资占服务业总投资比例情况”中“三五”时期的数据短缺1970年相关数据。

10%左右，而用于商业金融等服务业的投资大部分时期都不足4%。交通运输邮电业的投资是山西基本建设投资中仅次于工业高于农业的产业，这是因为交通邮电业投资大，投资期限较长，技术含量高，而商业等行业的基本建设项目特点是项目多、分布广、投资小且分散；商业等服务业需要的流动资金较大，因此，国家在第三产业基本建设项目上的投资主要集中于交通邮电业。

铁路是国民经济的大动脉，从第三产业具体行业的投资情况看，除“三五”时期外，其他时期铁路的投资是远远多于第三产业的其他行业。山西的铁路建设在“一五”以前主要恢复营运和改造旧线，同时新建铁路线开始起步；山西铁路大规模的建设是从“二五”开始的，1958～1965年，山西年均新建铁路44.76公里①；“文革”期间，山西铁路建设受到了影响，但“文革”后期铁路建设又得以恢复，续建和新建了一批铁路工程和项目，年均新修建铁路42.42公里②。公路建设也是交通运输行业中投资较多的行业，恢复时期主要是对重要的公路干线进行抢修，恢复通车；“一五”期间重点是

① 牛仁亮，《辉煌山西60年》，中国统计出版社，2009年，第110页。
② 牛仁亮，《辉煌山西60年》，中国统计出版社，2009年，第111页。

对山区道路进行修建和对全省公路进行有重点的改善；“二五”时期到 1965 年是山西公路发展的重要时期，公路建设发展不仅发展快，而且在调整时期对原有公司实行了整修、提高等级、养护，提高了公路的通行质量；“文革”十年是山西公路投入较多的时期，特别是“三五”时期，成为改革开放前山西对公路投资最多的时期，主要是进行了战备公路建设，且战备公路全部铺的是沥青路面，国防公路先后投资约 1.6 亿元，建设 31 条（段）战备公路，新建公路 815 公里，改建公路 1765 公里，使得许多山区公路达到了等级公路的技术标准；此外，10 年新建大、中型桥梁 173 座，总长度为 14105 米。在邮电行业投资中，邮政业的投资总体上低于电信业的投资，这是因为邮政业的发展与交通运输的发展结合较为紧密，特别是邮路的建设，因此邮政业基本建设的投资主要在于网点建设和设备投入方面；而电信业的基本建设投资相对较多，占据的邮电基本建设投资的 60% 以上，主要用于电信线路的建设、技术的改造和更新，规模的扩大以及设备的改造和更新，使得很多电信业务从无到有、从少到多地发展起来。

3.3 1950 ~ 1979 年山西产业投资结构变迁的影响因素分析

这一时期山西产业投资结构变迁虽然是由国家投资政策和投资行为决定的，但国家在山西投资的选择主要是由政策因素、需求因素和山西自然资源因素及已有的产业基础来决定。

3.3.1 需求因素

这一时期山西产业投资结构变迁与国家在新中国成立后经济发展一系列的需求有直接的关系。这一时期的各个阶段，从山西产业投资结构变迁的特点中都可以看到国家需求的因素。

国家需求发展农业，而我国农业在当时最大的问题在于农业基础设施差，为发展农业首先要加强农业基础设施建设，因此，国家对农业的固定资产投资几乎全集中在农业基础设施上。山西农业发展最大的问题就是水，所以国家对山西农业的投资主要是农田水利基本建设。

1950～1979 年，国家需要发展工业，走工业发展道路，而工业化对于当时的中央政府认识来说重中之重是重工业发展的需要，重工业发展又需要原料、燃料和机械制造业等产业的发展。国民经济恢复时期，国家急需恢复国民经济，使社会经济生活走上正常轨道，但是国家有限的财力只能用于新中国成立前已经形成的经济体优先恢复；国家将经济建设的重点放在水利、铁路交通及原材料工业①，其中原材料工业中的电力、煤炭和钢铁工业受到格外重视。"一五"时期，为了实现工业化发展，国家优先发展重工业，其中优先发展如钢铁、机器及电力等工业，"只有建立起强大的钢铁、机器制造、电力等重工业，我们才可制造现代化的工业设备，使重工业本身和轻工业得到技术的改造；才可供给农业拖拉机和其他农业机械……"②。"大跃进"时期，国家提出"以钢为纲"的产业政策，钢铁工业的投资带动了煤炭、机械等工业的投资。国民经济调整期，国家对工业内部的钢铁、机械等工业压缩了投资，但是对煤炭、化学、交通运输业的投资规模都保留了下来并得到充实和加强。"文革"时期，国家进行了备战投资，对"三线"建设进行了大量投资。可以看出，国家在不同阶段发展工业的需求，山西都具备供给优势。

交通运输业是人流和物流的基础，是工业发展的基础和需要。为了将山西的工业品和能源运往全国各地，国家对山西工业的投资必定会带动国家对山西交通运输业的投资，而在当时，公路运力尚未发展的情况下，铁路是货运的中坚力量，所以铁路运输成为交通运输业投资的重点。

因此，需求因素是这一时期山西产业投资结构变迁的决定因素之一，国家在这一时期每个阶段的需求成为国家对山西进行较大规模投资的原因，且国家的需求下的投资产业方向变化形成了 1950～1979 年山西产业投资结构变迁。

---

① 张家敏，《中华人民共和国史：建国以来 1949～1997》，香港政策研究所出版，1997 年，第 52 页。

② 薛暮桥等，《中国国民经济的社会主义改造》，人民出版社，1978 年，第 116 页。

3.3.2 国家及山西地方政策因素

由于这一时期，我国的经济体制处于完全计划经济时代，实行集中的投资管理体制，地方几乎没有投资决策权；地方投资资金主要来源于国家，国家的投资政策就是地方的投资政策，地方政府对国家投资资金没有自由支配权，而仅有的、数额非常小的地方自筹投资资金，也要围绕国家投资政策或其他经济政策展开。国家投资政策的特点是一维性和行政性。因此可以说，这一时期山西产业投资结构变迁就是国家投资政策在山西的体现。第一，投资资金全部归国家支配，国家对各类投资大包大揽，国家决定投资项目、投资规模，因此国家投资政策在一定程度上决定国家投资行为。第二，国家投资政策的重点就是工业，尤其是重工业。山西则被确定为国家重工业投资政策的主要实施区域的之一。重工业在山西工业投资中的地位就是在这一时期由国家的投资政策和投资行为确立起来的，而且投资规模基本保持了逐年增大的态势。第三，国家投资政策经常会因为各种运动而中断或干扰，从而导致投资领域的温和，影响山西产业投资结构原有的发展进程。中断或干扰之后，国家重新制定政策来调整各种运动带来的弊端，阻碍了原有政策的持续性，从而影响了这一时期的山西产业投资结构变迁。第四，山西省地方投资政策完全服务于国家投资政策。由于国家投资政策基本都是行政命令，山西省可以决定的那些投资项目还不能违背国家投资政策，所以出现了国家投资“热”点，就是山西投资“热”点，国家投资结构调整的方向，就是山西投资结构调整的方向，忽略了山西地方发展特点，从而影响了这一时期山西产业投资结构变迁的科学、有序、合理的发展。

3.3.3 资源因素和社会已有的投资因素

在需求因素和政策因素的影响下，国家对山西产业投资结构的定位，主要受山西自然资源和以往已有经济体的影响，这也是 1950 ~ 1979 年山西产业投资结构变迁的供给条件，是山西产业投资结构变迁的另一个决定性因素。山西拥有相对众多的、丰富的自然资源，“煤炭储量约占全国总埋藏量的

60%，铁矿储量约为80亿吨左右，按全省日产万吨计算可以冶炼一千多年，铜矿储量也在500万吨左右"，"石膏、铝土等许多化工原料也极其丰富"①，这些自然资源都是发展经济特别是工业不可缺少的原料、燃料，是中国发展工业化道路铺路石；新中国成立前山西的工业经济也是位于全国前列的，已经具备了一定的轻工业、重工业发展基础，尽管遭到了严重的战争破坏，但相对于那些没有发展过这些工业特别是重工业的区域来说，是较为容易恢复和发展的。所以，新中国成立后，国家对山西的投资一方面对原有的产业以恢复和改建为主；另一方面，国家投资新建了一批有山西资源禀赋优势的产业。

综上所述，1950～1979年山西产业投资结构变迁的主要影响因素是需求因素、政策因素和自然资源、社会已有的投资（山西供给条件），其中需求因素和山西供给条件国家投资山西的决定性因素；山西的产业投资以基本建设新建投资为主，这主要是因为建国初期，山西社会经济要在工业基础非常薄弱的条件下逐步实现工业化，是一个从无到有的过程，而技术改造投资是一个更新换代的过程，所以技术进步因素对这一时期山西产业投资结构变迁的影响是非常小的。

3.4　1950～1979年山西产业投资结构变迁的效果评价

1950～1979年山西产业投资结构变迁对山西产业结构以及经济发展产生了重要影响，并对改革开放初国家将山西的经济地位定为"能源重化工基地"产生了深远影响。

3.4.1　山西产业投资结构变迁对山西产业结构的影响

1950～1979年山西的产业投资结构变迁不仅彻底改变了旧中国时期山西的产业结构，也引起三次产业的内部结构变化。

① 中国山西省委调整研究室，《山西经济资料》（第一分册　地理地质矿产部分），山西人民出版社出版，1958年，第98页。

1. 山西产业投资结构变迁对三次产业结构的影响。

经过了恢复时期和“一五”时期的投资，山西的第二产业总产值从 1958 年起开始超过了第一产业的总产值，成为山西国民经济中的主导产业；工业产值在 1959 年超过了第一产业总产值，此后除 1962 年和 1968 年略低于第一产业的产值外，都远远高于第一产业和第三产业的产值；第三产业的产值在这一时期仅在个别年份高于第一产业的产值；山西三次产业的产值比从 1950 年的 1 : 0. 32 : 0. 35 变为 1979 年 1 : 2. 76 : 0. 93。山西的产业结构由“一三二”农业型结构变为“二一三”工业型结构，实现了产业跨越式的发展，工业产值占国民经济总值的比重由 1952 年的 14. 6% 上升到 1979 年的 53. 4%，山西进入了现代化工业发展时期。

2. 山西三次产业内部投资结构变迁对产业内结构影响。

（1）第一产业内部结构。

新中国成立前，山西第一产业不仅生产水平低下，而且其内部的比例关系也不协调。新中国成立后，国家对第一产业的投资主要集中于农田水利建设、水土流失防治和农业机械化，使得第一产业生产技术条件和自然条件出现了改善，第一产业内部的农、林、牧、副各业都有了发展，渔业实现了从无到有，农业内部结构出现了较大变化。

在第一产业生产结构中，农业的产值由 1950 年的 8. 71 亿元上升到 1979 年的 29. 98 亿元，近三十年间增长了 3. 4 倍之多，但农业所占的比重由 1950 年的 90. 92% 下降到 1979 年的 81. 56%，第一产业即是农业的格局正在改变；林业、畜牧业和渔业的比重则由 1950 年的不足 10%，增加到 1979 年 18. 44%；山西造林面积近三十年间增加了 122. 8 倍，由 1950 年的 1. 42 千公顷增长到 1979 年的 174. 36 千公顷，林业所带来的产值增加了 43. 4 倍；畜牧业的产值由 1950 年的 0. 82 亿元增长到 1979 年 4. 61 亿元，近三十年间增加了 5. 6 倍。

在种植业结构中，粮食作物的种植面积下降，占总耕地面积的比重由 1950 年的 95% 下降至 1979 年的 83%，同时，经济作物的种植面积增加了 2 倍之多，占总耕地面积的比重由 1950 年不足 5% 增长至 1979 年的 10% 以上，改变了山西种植业中单一的粮食种植结构。

（2）第二产业（主要是工业）内部结构。

新中国成立后工业投资是山西基本建设投资的重点，而重工业的投资更是重中之重。经过近三十的投资建设，山西从一个工业总量小、工业基础十分薄弱的省份变成一个工业占据国民经济主导地位、工业门类齐全的省份，形成了以重工业为主、以煤炭、机械、冶金、化工等行业为代表的工业产业结构。

山西这一时期的工业建设是得益于国家优先发展重工业的发展战略，经过“一五”、“二五”国家重点投资建设，以及20世纪60年代“三线”建设的投资，山西在重工业方面的投资占工业基本建设投资的比例接近70%，给山西的工业结构带来了深刻的变化，使山西成为中国重要的重工业基地之一。1949年重工业在山西工业中的比重不足50%，只有47.8%，到1979年重工业在工业中的比重已经达到了71.8%，重工业产值1979年比1949年翻了82倍之多；当然，重工业发展的同时，山西轻工业也有所发展，不仅轻工业门类更加齐全，而且轻工业的产值也由1949年的10296万元增加到1979年的304770万元，增长了近29.6倍，但是轻工业在山西工业中的比重由1949年的52.2%下降至1979年的28.2%①。轻工业的主导格局从调整时期结束就已经发生的变化，只不过那时轻重工业之比为1∶1.3，比例还不算失调，可是“一五”以后，轻重工业之比基本就达到了1∶2.2～2.5，彻底形成了以重工业为主导的工业产业结构。

工业行业中，1949年行业产值占据工业总产值10%以上的行业有4个，排名分别是煤炭工业、机械工业、食品工业和纺织工业，但经过近三十的投资建设后，到1979年行业产值占据工业总产值10%以上的行业仍是4个，但行业门类和排名发生了变化，分别是机械工业、煤炭工业、冶金工业和化学工业。这种行业结构的变化与这一时期投资结构的变化是一致的，在所有行业中的投资排名中只有机械工业、煤炭工业、冶金工业和化工行业这个四个重工业行业的投资占工业基本建设投资的比例超过了10%。这种规模扩大式的投资奠定了这一时期山西工业产业投资结构变迁，也极大地推动了山西工业的发展。

（3）第三产业内部结构。

这一时期，山西对第三产业的投资集中于流通部门，特别是流通部门中

① 《山西国民经济建设三十年》，山西人民出版社，1981年，第66页。

的交通运输邮电行业，其次商业。1949 ~ 1979 年在全省各部门投资中，用于第三产业流通部门的投资达到 16.5%，其中铁路投资一项就占到 10%，商业等占到 3%，而第三产业其他部门的投资不足总投资的 10%。第三产业的行业发展有一定的特殊性，除交通运输邮电业外，基本建设投资规模均比较小，但是产值随着需求和社会进步却可以很大，因此，到 1979 年，在第三产业的产值中，商业产值占据当年第三产业产值的 31.26%，位列第三产业行业产值之首，而投资最多的交通运输邮电业产值只占 17.95%，所以第三产业的流通部门中仅商业和运输邮电业的产值占到整个第三产业产值的近 49%；为提高科学文化水平和居民素质服务的部门中的行业（主要是科教文卫）产值占 19.34%；而为生产和生活服务的部门中金融保险业和社会服务业的产值占 15.21%。

因此，这一时期山西第三产业的产业内部结构以流通部门为主，而以生产和生活服务的部门，即所谓的新型服务行业产值是最小的。

3.4.2 1950 ~ 1979 年山西产业投资结构变迁对山西经济发展的影响

3.4.2.1 1950 ~ 1979 年山西经济的发展情况

新中国成立初期的山西，经济发展基础薄弱，生产力水平低下。随着这一时期山西产业投资结构变迁，山西产业结构有了重大变化，使得山西经济有了前所未有的发展。

1949 年，全省工农业生产总值只有 134357 万元，到 1952 年全省工农业生产总值达到了 225035 万元；1950 ~ 1952 年国家用于山西工业建设的投资达 1.61 亿元，略低于 1949 年山西工业总产值 1.9 亿元，但到 1952 年山西工业总产值比 1949 年增加了 2.8 倍，三年间年均增长率达到 41.4%，远远超过农业年均增长率 13.9% 和工农业总产值年均增长率 18.8%，可以说工业的发展已经成为山西经济发展的主要动力；重工业的投资份额占到国民经济恢复时期投资总额的 66.6%，但重工业所创造的总产值在工农业生产总值的份额增加了一倍之多，由 1949 年的 7% 上升至 1952 年的 14.3%。

“一五”时期是山西经济快速发展的时期，在 44.9% 的年投资规模增长率带动下，山西1957年的工农业总产值是1952年的1.5倍，年均增长8.5%；在对工农业不对等投资结构和规模带动下，工业总产值年均增长率为23.1%，到1957年农业在工农业总产值中的比重从1952年的75.2%下降到53.5%，使山西工农业结构发生了很大变化；重工业在64.7%的投资比重下，其产值在工农业总产值的比重也上升到32.8%。

但是这种偏工偏重的投资结构在“二五”时期给山西经济发展带来了严重的挫折，山西国民经济出现了比例关系的严重失调。1957年，山西农轻重的比例关系是53.5∶13.7∶32.8，而1960年变成了26.1∶16.3∶57.6，直到1962年才有所好转，变为43.8∶15.9∶40.3；这一严重的比例失调带给山西的是工农业总产值在“二五”期间年均增长率只有2.9%，农业产值出现了年均负增长，工业产值年均增长6.8%；此外，在长期对工业高投入的投资结构下，山西的经济结构在这一时期出现了根本性变化，到1962年，山西工业产值超过了农业产值，山西经济也由农业经济社会进入到工业经济社会。

1963～1965年，在投资规模压缩和投资结构调整的影响下，山西工农业间的比例和工业内部行业间的比例关系得到了调整，国民经济开始趋于好转，工农业总产值年均增长达到15.8%，增速仅次于恢复时期，其中农业产值年均增长超过10%，工业产值增长也呈现出快速恢复，达到19.7%。

“文革”十年，尽管使山西经济发展再次遭到了严重的挫折，农轻重年均增长率都出现大幅下降，增幅均不超过10%，个别年份还出现了负增长，给山西国民经济带来了严重的破坏，但是这一时期山西产业投资结构中的一些变化也给山西的产业发展和经济发展带来了一些新的活力，特别是“三线”建设投资规模大、时间长，无论是新建项目还是迁入项目，给山西经济发展带来了以航天工业、装备制造业工业等为代表的技术含量较高的产业，对山西以后的产业结构和经济发展产生了积极的影响；此外，“三线”建设期间所修建的公路等交通基础设施，也为山西山区经济的发展提供的条件。这十年，山西用于经济建设的投资并没有减少，只是又重新偏向于重工业的投资，从1965年开始，重工业的产值超过了农业的产值，占据了工农业总产值的四成以上的份额，山西经济进入到重工业推动发展时期。

3.4.2.2 1950～1979年山西经济在全国的地位①

山西产业投资倾向于工业的投资结构使得山西工业产值由1952年占全国的比重为1.6%，上升到1978年的2.4%，而农业产值由1952的2.78%下降至1978年的2.42%，第三产业到1978年的产值也只有全国第三产业产值的2.22%，其中交通运输业的产值为全国的3.84%，商业的产值为全国的2.25%。

但是山西产业投资结构中对重工业投资的偏重，却没有提高山西重工业整体在全国的地位，1952年山西重工业产值占全国重工业产值的2.6%，1957年上升至2.96%，随后便开始下降，1965年比重为2.41%，1978年这一比重只有2.28%。

冶金工业、煤炭工业和机械工业是山西工业投资结构中投资最多的部门，其在山西的投资分别占到全国相关部门投资的4.21%、9.27%和7.33%，除煤炭工业的产值在全国却是一头独大且在全国煤炭产业产值的比重基本保持在45%以上外，冶金工业和机械工业1978年的产值比重与1957年的产值比重相比均有下降，冶金工业从1957年占全国冶金工业产值的3.31%下降到1978年的2.9%，机械工业则从2.68%下降至2.31%，远远低于1965年占全国机械工业产值4.1%的水平。

因此，山西的产业投资结构变迁给山西经济带来前所未有发展的同时，也使山西经济在全国原有的比较优势产业在投资结构变迁中不断的减少，而以煤炭工业为代表的能源产业的优势却一直保持下来，为下一个阶段的能源重化工基地建设奠定了物质基础。

① 本标题下的数据均由相关年份的《山西统计年报》和《中国统计年鉴》计算而得。

第4章　1980~1999年山西产业投资结构变迁

1980～1999年也是山西能源重化工基地建设的时期，大致经历了三个阶段：第一个阶段是1979～1982年，能源基地建设初期；第二个阶段是1983～1992年，能源重化工基地建设发展十年；第三个时期1993～1999年，能源重化工基地建设的产业结构调整期。在不同的阶段，国家投资政策及山西经济战略发展需要，对这一时期山西产业投资结构变迁产生了巨大的影响。

4.1 1980～1999年山西产业投资概况

这一时期，地方自主投资行为加强，国家对山西的投资行为开始逐步减少，主要是通过山西地方发展战略和国家投资政策来影响山西产业投资，进而影响山西产业投资结构变迁。

4.1.1 1979～1982年山西产业投资结构变迁

4.1.1.1 能源基地战略的制定和国家投资政策的变化

1. 能源基地战略的提出与制定。

1978年3月在中共山西省第四次代表大会的工作报告的决议中，山西省委正式提出要建设两个基地，一个是高产稳产的农业基地，另一个是农轻重协调发展的、具有自己特点的工业基地；报告还提出建设两个基地分两步走的计划，分别在农业方面要实现农业机械化，在工业方面加快基础工业发展，把燃料、动力和原材料搞上去①。1978年4月中共中央的有关工业发展问题的重要文件《中共中央关于加快工业发展若干问题决议》（简称“工业三十条”），对山西改革开放后的产业投资结构和产业发展产生了重大影响，文件指出，要把燃料、动力、原料工业和交通运输业的发展放在突出地位，这项内容在客观上强化了山西在全国产业发展中的能源、原材料输出地的地位。

① 《中国共产党山西省第四次代表大会关于工作报告的决议》的内容详见《山西日报》，1978年3月31日，第1版、第2版和第3版。

1979 年秋，薄一波复出后第一次来山西视察，明确提出了“尽快把山西建设成为一个强大的能源基地”[①] 建议，立即得到了中共山西省委、省革委的认同，9 月 19 日山西省省委就向国务院报送了《关于把山西建设成为全国煤炭能源基地的报告》。随后山西省省委就这一问题进行了一系列调查研究，参与座谈的代表也一致认为山西应以煤为中心发展工业结构和经济结构[②]。在 1979 年 12 月 20 日至 25 日召开的山西省五届人大二次会议的《山西省革命委员会工作报告》[③] 中进一步加深地认识了“两个基地”的设想并就山西煤炭能源基地建设问题做了系统性的论述，指出“在山西将形成以煤炭的开发和综合利用带动农、轻、重及其他各业发展的经济结构”。1980 年 5 月 20 日，《人民日报》发表了社论，指出“尽快地把山西建设成为一个强大的能源基地，不仅对山西，而且对全国实现四个现代化都有重要的意义。”[④] 1981 年 11 月在全国人大五届四会议上通过的《政府工作报告》也提出“要把开发山西的煤炭作为重点来抓”。1982 年，国务院专门成立了山西能源基地建设办公室，推动山西能源基地建设。

2. 国家投资结构的调整。

经历了“文革”十年的动荡及 1977 年和 1978 年投资规模急剧膨胀、投资结构的严重失衡，为了调整基本建设规模和不合理的投资结构，国家从 1979 年确定了“调整、改革、整顿、提高”的八字方针，不仅严格控制基本建设，对投资规模进行调整，而且对投资结构问题也进行了调整。这一次投资结构调整主要是：压缩重工业投资，增加轻工业和消费品工业的投资，以扭转长期以来重工业过分突出，而轻工业和消费品工业严重匮乏的局面；加强非生产性建设和住宅建设的投资，以弥补过去在这一方面欠账过多的状况；能源、交通运输和原材料工业投资逐渐有所保证，以加强制约国民经济发展薄弱环节的投资，弥补长期以来“以钢为纲”而导致的能源交通运输邮电建设的严重滞后，而这一点的调整特别是对能源基地建设下的山西产业投资及

---

① 内容详见薄一波，《尽快把山西建设成为一个强大的能源基地》，《晋阳学刊》，1980 年第 1 期。

② 《共商尽快把山西建成能源基地大计》，《山西日报》，1979 年 11 月 12 日，第 1 版。

③ 王谦，《山西省革命委员会工作报告》（一九七九年十二月二十日在山西省第五届人民代表大会第二次会议上），《山西日报》，1979 年 12 月 27 日，第 1 版、第 2 版。

④ 《尽快把山西建成强大能源基地》，《人民日报》，1980 年 5 月 20 日。

产业投资结构变迁产生了重要的影响，随后山西产业投资结构明显倾向于能源、交通运输和原材料工业。

3. 国家投资体制改革与政策。

这一时期，国家在投资管理体制方面根据新中国成立后近三十的时间里出现的投资效率问题进行了初步的改革，其中最为重要的就是投资资金来源发生了重大变化，由国家财政无偿拨款的形式变成了银行贷款，即“拨改贷”。拨改贷的变化最大的功绩在于企业投资向银行借贷的资金是要还本付息的，不是无偿使用的，企业必须以利息作为资金的机会成本再去经营本企业的收益，所以企业在投资过程中增强了责任感，更加注重资金的使用效率，有利于加强投资管理，改变以往基本建设上的“长、散、乱”状况，从而提高投资收果。1979 年开始实行“拨改贷”时仅限于基本建设投资资金；1980 年实施力度加大，决定从 1981 年起实行独立核算和具有还款能力的企业全面推行基本建设投资“拨改贷”制度，同时为了增强企业还款能力，随后开始实行了企业利润留成制度；1984 年“拨改贷”全面推广。

此外，针对当时投资领域出现的规模大、重复建设、盲目投资等问题，国家也出台了一些政策措施，如为了加强投资管理和投资规模控制，国家先后制定了《关于抓紧清理、压缩全国基本建设在建工程质量的通知》①、《关于紧缩基本建设支出的紧急通知》② 和《关于加强基本建设计划管理控制基本建设规模的若干规定》③；为了提高投资效益，国家出台了《关于缩短建设工期，提高投资效益的若干规定》④，这些对山西产业投资及其结构的调整都产生了重要影响。

4.1.1.2 能源基地建设期山西产业投资情况

1979 ~ 1982 年山西能源基地建设时期，尽管山西在不断压缩基本建设投资规模，但投资集中，产业和产品投资结构得到了明显的改善，投资的调整也使投资效益得到了提高。

---

① 此通知于 1980 年 8 月 20 日由国家计委、国家建委等单位联合下发。

② 此通知由国务院 1980 年 11 月 30 日发出。

③ 此规定由国务院 1981 年 3 月 3 日发出。

④ 此规定由国家计委和国家建委于 1982 年 2 月 26 日发出。

1. 压缩产业基本建设的投资规模。

受国家调整投资的八字方针影响，山西基本建设投资从 1979 年开始进行了压缩。山西基本建设在改革开放前的特点是规模大、战线长、半拉子工程多，1979 年，山西“对全省基建在建项目进行了调查摸底，着重清理和审查了我省在建的 23 个地方大中型项目和未列入年度计划的 370 多个小型项目”①；1980 年投资规模继续缩小，压缩投资项目 59 个，并削减未完工程投资 2 亿多元；1981 年投资规模在 1980 年的基础上又减少了 43%，有 114 个建设项目停建缓建②。从行业来看，改革开放前山西基本建设投资的重点领域对投资规模进行了不同程度的压缩，如在水利基本建设中，“停建缓十一项水利工程”③，将重点转为“对现有工程和现有设备的配套挖潜上来”④；冶金行业 1979 年“停建和缓建了一批基建工程项目，把 5335 万元的投资压缩为 3710 万元，即压缩了 30%……节省出大量资金和原材料，支援了农业和轻纺工业的发展”⑤；1980 年年底，山西省铁道部系统各单位“决定停建十二项工程，压缩计划投资 240 余万元”⑥。

2. 根据需求，投资集中。

投资集中，表现在两个方面：一个是围绕山西煤炭能源基地建设的需要进行煤炭、电力、交通行业的投资；另一个是为满足人民群众生活的需要在教育、科技、住宅、城市建设等方面进行了较大的投资。这一时期在压缩一些基本建设投资的同时，集中投资用于煤炭能源基地的全面建设，煤炭工业大力改造老矿，兴建了一批大型现代化矿井和坑口电站，如对大同、神头和娘子关等大型坑口电站加紧建设，这些投资使得新矿建设、旧矿改造和电厂建设、输变电建设方面都取得了很大的成就。1979 年全省煤炭产量为 1.089 亿吨，到 1982 年增长为 1.45 亿吨，发电量从 1979 年的 114.1 亿千瓦增长到 1982 年的 136.92 亿千瓦⑦，煤炭能源基地初具规模；但在煤炭工业投资中，

---

① 《我省停缓一批基本建设项目》，《山西日报》，1979 年 12 月 3 日，第 1 版。
② 《1981 年政府工作报告》，《山西日报》，1981 年 12 月 29 日。
③ 《我省停建缓十一项水利工程》，《山西日报》，1980 年 4 月 6 日。
④ 《我省集中力量抓现有水利工程配套》，《山西日报》，1980 年 6 月 22 日。
⑤ 《我省冶金工业在调整中前进》，《山西日报》，1980 年 1 月 10 日，第 1 版。
⑥ 《压缩基建规模 紧缩财政支出》，《山西日报》，1980 年 12 月 20 日，第 1 版。
⑦ 李旺明、苗长青，《当代山西经济史纲》，山西经济出版社，2007 年，第 266 页。

也进行了合理调整，压缩了原来计划开工的一批中小型项目，重点保证投产和扫尾工程、重点续建项目；煤炭的开采还有很重要的用途就是发电，因此，电力工业的投资也较为集中，一方面坚持对原有企业挖潜、改造，另一方面又狠抓新厂建设和新的机组安装，以及输变电工程的建设①。此外，投资还集中于改善人民生活质量，如住宅建设，仅1979年城镇新建住宅100多万平方米，解决3万户职工的住房问题②，在建设居民住宅的同时，还有集中投入与住宅建设配套的公用设施建设；再如1980年建成了我省第一条电子管六十路微波电路，提高了晋北地区收看电视的效果③。

3. 调整产业投资结构和产品投资方向。

为贯彻“八字方针”，“按农轻重次序安排国民经济计划，突出以农业为基础，优先发展轻纺工业，尽快建设煤炭能源基地”④ 作为山西产业和产品投资的调整方向，要缩短基本建设投资，而拉长农业、轻纺工业和教育的投资⑤。因此，在产业投资结构上，山西加大轻纺工业、农业投资和非生产性建设投资，1979年，重工业投资减少了3.6%，而轻工业投资增长了1.3%，农业投资增长了27.2%；1980年，轻工业投资增长1.1倍，科学教育等非生产性建设投资比1979年增长了50%；1981年非生产性建设固定资产投资占到全省固定资产投资总额的42.37%；1982年非生产性固定资产投资额尽管比1981年有所增加，但其投资比重为全省固定资产投资的41.14%，投资比例却略有下降。在调整产品结构方面，一些行业，如机械和冶金行业，更加注重来自农业、轻工业和煤炭业对其产品的需求，而工矿企业注重生产煤炭企业所需要的电机车和机械设备，冶金工业面向农村、面向轻工、面向市场调整产品生产和供应，以改变产品结构⑥；一些轻工业也面向市场需要，积极转变产品结构，如晋东南行署二轻工业系统就从农民的实际需要出发，将一部分机械生产企业转向中小农具生产⑦。

---

① 《我省电力工业在调整中上得快好》，《山西日报》，1981年6月26日，第1版。
② 《我省城镇去年新建住宅一百多万平方米》，《山西日报》，1980年2月17日，第1版。
③ 《我省第一条电子管六十路微波电路建成》，《山西日报》，1980年6月9日，第1版。
④ 《省人民政府召开全省计划会议》，《山西日报》，1980年2月2日，第1版。
⑤ 《省人民政府召开全省计划会议》，《山西日报》，1980年2月2日，第1版。
⑥ 《我省冶金企业大力生产对路产品》，《山西日报》，1981年12月24日，第2版。
⑦ 《一批二轻企业志向中小农具生产》，《山西日报》，1981年8月9日，第1版。

4. 注重提高投资效益。

这一阶段投资有个明显的特点，即在结构调整中更加注重投资效益的取得。很多行业都是通过“填平和补齐”来进行调整，如 1980 年山西纺织业用 3000 多万元投资了五条涤棉染整处理线，用以改变山西纺大于染的失调局面①；太原钢铁公司将其投资用于必须兴建的项目上，并对不配套的生产设施填平补齐②；水利建设推广使用合同制管理责任制，以改变水利建设不讲经济效益，管理上吃“大锅饭”的做法，让有限的投资取得最大的经济效果③；太原市对轻纺企业 96 项技术改造项目投产后，新增工业产值 4000 多万元，实现税利 570 多万元④。经过三年投资调整，山西省工业企业经济效益明显提高，“轻工业成就显著……以农产品为原料的轻工业产值 1979 ~ 1981 年年均增长 9.1%，以非农产品为原料的年均增长 9.6%……轻工业产品中中高档和耐用消费品也有了较快发展”、“能源持续稳定增长，经济效果显著……每年增加原煤一千万吨……平均每年递增 10.5%”、“主要工业产品质量有所提高，原材料、燃料、动力消耗降低……”⑤

4.1.2 1983 ~ 1992 年山西产业投资结构变迁

4.1.2.1 能源重化工基地战略的制定和国家投资体制、政策的变化

1. 能源重化工基地战略的制定。

鉴于山西丰富的煤炭资源、化工资源和矿产资源，以及新中国成立初期国家对山西重工业的巨大投资，一些人提出将山西建成能源重化工基地的建议；1983 年 2 月在中国科学院专门召开了“山西能源与重化工基地建设综合规划论证会”，围绕基地规划的战略方针、战略目标和战略措施等问题进行科学认证；1983 年 10 月，山西省政府向国务院呈报了《关于山西能源重化

① 《我省纺织业五条染整处理线建成投产》，《山西日报》，1980 年 12 月 9 日，第 1 版。

② 《太钢调整基建项目 把建设重点放在填平补齐上》，《山西日报》，1981 年 2 月 19 日，第 1 版。

③ 《我省水利战线推广建设合同制管理责任制》，《山西日报》，1981 年 4 月 29 日，第 1 版。

④ 《太原市九十多项轻纺技术改造项目投产受益》，《山西日报》，1982 年 3 月 10 日，第 2 版。

⑤ 《全省工业企业经济效益明显提高》，《山西日报》，1981 年 9 月 20 日，第 1 版。

工基地建设综合规划的报告》，1984 年 1 月，国务院能源规划办公室在编制了山西能源重化工基地发展规划。1985 年 6 月，在中国共产党山西省第五次代表大会上，确定了山西省今后一个时期内经济和社会发展战略方针，即“坚决贯彻党的十二大精神，动员和组织全省人民，充分发挥我省自然资源优势，重点搞好能源重化工基地建设，大力发展农业，狠抓交通运输和教育科技两个薄弱环节，带动和促进整个国民经济和社会的协调发展……”这一战略方针在 1986 年 5 月山西五届人大四次会议上表决通过。由此，确定了能源重化工基地建设的战略方针，也对山西的产业投资结构形成了巨大的影响。

2. 国家投资体制和投资政策的变化。

这一时期是我国经济体制全面改革的时期，我国的投资体制和投资政策都出现了较大的变化，这些变化对产业投资结构都产生了深远的影响。

第一，控制投资规模，对投资方向进行调整，提高投资收益。从 1984 年起，国家基本建设投资“拨改贷”全面推行后，国家投资规模的控制主要就是对银行贷款规模的控制。1983～1988 年，国家先后出台多项规定控制投资规模，调整投资结构。第一产业农业的投资自 1981 年以后开始下降，特别是 1985 年后，出现急剧下降趋势；出于供需矛盾的解决，国家在工业投资方面继续加大能源工业、原材料工业和加工工业的投资，但从 1986 年开始国家又对加工工业的投资规模进行了控制，使得加工工业的投资得到遏制；第三产业中交通运输业的投资增长减速，投资比重下降。在提高投资收益方面，一是国家推行了投资包干和按合理工期组织建设的管理体制改革，以改变原来“投资无底洞，工期马拉松”和投资建设吃“大锅饭”的问题。这种投资包干制不仅用于基本建设项目，还应用于冶金、煤炭、铁道、电力等部门，作为一项项目管理制度的改革以提高投资效率。二是勘察设计单位实行企业化试点；建筑企业扩大自主权，并推行招投标制。前者将勘察设计单位由原来的事业单位逐步改为企业，使得其经费还再由国家预算的事业经费拨款，变为从其中建设投资中提取勘察设计费，加强了设计单位之间的竞争，从而提高投资效率；后者也要引入竞争机制，以保证基本建设项目中的施工任务和服务能又快又好的完成。此外，国家还对成套设备和基本建设物资的供应方面进行了改革，并加强了投资项目执行基本建设程序不同工作阶段的管理，也指在保证重点，提高投资效率。

第二，投资主体结构的变化。这一时期国家在投资主体方面进行了多项改革，主要是投资主体角色的变化，即由政府主导变为企业主导。1988 年 8 月国务院发布《关于投资管理体制的近期改革方案》，强调政府“分层次”，企业“扩权利”，确立投资主体，划分投资范围；主张扩大企业的投资决策权，促使企业成为一般性项目的投资主体。

第三，在投资资金来源结构上，投资资金来源渠道多元化。①基本建设投资“拨改贷”的推行。1983 年国务院发布《国务院批转中国人民银行关于国营企业流动资金改由人民银行统一管理的报告的通知》，决定企业流动资金由银行统一供应和管理，财政不再拨流动资金；1984 年国务院批转国家计委《关于改进计划供给制的若干暂行规定》，指出从 1985 年开始，国家投资的建设项目都要按有偿使用的原则由财政拨款改为银行贷款，并且国家计委、财政部和建设银行于 1984 年 12 月就相应地制定了《关于国家预算内基本建设投资全部由拨款改为贷款的暂行规定》，后修改为《关于调整国家预算内基本建设投资拨款改贷款范围等问题的若干规定》，于 1985 年 12 月颁布。②设立产业建设基金。1988 年 4 月和 6 月，国务院批准国家体改委《1988 年深化经济体制改革的总体方案》和国家计委《关于投资管理的近期改革方案》，确定对国家预算内基本建设投资实行基金制；同年 7 月，国务院正式印发了《国家基本建设基金管理办法》，并成立专门的投资公司用基本建设基金的经营管理，随后国家成立了能源开发专项基金、交通建设专项基金和农业发展基金等产业建设基金，促进了基础产业的发展。③利用外资。国家实行了全方位对外开放的政策，制定了一系列的规定或条例改善投资环境，鼓励外商投资。1983 年国务院出台了《中华人民共和国中外合资经营企业法实施条例》，对合资建设企业的行业重点、经济效益、经营条件以及出资方式、财税等做出了具体规定；1986 年 10 月《国务院关于鼓励外商投资的规定》发布实施，给予了外商投资许多超国民的待遇。

第四，投资布局结构上，投资向沿海、东部地区倾斜，中西部地区投资比重下降。在经济梯度开发思想和对外开放路线的方针指导下，从 1986 年开始，固定资产投资向沿海和东部地区倾斜。1986 年以前，东部地区的固定资产投资只占全国总量 50% 左右，而从 1986 年以后，东部地区固定资产投资份额开始增加，比重从 1986 年的 52. 2% 上升到 1992 年的 60. 5%；同期，中部地区的这一比重从1984年的30.1%下降至1992年的22.5%，西部地区的这一比重从1985年的15.6%下降到1992年的13.6%①。投资布局结构的变化也使得东中西部地区的经济发展差距进一步扩大。

4.1.2.2 山西能源重化工基地建设发展中期投资概况

这一时期，山西最主要的投资就是围绕能源重化工基地建设开展的。

1. 能源产业的投资。随着能源重化工基地的全面展开建设，国家和山西都进一步加大了能源工业的投资。1983～1987年5年的时间内，山西能源工业的投资累计达90.4亿元，相当于新中国成立后至1982年33年能源工业投资总额的1.22倍②；能源工业的投资在这一时期占到山西工业固定资产投资的60%左右，掀起了全省能源工业发展建设高潮，其中煤炭工业和电力工业又是重点投资的产业。①煤炭工业方面，老矿普遍进行了扩建和技改，新矿相继建成，煤炭工业的投资占到了能源工业固定资产投资的60%以上，形成了一批具有重要意义和全国重点煤矿，如山西特大型煤矿——平朔安太堡露天1987年建成投产，投资6.49亿美元，成为当时我国最大的中外合作项目；建成全国最大的无烟煤矿井——贵石沟矿，还有汾西矿务局水峪矿、大同矿务局四台矿等。此外，煤炭工业更新改造投资占到同期山西全部更新改造投资的45%～50%，煤炭机械化采煤程度明显提高，到1991年，六大国家统配煤炭的采煤机械化程度达到97.39%，掘进装载机械化率达到81.3%。与此同时，乡镇煤矿也积极发展起来，"到1990年底，全省乡镇煤矿发展到5678处，分布在全省79个产煤县（区），年产1.15亿吨，占到全省原煤总产量的64.3%"③。经过这一时期对煤炭工业的投资，山西原煤开采能力由1983年的1.6亿吨增长到1992年的近3亿吨，原煤外调量由1983年的1亿吨增长到1992年的2.1亿吨。②电力工业方面，像大同二电厂、漳泽电厂等一大批大型电厂相继在这一时期开工建设和投产，能源产业固定资产投资中用于电力产业的投资占到25%～35%，电力产业得到快速发展。1986年神头电厂第三期建成投产发电，使得神头电厂成为山西第一座百万千瓦电厂；

① 《中国固定资产投资统计数典》（1950－2000），中国统计出版社，第38页、39页。
② 李旺明、苗长青，《当代山西经济史纲》，山西经济出版社，2007年，第326页。
③ 李旺明、苗长青，《当代山西经济史纲》，山西经济出版社，2007年，第371页。

1991 年漳泽电厂 2 期建成投产后，成为继神头电厂和大同二电厂之后第 3 个百万千瓦电厂，也使得山西成为继江苏之后第二个拥有三座百万千瓦火电厂的省份。1982 年山西发电量为 136.92 亿千瓦，1987 年时达到 263.42 亿千瓦，1992 年发电量达到了 384.17 亿千瓦；山西大量的电力外送其他省份，1982 年山西外调电力只有 8.8 亿千瓦，1987 年外调量为 54.3 亿千瓦，到 1992 年外调量到达 97.8 亿千瓦。大型电厂修建的同时，一批小火电厂也在不断的扩建，新增发电机组；一些大型企业，如山西铝厂、山西化肥厂等也新增了一批发电机组。③能源加工转换方面，山西能源一直以简单初级加工为主，能源加工转换业发展缓慢。1987 年省政府出台了《关于大力发展煤炭加工转化有关问题的规定》，有力地推动了全省能源加工转化的步伐，使得二次能源产品快速增加，外销能源品种增多。1985 年用于加工转换消费原煤 2744 万吨，占全省原煤产量的 12.8%；1992 年全省用于加工转换消费原煤 6650 万吨，占全省原煤总产量的 22.4%；二次能源产品除电力外，洗精煤产量由 1982 年的 448 万吨增长至 1992 年的 2041 万吨，焦炭产量由 1982 年的 328.77 万吨增长至 1992 年的 1814.96 万吨。

2. 交通运输业的投资。交通运输业是制约能源重化工基地建设的“瓶颈”，也是制约山西经济发展的瓶颈之一。为了支持全国其他地方的能源需求，加速晋煤外运，山西在建设能源重化工基地的同时，对交通运输业也进行了大量的投资，特别是铁路和公路建设。铁路方面，无论是基本建设还是更新改造，在这一时期都有较快发展，其中 1985 年动工、1988 年建成的大秦铁路，是山西第一条开行重载单元列车的电气化铁路，1989 年建成的侯月线是晋煤外运的南通道；1983 年，山西省铁路营运里程为 2115 公里，1992 年营运里程达到 2331 公里；1985 年晋煤通过铁路的外调量为 12073.99 万吨，1992 年增长至 19091.52 万吨①，比 1985 年增长了 58.12%，占全部晋煤外运总量的 90% 以上，为全国各地的经济发展做出了巨大贡献。公路方面，1985～1990 年山西第七个五年计划期间，公路基本建设投资 11.35 亿元，新增公路通车里程 2022 公里，全省通车里程达到了 31554 公里，并且先后完成了八条晋煤外运出省公路；1985 年晋煤通过公路的外调量是 1771.9 万吨，

① 《山西能源经济 60 年》，中国统计出版社，2010 年，第 150 页。

而 1992 年达到了 2764 万吨，比 1985 年增长了 56%。

3. 第一产业的投资。在农业基本建设投资中，水利基本建设一直以来都是投资的重点，这一时期水利基本建设投资仍占据山西农业基本建设投资的 60% 以上，1992 年水利基本建设投资占山西农业基本建设投资总额的比重高达 92%，但是水利基本建设投资占全省基本建设投资的比重有所下降，只有 1% 左右；除了水利建设外，林业、畜牧业和农业服务业的基本建设投资也较多，说明当时山西农业的产业结构正在进行调整。在农业固定资产更新改造投资中，也是林业、畜牧业和水利事业的投资占据主要地位，此消彼长。

4. 利用外资。1985～1992 年，是山西利用外商直接投资起步阶段。这一阶段，全省外商直接投资起步晚、规模非常小、发展较为缓慢。1980 年全国就有了外商投资企业登记注册，而山西是在 1984 年才成立了第一家外商投资企业——山西华杰电子有限公司；1987 年以前，山西外商直接投资规模只有不到 100 万美元的规模，而到 1991 年以前，山西外商直接投资的规模也没有超过 1000 万美元；1991 年以前，山西实际利用外商直接投资的规模在全国的比重不足 0.3%，可以说是微乎其微的。山西利用外商直接投资规模小的主要是：一方面山西吸引外资方面缺乏政策优势，与山西所处的中部区域相比，国家的开放政策更倾向于东部沿海地区；另一方面这一阶段的外商直接投资以轻工业、劳动密集型产业为主，而山西自身经济结构以能源重化工产业为主，在产业结构方面缺乏吸引外商直接投资的根本因素。

4.1.3　1993～1999 年山西产业投资结构变迁

4.1.3.1　国家投资体制、政策变化和山西产业结构调整政策

1. 国家投资体制和政策的变化。

1992 年邓小平南方谈话和中国共产党第十四次全国代表会的召开，明确提出了中国经济体制改革的目标是建立社会主义市场经济体制，中国的投资体制和政策也随之发生了较大的改革。

掀起这一轮投资体制改革的是 1993 年 11 月 14 日中共十四届三中全会通过了《中共中央关于建立社会主义市场经济体制若干问题的决定》（以下简称《决定》），明确提出了要深化投资体制改革，指出“逐步建立法人投资和

银行信贷的风险责任。竞争性项目投资由企业自主决策，自担风险，所需贷款由商业银行自主决定，自负盈亏。用项目登记备案制代替现行的行政审批制，把这方面的投融资活动推向市场，国家用产业政策予以引导。基础性项目建设要鼓励和吸引各方投资参与。地方政府负责地区性的基础设施建设。国家重大建设项目，按照统一规划，由国家开发银行等政策性银行，通过财政投融资和金融债券等渠道筹资，采取控股、参股和政策性优惠贷款等多种形式进行；企业法人对筹划、筹资、建设直至生产经营、归还贷款本息以及资产保值增值全过程负责。社会公益性项目建设，要广泛吸收社会各界资金，根据中央和地方事权划分，由政府通过财政统筹安排。"① 根据这一《决定》，国家主要从四个方面出台了投资政策，以进行投资体制改革：

第一，划分投资风险，并按照风险的不同来安排投资资金。

把投资分为三大类：一是竞争性项目，由企业自主决策，自担风险，所需贷款由商业银行自行投资评估，自主决定，自负盈亏。二是基础性项目，鼓励和吸引各方投资，地方政府负责地区性的基础设施建设。三是公益性项目，广泛吸收社会各界资金，按中央和地方行政权划分，由政府通过财政统筹安排。

第二，实行固定资产投资项目资本金制度。

1996 年国务院发布了《关于固定资产投资项目试行资本金制度的通知》，对各种经营性投资项目，包括国有单位的基本建设、技术改造、房地产开发项目和集体投资项目，均试行资本金制度，即必须先落实一定比例的资金再进行项目建设。对于那些已经出现的企业资本金不足以及还款付息负担太重的企业，1995 年国务院批转了国家计委、财政部、国家经贸委《关于将部分企业"拨改贷"资金钵息余额转为国家资本金意见的通知》，规定对确有困难的企业可将"拨改贷"资金本息余额全部或部分转为国家资本；1998 年，国家计委和财政部还发布了《中央级基本建设经营性基金本息额转为国家资本金的实施办法》，有效地减轻了国有企业的债务负担，使国有企业资本金不足的问题得到了缓解。

第三，实行项目法人责任制。

---

① 内容详见：http：//www. people. com. cn/GB/shizheng/252/5089/5106/5179/20010430/456592. html。

1996年1月国家计委印发《关于实行建设项目法人责任制的暂行规定的通知》，要求国有单位经营性基本建设大中型项目在建设阶段必须组建项目法人，实行项目法人责任制，由项目法人对项目的策划、资金筹措、建设实施、生产经营、债务偿还和资产保值增值，实行全过程负责。

第四，成立国有独资政策性投资机构——国家开发投资公司。

1994年3月，国务院发文：按照投融资体制改革的总体要求，将六个专业投资公司并入国家开发银行，同时组建国家开发投资公司。其主要任务是：根据国家经济发展战略、产业政策和区域规划的要求，对基础产业、支柱产业和高新技术项目进行参股、控股投资，提高投资效益，确保国有资产的保值增值。

这些投资政策从投资主体结构、投资方向、投资资金结构等方面对各地方产业投资结构变迁均产生了深远的影响。

2. 山西产业结构调整政策的制定和实施。

20世纪90年代之后，以煤炭采掘业为主导产业的山西经济开始落后于全国的发展水平，经济结构失衡越来越突出，面临铁路运力紧张、原煤产大于销、工业经济效益低、对外开放力度低于全国水平等一系列问题，引起了省委和省政府的高度重视，并正式提出了产业结构调整的问题。

1992年11月，山西省委制定出台了《关于促进经济上新台阶的意见》，指出山西今后的发展战略目标和方针是“坚持党的基本路线，建立社会主义市经济体制，进一步深化改革，扩大开放，加快科技进步，积极调整和优化产业结构，重点发展二次能源和煤炭深度加工，实现能源重化工基地的整体创新和综合开发，带动全省经济社会协调发展……”对山西今后产业发展的方向作了规定，第一产业和第二产业重在产业内部结构调整，加快发展第三产业，其中在第二产业工业的调整中提出了“14888”① 工程，重点发展二次能源和煤炭深加工，在“八五”和“九五”时期集中抓好水利、交通、电

① “14888”工程，是1990年山西省委省政府组织相关部门起草的关于工业结构调整的报告。“1”指继续发展现有的重点支柱产业，即能源工业；“4”指培育冶金工业、机电工业、化学工业和轻纺食品工业四个新兴支柱产业，形成多元化的支柱产业体系；“8”指重点发展煤炭加工系列、煤化工系列、能源机械系列、铝及铝制品系列、钢铁系列、建材系列、食品系列和纺织系列8个产品链；“88”指在近期内88种重点产品的技术进步和产品创新。

信、农田建设、煤炭、对外输电、铝基地建设、三大钢厂改造、煤化工、机械电子工业、科教兴晋等 12 个方面 100 多项具有带动作用的骨干工程。

1993 年 9 月，省委提出了实施“三个基础、四个重点”的经济发展战略，强化农业基础、基础工业、基础设施，搞好挖煤、输电、引水和修路四个重点建设。随后在三年间全省开展了“三项建设”，即重点工程建设、公路建设和农田水利基本建设。

1996 年省委七届二次全会通过了《中共山西省委山西省人民政府关于调整产业结构的实施意见》，提出山西要加快培育四大战略带头产业，发展十大系列产品，把调整产业结构作为全省经济的“三件大事”之一来抓，并成立了相应领导机构和办事机构组织实施产业结构调整。

1998 年山西省委、省政府提出了以产业高级化为目标来进行结构调整，提出下大力气培育优势产业、优势企业、优势产品和优秀企业家。1999 年山西省出台了《山西省人民政府关于培育“一增三优”发展潜力产品推进产业优化升级的实施意见》，以潜力产品为切入点，以金融创新和企业家队伍建设为依托，推进产业结构的优化升级。

4.1.3.2 1993 ~ 1999 年山西产业投资概况

国家和山西在这一时期的经济战略、投资体制变化、经济政策和投资政策对山西产业投资带来了深远的影响，山西也围绕着“三项建设”等内容开展产业投资。

1. “三项建设”投资。1993 ~ 1996 年三年多时间，“三项建设”成为山西最重要的产业投资项目。重点工程建设方面，万家寨引黄工程建设、太旧高速公路建设、阳城电厂建设成为山西重点工程建设的代表。万家寨引黄工程开始于 1993 年 10 月，由山西、内蒙古和水利部三家全建设，总投资 64 亿元，山西承担了 27.5 亿元的投资，再加上动态投资，山西总投资超过百亿元；太旧高速公路是山西第一条高速公路，全长 144 公里，1993 年 6 月开工建设，1996 年 6 月通车，总投资 28 亿元；阳城电厂是当时中国最大的坑口电站，是世界上最大的无烟煤火力发电厂，1997 年 1 月正式开工建设，总投资 132 亿元；除了这三大工程之外，还先后上马和完成了包括太原火车站和飞机场改扩建工程在内的 50 多项重点工程，几乎涉及各个行业。公路建设方面，这一时期山西开展了规模宏大的公路建设，进行了巨额投资，仅1996～1999年四年间公路建设累计投资289亿元，1993年全省公路通车里程为3.22公里，1999年公路通车里程达到了5.28万公里，公路密度由1993年的20.6公里/百平方公里增长到1999年的33.8公里/百平方公里；此外，这一时期是山西高速公路建设的第一个高潮，1999年高速公路通车里程达到了403公里，除太旧高速外，1996年晋阳高速、1997年原太高速、1999年运城至风陵渡高速和太原南外环高速建成通车，还开工建设京大高速山西段、晋焦高速、长治到邯郸高速和夏家营至汾阳高速；公路建设的投资使得山西公路运输能力大幅提升，1993年公路年货运量为33716万吨，1999年公路年货运量迅速增长到53993万吨，增长了60%，旅客运输量也由1995年的17956万人增长到1999年的26252万人。农田水利建设方面，注重基本农田建设、兴修水利工程和对盐碱地、滩涂进行开发改造。为了便于机械化作业，广大的山区开展了机修梯田的活动，利用推土机修建梯田，推土机上山时就形成了上山的盘山公路，拖拉机可直接上下山，实现了山区农业的机械化。这一时期一批大型水利工程先后建设，除万家寨引黄工程外，比较重要的还有汾河二库、引沁入汾工程等，还有10项大中型灌区改造和6座大中型病险水库除险加固工程也先后开工。总投资4700万元、被国家列为国家开发项目的“三滩一碱”① 工程先后启动，其中汾河滩涂开发于1995年底土坝全线贯通，1999年石坝全线贯通，两坝总长223公里，新增耕地21.5万亩。农田水利建设在这一时期掀起了建设高潮，仅1993年至1996年三年时间，山西省先后进行了基本建设工程30多万处，新增水地116万亩，改善水地965万亩，新增节水面积345万亩，新增基本农田353万亩，新解决和恢复解决345万人的饮水困难，进一步改善了农业生产条件②。

2.“煤多电少”导致电力产业投资增加。1992年山西通过的《关于促进经济上新台阶的意见》中提出了输煤输电并举的新思路，此后几年数十座大中型电厂相继开工建设或投产，如山西第四个百万千瓦以上的特大型电厂——神头第二发电厂、柳林发电厂、太原第二热电厂四期工程、山西华通榆社电厂一期以及我国最大的坑口电厂——阳城电厂均是在这一时期开工建

① “三滩一碱”即汾河滩涂开发、黄河滩涂开发、滹沱河滩开发和大同盆地盐碱地改造工程。

② 李旺明、苗长青，《当代山西经济史纲》，山西经济出版社，2007年，第432页。

设或投产的。1993 ~ 1996 年电力产业投资保持在 20 亿 ~ 30 亿元，在同期山西能源投资的比重约为 30%，而 1997 ~ 1999 年电力产业投资增长加速，1997 年电力产业的投资额几乎是 1996 年的两倍，同期电力产业投资额在山西能源产业投资中的比重也上升至 1999 年 61. 9%；到 1999 年，山西省电力装机容量达 1180 万千瓦，发电量增加到 569. 87 亿千瓦小时，建成 500 千伏线路 8 条 824 公里、110 千伏以上线路 1. 3 万公里；到 1999 年，山西成为对外输电最多的省份，外调电力占全省电力总量的比例达到了 19. 5%，这一比例在 1978 年仅有 2. 6%。

3. 邮电通信产业的飞速发展。邮电通信产业是社会信息联系和交流的基础产业，随着科技的进步，其对国民经济的推动作用越来越明显和重要。这一时期，成为山西邮电通信产业特别是电信业发展黄金时期，山西给予了电信业从未有过的巨额投资。1993 年山西电信业投资总额为 12. 52 亿元，是 1992 年投资总额的 4 倍之多，相当于新中国成立后至 1992 年山西电信业的全部投资；此后电信业的投资逐年增加，1999 年山西电信业固定资产投资达到了 18. 29 亿元。巨额的投资，给进入 21 世纪前的山西电信业带来了根本性的变化。电信业务总量从 1992 年的 73264 万元增长至 1999 年的 736718 万元，增长了近 10 倍；到 1999 年年底，山西长途电话交换机容量达到 123940 路端，移动电话交换机容量达 132. 2 万户，长途光缆线路长度达 7241 公里；山西电话普及率由 1992 年的 0. 67 部/百人增长至 1999 年的 8. 09 部/百人；互联网用户由 1997 年的 746 户增长至 1999 年的 20351 户。

4. 利用外资。1993 ~ 1999 年，外商直接投资较快增长阶段。邓小平南方谈话以及《山西省鼓励外商、港澳台同胞及倾斜投资实施细则》的实施，山西利用外资的规模开始出现较快增长。1992 年实际利用外商直接投资规模达 5384 万美元，是 1991 年的 12. 79 倍；1996 年，山西实际利用外商直接投资额超过了 1 亿美元，1999 年达到这一阶段的高峰，规模为 3. 9 亿美元；但是与全国实际利用外商直接投资的规模相比，山西的外商直接投资规模仍是较小的，基本徘徊在全国的 0. 5% 左右，即使是 1999 年也不足 1%，只有 0. 97%。山西利用外资存在两个问题：一是外商直接投资的总量较小；二是外商直接投资的投资结构集中在资源类的产业。究其原因，与资源型地区的投资环境和较为单一的优势产业有关①。

4.2 1979～1999 年山西产业投资结构变迁的特点

由于改革开放所带来的经济体制、投资体制的变化和山西经济发展战略的调整，这一时期山西产业投资结构较改革开放前出现较大的变化。

4.2.1 山西产业投资主体结构变迁

改革开放前，全民所有制单位作为绝大多数投资的投资主体是与国家经济体制分不开的。但随着国家改革开放战略的实施，多种所有制经济共同发展的政策的实行，全民所有制单位的投资主体地位是在不断下降的。山西全民所有制单位的投资主体地位在这一时期与“文革”后期的投资主体地位相比，只是略有下降，占投资份额的比重从 80% 以上下降至 70% ～80% （见图 4－1），与全国各个投资主体的投资地位相比，山西全民所有制单位和集体所有制单位在全部投资中的比重明显高于全国水平，1981 年全民所有制单位（国有经济）在国家固定资产投资中的份额是 69.5%，同期山西是 70.38%，随后，全国的这一比重不断下降，而山西的这一比重是保持稳定，到 1999 年全国的这一比例降至 53.4%，山西则高达 69.42%；1981 年全国个体经济体②（城乡个人及其他经济体）投资在固定资产投资的比重是 18.6%，山西是 15.7%，到 1995 年后，山西个体经济投资这一比重稳步上升，逐步高于了全国水平，到 1999 年这一比例全国平均为 14.1%③，山西则达到了 24.72%，高出全国 10 个百分点，这主要因为是城乡个投资住房建设投资

---

① 任力军、杨军，《资源型地区资本国际化的途径》，《光明日报》，2012 年 7 月 15 日，第 7 版。

② 说明：个体经济体的投资包括城镇个人、农业个人和其他经济体，《山西统计年鉴》从 1998 年的数据将人体经济体投资和其他经济投资分别统计，但在 1998 以前是统计在一个项目下的。因此，2000 年以后的数据，本文在投资主体结构中会单列出“其他经济体”。

③ 中国固定资产投资主体结构数据来自《中国固定资产投资统计数典》（1950～2000），中国统计出版社。

1995 年以后有了较大增长，而更为重要的是除国有经济体、集体经济体和个人经济体外，联营、股份、外商独资、合资等其他经济类型的投资也有了较快增长，仅 1999 年其他经济体的投资就达到了当年全省总投资额的 18.3%；集体所有制单位的投资主体地位山西在 1986 年以前略高于全国水平，但随后就开始低于全国平均水平，1999 年全国集体所有单位的投资比重是 14.5%，山西只有 5.86%，远远低于全国水平。山西投资主体结构与全国的平均水平是不一样的，山西全民所有制单位的投资主体地位要高于全国平均水平，集体所有制单位的投资主体地位低于全国水平，而且差距较大，个体经济体的投资地位高于全国。整体而言，山西产业投资主体结构变迁的特点是：国有经济单位投资一统天下，非国有经济单位的投资规模较小。这样的特点说明山西产业投资的改革开放力度从改革开放初期就逐渐落后于全国水平了，说明山西的集体所有制单位和个体经济体特别是集体所有制单位缺乏经济活力。

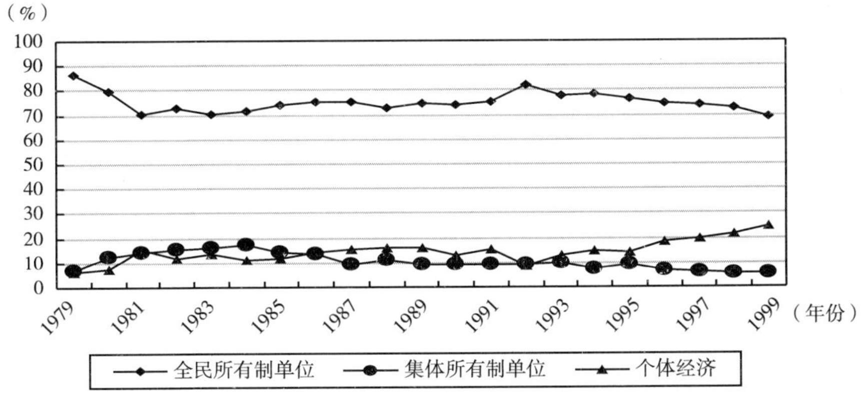

图 4－1　1979～1999 年山西固定资产产业投资主体结构变迁情况

资料来源：各年份《山西统计年鉴》。

当然，形成这样的产业投资主体结构与山西产业投资的项目和方向的选择是有关系的。这一时期山西要建的是能源重化工基地，特别是能源方面，无论是煤炭、电力还是交通基础设施建设，都是国家急需的，提高产能、提高运力就要进行投资，这些大中型项目投资额又较大，投资回报期较长，集体经济或个体经济体没有巨额资金支持，此外，其他经济体的投资还面临产业投资的一些限制，因此能源重化工基地的建设只能更多地依靠国有经济单位。

4.2.2 山西产业投资的资金结构变迁

1. 山西产业投资的资金来源结构变迁。

在1979年以前，山西固定资产投资的资金来源只有两个渠道，即国家预算内资金和自筹资金。1979年以后，固定资产投资的资金来源渠道变成了五个，增加了贷款、外资以及其他来源。从图4－2可以看出，山西固定资产投资利用国家预算内拨款的份额从1979年的60.82%下降到1999年的5.26%，下降的幅度是较大的，这是因为改革开放后国家投资布局向沿海、东部地区倾斜，国家的投资布局这样变化也彻底改变了山西产业投资的资金来源结构。而自筹资金这一渠道的增加是较快的，从1979年的21.16%的比重上升到1999年的41.04%，1980年以来这一个资金来源渠道成为山西固定资产投资最主要的资金来源，1992年开始占据了山西固定资产投资资金的半壁江山左右，如1995年曾占到全省投资资金总量的59.32%；自筹资金比重的上升与1992年山西省人民政府下放基本建设和更新改造项目的审批权密切相关，"凡使用自筹资金进行全民基建，符合产业政策和区域规划，生产和建设条件能够自行平衡和协调解决的，其项目建议书、可行性研究报告以及扩充设计、修正概算的审批，省直各厅局的审批权限放宽到2千万元以下，各地市

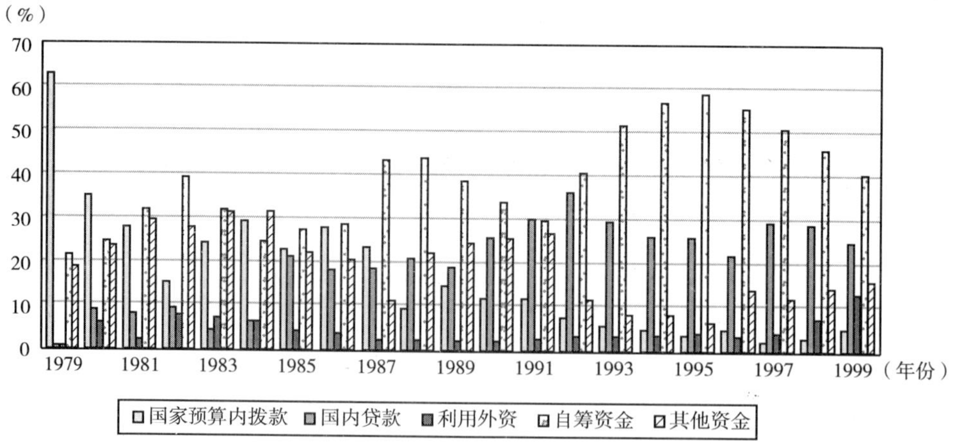

图4－2 1979～1999年山西固定资产投资的资金来源

资料来源：牛仁亮，《辉煌山西60年》，中国统计出版社，2009年，第257页。

的审批权限放宽到3千万元以下，同时报省计委备案。……各地市可以审批计划总投资3千万元（原材料工业5千万元）以下的项目……省直属企业总投资在3千万元（原材料工业5千万元）以下的项目由省主管厅局审批……企业集团和省政府确定的改革试点企业，用自有3千万以下的项目建设，由企业自行决定。一般企业自有资金进行1千万元以下的技改项目，由企业自定，报上级部门备案"①，这一权限的放开无疑是刺激了企业自有资金的投资项目开发建设，加大了自筹资金投资的比重，1992年山西基本建设项目和更新改造项目的总量比1991年增加了200个，且更新改造项目数量显著增加。国内贷款在山西产业投资中的资金来源比重有三个阶段的变化，第一个阶段是1985年以前，这一比重在10%左右；第二个阶段是1985～1992年，这一比重不断上升，1992年达到最高的36.53%；第三个阶段是1993年以后，这一比重开始下降，基本保持在25%左右；国内贷款这一资金来源渠道之所以在1985年以后比重上升，主要是因为从1985年开始，山西基本建设资金全部由国家预算内投资拨款改为银行贷款，导致国内贷款总占比不断攀升，这样的变化是国家控制投资规模、提高投资效益的措施之一；1993年银行开始在拨贷款中按照单项工程概算严格审查，对那些超概算的不给予拨贷款，以杜绝建设过程中擅自提高标准和增加建设内容，使得山西固定资产投资中拨款和贷款这两个资金来源得到了控制。与全国同期相比，山西固定资产投资资金来源结构中，国家预算内拨款的比重要远远低于全国平均水平，1979年国家预算内资金在全国固定资产投资的比重是75.8%，山西只有60.82%，1997年国家这一比重在这一时期降至最低5.9%，同期山西的这一比重也降至最低的2.57%，因此，虽然山西的能源是国家经济建设急需的资源，国家对此投资也是非常巨大，但从国家预算内拨款这一资金来源来说，国家对山西的产业投资并不多；银行贷款的比重总体上高于全国平均水平，呈现出一个前低后高的走势：1985年以前，山西这一资金来源所占的比重是低于全国平均水平的，以后的年份均高于全国平均水平，成为山西产业投资资金来源中仅次于自筹资金的重要来源之一；自筹资金和其他资金来源却高于全国平均水平，1979年全国这一资金来源量的比重只有20%，而山西的比重已经接

---

① 1993年《山西经济年鉴》，第69～70页。

近于 40%，且山西从 1980 年开始这一数据就超过了五成、1993 年以后达到了六成以上，全国的平均水平却到 1992 年才超过五成，其中自筹资金成为山西最主要的产业投资资金来源渠道。

2. 山西产业投资的资金使用结构变迁。

山西产业投资从资金使用变化上看，主要用于基本建设投资和更新改造投资，两者的关系可以反映出山西产业投资模式的两种意义，即外延是扩大再生产和内涵式扩大再生产。

图 4－3 是 1979～1999 年山西基本建设投资和更新改造投资资金使用比例关系。从图中可以看出，山西基本建设投资额与更新改造投资额在 1979 年以后呈快速下降，1981 年后出现上升趋势，1984 年后又开始下降，1986～1997 年这一比例基本维持在 2∶1～3∶1，1998 年和 1999 年超过 3∶1。山西产业投资资金使用结构的变化与国家的产业投资政策息息相关。1979～1981 年的山西产业投资资金使用结构的比例下降，是因为国家要求清理和控制固定资产投资规模，主要是压缩基本建设投资，但是对技术改造项目是适当放宽的，与 1979 年相比，1981 年山西用于更新改造的投资额增长了 71%，而基本建设投资额则下降了 27.79%。1982～1984 年山西产业投资资金使用结构的比例上升，是因为山西开始进行能源重化工基地建设，为解决能源短缺问题，国家和地方对此都进行了大量投资，1984 年山西用于基本建设的投资额比 1981 年增长了 206.7%，用于更新改造的投资额只增长了 70.18%。1985～1997 年期间山西产业投资资金使用结构比例相对稳定，基本建设投资在国家控制投资规模的政策下得到了压缩，1985～1991 年山西基本建设的投资额是在不断下降的，1991 年以后才开始有所增长，1995 年和 1996 年又呈

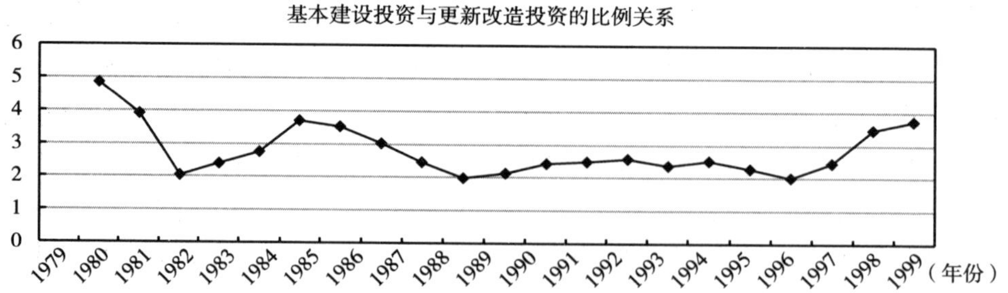

图 4－3　山西产业投资资金使用结构比例变化情况

资料来源：相关年份《山西统计年鉴》，并经过计算处理。

现出下降趋势，而同期山西的更新改造投资总额是在不断上升的，这一变化也体现出这一阶段山西在投资资金使用中注重内涵式的投资模型。1998 ~ 1999 年，在亚洲经济危机的国际经济环境下，全国的宏观调控政策发生了重大变化，并及时调整了投资规模，加强设施的建设，因此，山西省政府加大了基础建设投资的力度，基本建设投资额出现较快的增长，而更新改造投资额增长幅度出现了减缓，导致 1998 年和 1999 年山西产业投资资金使用结构比例快速上升，超过了 3%，山西投资再次朝着规模扩张式的增长模式发展。

4.2.3 山西三大产业投资结构变迁及三次产业内部投资结构变迁

1. 山西三大产业投资结构变迁分析。

1979 ~ 1999 年山西三大产业固定资产投资结构的总体情况是（见图 4 - 4）：第一产业投资的投资额在曲折中上升，但在全社会固定资产投资中的比重呈现出平稳的下降趋势；第二产业是投资重点，1994 年以前其投资额占到全部固定资产投资的一半以上，1994 年后其投资比重下降至四成左右；第三产业投资在 1994 年前维持每年略有增长的态势，1994 以后增幅开始加速，特别是 1995 年以后，其占全社会固定资产的投资比重已经超过第二产业，成为山西最主要投资产业。三大产业固定资产投资模式是符合工业化社会经济发展规律的。农业是国民经济的基础，山西一直以来都非常重视农业发展，在农业投资方面，特别是固定资产投资方面，主要用于了农田水利的基本建设和农业基础条件的改善，如水土保持和农业的机械化。第二产业的固定资产投资中基本上都是工业的投资，1994 年以前，其固定资产投资占据了一半以上，围绕煤炭、电力、机械、化工等产业展开了一系列的巨额投资，形成了山西工业的主体格局和主导产业，建成国家的能源重化工基地。第三产业的固定资产投资变化与工业化经济社会发展密切相关，随着生产生活的发展，越来越多的第三产业被社会需求，例如，经济社会的发展对交通的需求使得交通基础建设投资增加，所以社会需求导致第三产业的投资不断加强。

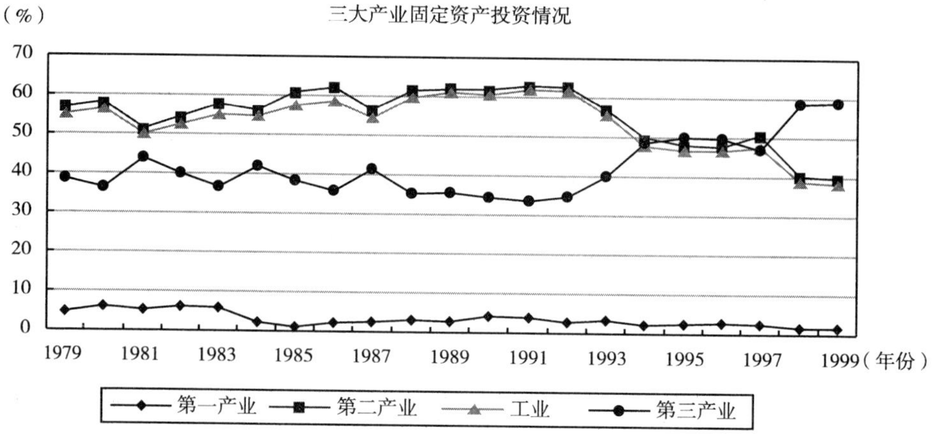

图4－4　1979～1999年山西三大产业投资结构变迁情况

资料来源：《辉煌山西60年》，中国统计出版社，2009年，第254页。数据经过计算处理。

2. 第一产业的产业内投资结构变迁分析。

第一产业内部基本建设投资分配是不均衡的（见图4－5）：第一，在1992年以前，水利基本建设投资计入第一产业基本建设，由于山西农业条件的限制，从发展农业和国民经济利益出发，水利基本建设自新中国成立以来，一直就是第一产业投资的重点，占据着第一产业基本建设投资总额的50%以上（个别年份除外）。此外，为了改善山西农业条件，山西还不断地在进行水土保持建设，造林生产建设的发展十分迅速，林业成为这一时期山西第

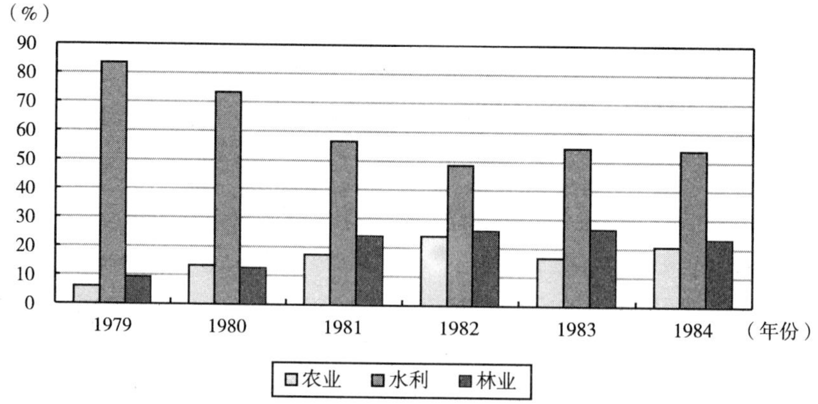

（a）1979~1984年第一产业基本建设投资分布

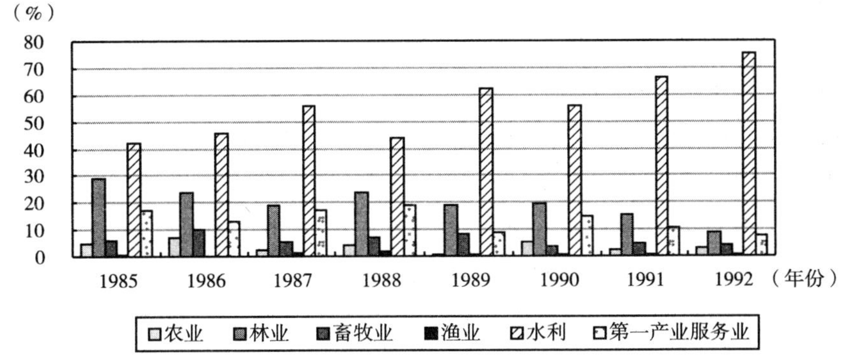

(b) 1985~1992年第一产业分布情况

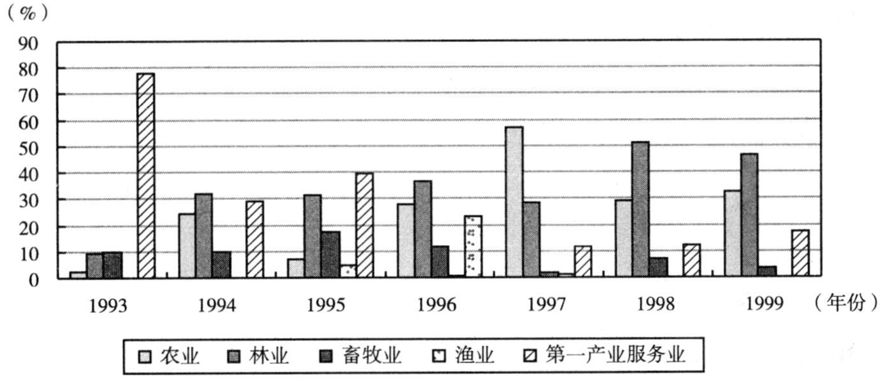

(c) 1993~1999年第一产业基本建设投资分布

图 4-5 1979 ~ 1999 年第一产业基本建设投资结构分布变迁情况

说明：数据来源于相关年份《山西统计年鉴》；按行业统计，1993 年（不含 1993 年）以前的《山西统计年鉴》或《统计公报》中将水利基本建设投资统计在第一产业中，1993 年以后水利基本建设投资不再计入第一产业基本建设投资中；受相关年份《山西统计年鉴》统计限制，1993 ~ 1999 年第一产业基本建设投资分布图中缺少 1993 年、1994 年和 1999 年渔业基本建设投资数据。

一产业中基本建设投资仅次于农田水利建设的行业，造林面积从 1979 年的 174.36 千公顷增加到 1992 年的 230.93 千公顷，其中经济林发展较快，果园种植面积占造林面积的比例从 1979 年的 37.97% 快速上升到 1992 年的 92.7%①。以种植业为代表的农业基本建设投资是最少的，这主要是因为要

① 牛仁亮，《辉煌山西 60 年》，中国统计出版社，2009 年，第 323 页。

调整第一产业经济结构，改变新中国成立以来山西第一产业以种植业为绝对主力的格局，种植业占第一产业的生产总值比例从1979年的81.65%下降到1992年的67.58%，山西第一产业正向着农林牧渔全面转变。随着第一产业的发展，第一产业服务业的投资力度在波动中不断加大，这些服务都是第一产业生产活动中不可或缺的支持性活动，与农业生产密不可分，随着第一产业的发展必然会增加对相关服务业的需求，因此1985年以后，第一产业服务业的投资平均占到了第一产业基本建设投资总额的10%左右。第二，1993年以后的第一产业内部投资此起彼伏，农业、林业和第一产业服务业都得到了快速的投资增长。以种植业为代表的农业的基本建设投资这一时期出现了波动式的发展，1993年其投资只占第一产业的基本建设投资的2.44%，1997年却达到了57.10%，除1993年和1995年其比重低于全省第一产业基本建设投资的10%之外，其他年份均为20%以上，出现这种变化的原因主要是一方面山西从1991年开始在农业方面实行了“双千工程”①，兴建了多个国家级商品粮基地，把增加粮食为主的农产品有效供给放在农村经济发展的突出位置，另一个方面山西省政府在农业发展上以“增粮棉，增收入”为指导思想，其中“粮棉”均属于种植业；在政策的重视和巨额投入下，尽管期间农业受自然条件影响波动较大，尽管耕地面积趋于减少，但山西粮食产量在1996年和1998年两次突破千万吨大关。林业的投资在这一阶段又有所增加，这与1994年山西省实行了《林业建设基金征收办法》相关，这是对山西林业建设投入机制的重大改革，为林业建设确保了投资资金来源；1995年山西省政府又出台了《山西省农村林业经营体制改革意见》、《山西省国有林区经营体制改革意见》、《山西省林业投资体制改革意见》和《山西省林业厅人事制度改革意见》四个改革文件，为林业发展开辟了新的领域和空间；此外，生态建设受到国家的重视，国家要求山西在建设能源重化工基地的同时，要继续加大生态环境建设力度，加大农林水等基础设施投入，因此，林业建设力度进一步得到了加强，全省造林面积快速增长，从1993年的

---

① “双千工程”，即从1991年开始到2000年建设1000万亩旱地高产稳产农田。工程田开发坚持以增产粮食为重点，土地综合开发利用为龙头，积极调整产业结构，依靠科技兴农，增加农业投入。

244.35千公顷增长到了1999年的403.41千公顷。第一产业服务业的投入所占比重快速增多，这一阶段用于第一产业服务业的投资占第一产业基本建设投资总额的比重波动较大，特别是1993年，这一比例高达78%，创历史新高，随后开始下降，1999年这一比例下降到了17.55%；高投资给第一产业服务业发展带来了快速增长，以农业机械化为例，其投资在山西农业由传统向现代、由粗放向集约的转变中发挥了重要作用，期间，山西60%以上的村建立了农机服务队，农业机械化总动力从1993年的1211.84万千瓦增长到1999年的1655万千瓦，各类农机服务网点从1993年的7880处增加到1999年的2万多处，农业机械化也由种植业扩大到第一产业其他行业，"到1998年底，全省农用载重洗车、三轮农用运输车分别达到5.3万辆和33万辆，在全国排名分别为第6位和第4位。当年农业直通车作业量达61.5亿吨公里；全省磨面机、饲料粉碎机分别为6.7万部和1.8万台，农产品机械加工作业量达到1911.1万吨；鱼塘增氧机689台，机械增氧面积3672万亩。其他机械化养猪、养鸡场也迅速发展起来"①。

3. 第二产业内部产业投资结构变迁——以工业内部投资结构变迁为例。

这一时期正是山西能源重化工基地的建设阶段，因此，山西的工业投资重点放在了能源产业和重化工产业方面。

（1）轻重工业投资结构变迁。

第一，从轻重工业基本建设投资情况来看（见图4-6a），重工业在工业基本建设投资总额所占的比重达到了90%以上（1980年除外），1987年以后更是占到了95%以上；轻工业尽管在基本建设投资中的比例一直较低，但是期间也出现了一轮投资小高潮，这与国家和山西省的投资政策变化相关。1979年国家提出调整的"八字方针"之后，山西开始了加快基本建设调整的步伐，在一系列工业结构调整政策中，政府加大了对轻工业的投资政策倾向，其中在工业投资方向上有意偏向轻工业，以缩短工业基本建设投资战线②；在1980年全省计划会议上，省政府还指出"按农轻重次序安排国民经济计

① 《2000年山西经济年鉴》，山西人民出版社，2000年，第88页。

② 冯培文，《认真贯彻"八字方针"加快基本建设调整步伐》，《山西日报》，1980年1月14日，第2版。

划，突出以农业为基础，优先发展轻纺工业，尽快建设煤炭能源基地"[①]，专门召开会议"讨论加快轻纺工业发展的问题[②]"，并由中共山西省委做出了《关于加快轻纺工业发展的决定》[③]，因此在1980～1982年三年时间中，轻工业的基本建设投资比例出现了一个小的上升波动。这一轮轻工业投资小高峰也给山西的轻工业带来了较快的发展[④]，轻工业占工业总产值的份额在1981年和1982年达到了三成以上。但是由于随后轻工业投资在工业投资结构中的比重下降，从九十年代中期开始轻工业在工业产值中的比重明显下降，特别是1998年和1999年，这一比例不足20%。而山西重工业在投资比重超过95%的水平发展了近十年后，其产值占工业总产值的比重又进一步加大，达到了80%以上。第二，从轻工业内部投资结构看（见图4－6b），1979～1998年间，山西轻工业是以农产品为原料的轻工业基本建设投资为主，以非农产品为原料的轻工业基本建设投资额只有在个别年份是高于以农产品为原料的轻工业基本建设投资额的，其中以农产品为原料的轻工业品在1986～1996年呈现出连续性的、较大的基本建设投资规模。这样的投资结构说明了当时山西轻工业发展的现状与山西经济发展的重点是十分不相称的。山西是全国的重工业基地之一，经过改革开放前30年的发展，能源、冶金、化机械等行业有了一定的基础，山西的轻工业发展更应该是以非农产品为原料的行业发展更快些，对这类型的行业投资更多些，而山西却以农产品为原料的轻工业投资为主。此外，从轻工业内部投资效果来看其投资结构也不具合理性，尽管以农产品为原料的轻工业投资规模大，但其产值方面却不如以非农品为原料的轻工业产出增长快，1980年以农产品为原料的轻工业产值是以非农产品为原料的轻工业产值的3.84倍，1996年这一数值为1.67倍，到1998年又下降至1.31倍。因此，山西轻工业投资不仅是规模较小，更是结构不合理。第三，从重工业内部投资结构看（见图4－6c），采掘工业和原料工业的基本建设投资明显重于制造工业的投资，制造业的基本建设投资规模处于下降趋势，

① 《省人民政府召开全省计划会议》，《山西日报》，1980年2月2日，第1版。

② 《采取有力措施把轻纺工业搞上去》，《山西日报》，1980年2月26日，第2版。

③ 《中共山西省委作出决定　千方百计加快发展轻纺工业》，《山西日报》，1980年4月27日，第1版。

④ 《全省工业企业经济效益明显提高》，《山西日报》，1982年3月20日，第1版。

1988 年以后其投资比重不足 10%；采掘业的基本建设投资 1988 年以前所占重工业基本建设投资比重最大，但随后有所下降，其比重略低于原料工业，1993 年以后，原料工业的基本建设投资比重明显扩大。重工业内部的投资结构是与山西能源重化工基地建设紧密相关的，是为了发挥山西的资源优势，解决能源供需问题。采掘业在 1988 年以前投资最多，是为解决当时国家经济发展能源短缺矛盾，而山西是煤炭产量最多的省份，所以在煤炭采掘方面给予了大量投资；然而随着全国煤炭市场需求出现疲软的趋势，煤炭销售发生困难，1988 年以后为了解决煤炭供需的问题，原料工业的投资快速增加，山西不仅加强了煤炭的转化工作，安排了一系列纯碱、聚氯乙烯、尿素、电石等煤炭加工转化项目，更是对“煤变电”进行了巨额投资。这样的投资结构给重工业总产值结构带来了根本性变化，1980 年采掘业、原料业和制造业的总产值分别占重工业总产值的比重为 42. 22% 、32. 38% 和 25. 4% ，1999 年这一比重就变为了 21. 75% 、52. 67% 和 25. 58% [①]，原料工业的总产值占据了重工业产值的一半以上，而制造业产值的比重变化不大，采掘业的产值在重工业值中的比重下降较大，由四成下降到了两成，重工业内部投资结构出现较大变化。

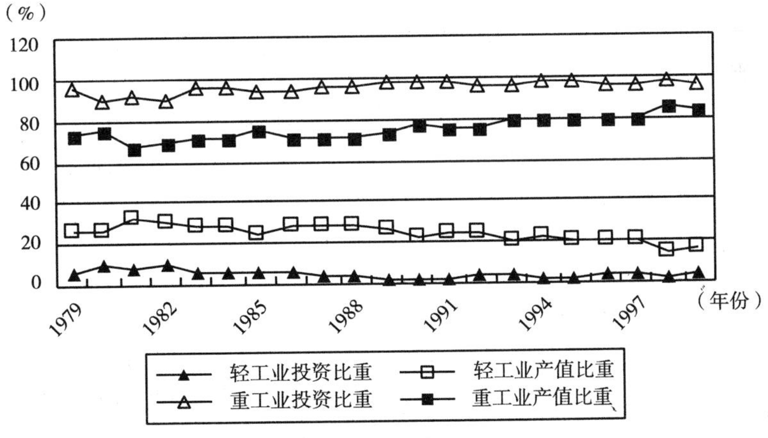

(a) 1979~1999年轻重工业投资分配情况

① 数据来源：由《2001 年山西统计年鉴》计算而得。

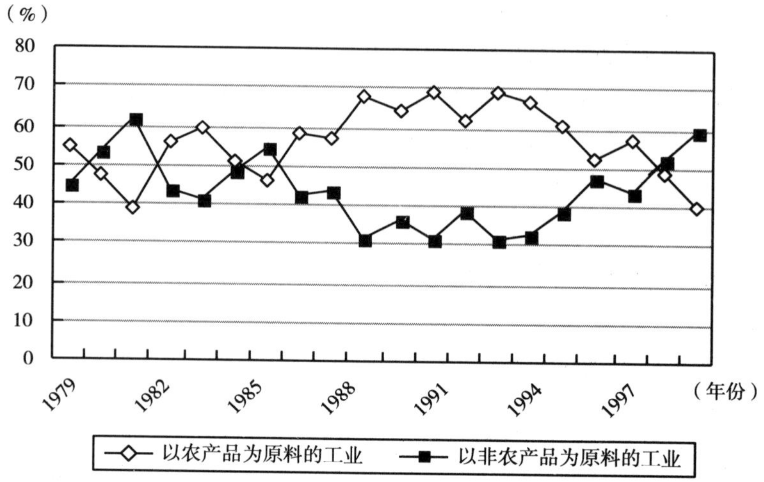

（b）1979~1998年轻工业投资分配情况

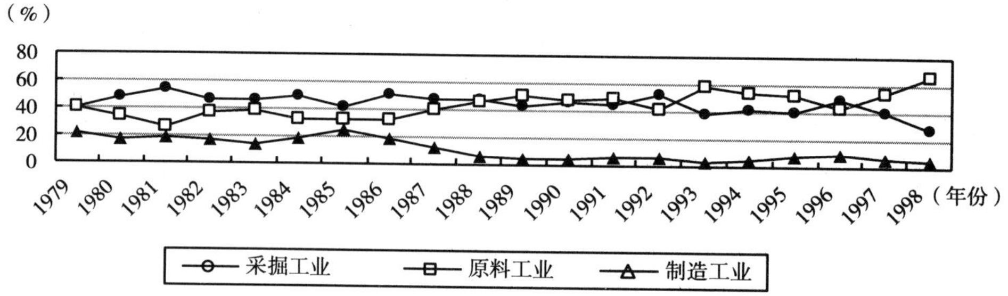

（c）1979~1998年重工业投资分配情况

图4－6　1979～1999年山西工业内部轻重工业基本建设投资结构变迁情况

说明：数据来源于各年份《山西统计年鉴》，缺少1999年轻工业内部和重工业内部投资情况数据。

（2）山西工业行业投资结构变迁。

这一时期山西工业行业基本建设投资结构变迁的总体特点就是满足全国对能源的需求，建设能源重化工基地，因此，尽管工业投资还是以煤炭、冶金、电力、机械、化学、建材、纺织和食品八大行业为主，但与改革开放前的工业行业基本建设投资结构在重心上有所转移（见图4－7），表现为：21年间，煤炭行业的基本建设平均投资比重达到39.44%，其次是电力行业，比重为30.02%，第三是冶金行业，比重为10.8%，而改革开放前山西基本

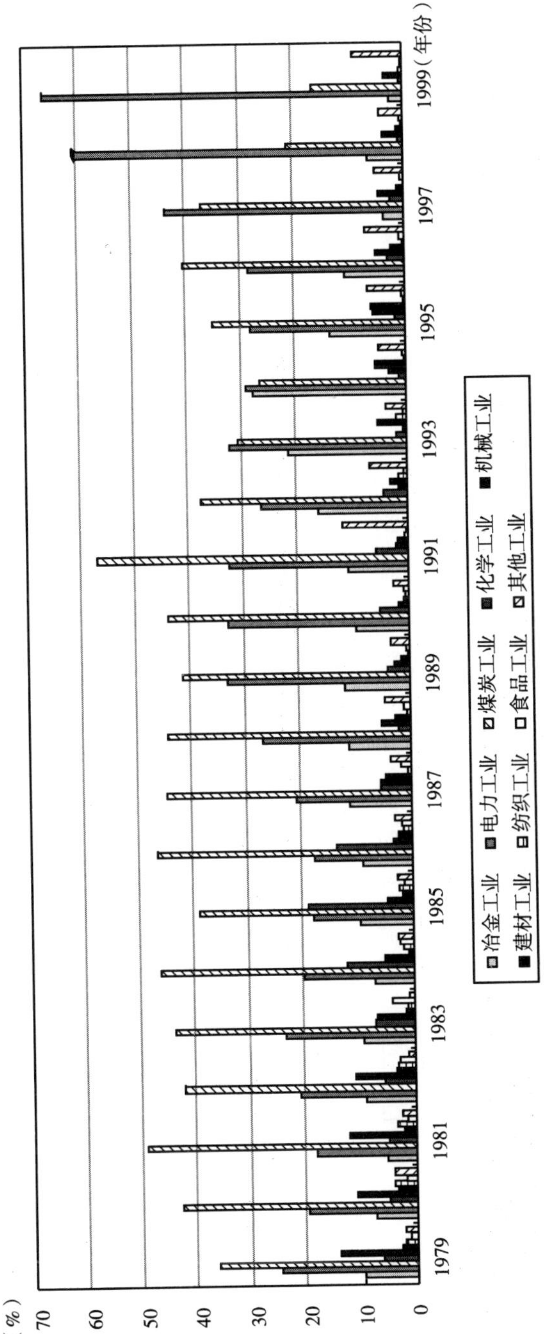

（a）1979~1999年工业行业基本建设投资情况

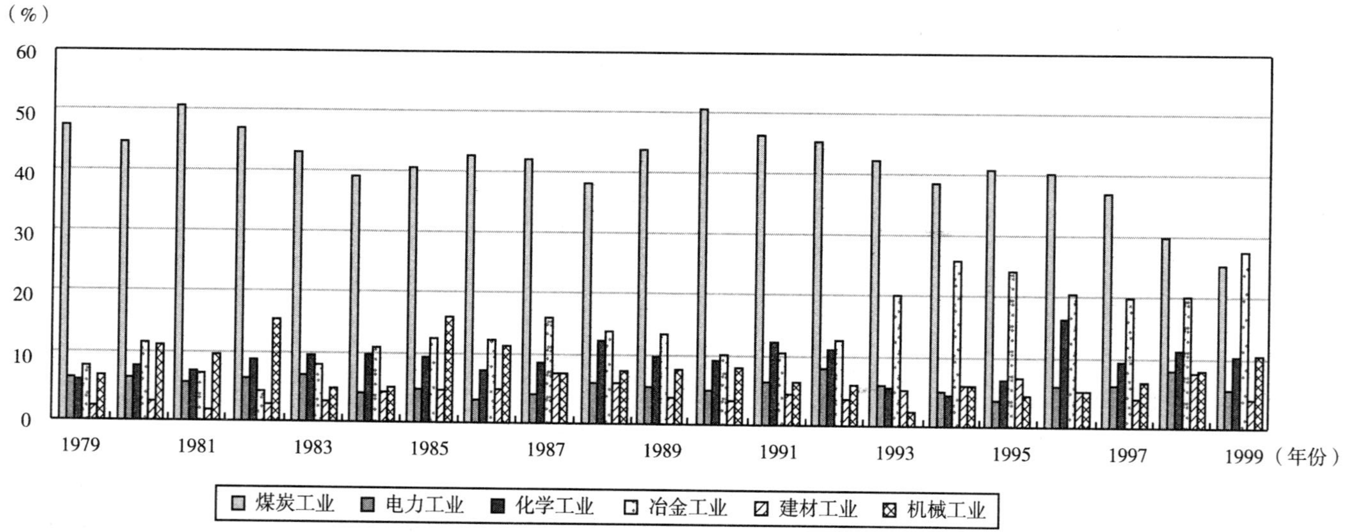

（b）1979~1999年山西工业主要行业更新改造投资

图4－7　1979～1999年山西工业主要行业投资结构变迁情况

资料来源：根据各年份《山西统计年鉴》计算而得。

建设投资最多的机械工业在这一时期投资比重仅有 5.50%，位列第四。从更新改造投资来看，煤炭行业依然是最大的投资行业，期间平均更新改造投资额达到了工业更新改造投资额的 42.14%，其次是冶金工业，达到 15.32%，排名第三的是化学工业。

这一时期山西工业行业投资结构变迁给山西主要行业带来了不同程度的发展：

第一，能源工业的发展。能源工业是投资的重中之重。煤炭和电力两大行业在基本建设投资中占据了近七成的投资份额，在更新改造投资中占据了近五成的份额，如此之大的投资规模给山西培育了一个非常突出的支柱性产业——能源工业，这一产业的产值占到了山西全部工业产值的三成以上，能源重化工基地的特征已经凸显。1992 年以前，山西用于煤炭工业基本建设的投资比例明显多于电力工业，1993 ~ 1996 年间两大行业的基本建设投资比例此起彼伏，1997 年以后，电力工业的基本建设投资明显多于煤炭工业，1998 年和 1999 年两年电力工业的投资份额都在 60% 以上，而更新改造投资方面，煤炭工业的投资远远要多于电力工业的投资，这也说明山西煤炭工业是规模扩大与内涵式生产共同发展，电力工业则以规模扩大式发展为主；与煤炭和电力行业相比，焦炭行业的投资比重是非常小的，即使在投资最多的年份 1999 年，其占能源投资总额比重都不超过 5%。较大的基本建设投资也带来的较大新增生产能力，1998 年以前山西新增发电机组容量保持在 50 万千瓦以下，1998 年迅速上升至 80 万千瓦；而原煤的新增开采量由“七五”和“八五”平均每年新增 700 万吨以上，1996 年以后下降为 400 万吨左右，1998 年新增生产能力只增加了 173 万吨；焦炭的投资比例虽然较小，但其新增产能“八五”以前的不足 10 万吨增加到 20 万吨以上，1997 年新增产能更是达到了 64 万吨[①]。能源工业中煤炭、电力等行业的投资变化，使能源工业结构发生了较大变化：煤炭产值在山西能源产值中的比重由 1979 年的 83% 下降到 1998 年的 56.5%，电力行业的产值比重基本保持在 20% 以下，而焦炭行业的产值比重则由 1979 年的 0.8% 上升到 1998 年的 24.9%；能源加工转化率也得到了提高，从 1979 年的 12.5% 上升到 1998 年的 42.89%，用于

① 基本建设新增生产能力的数据来源于《山西五十年》，中国统计出版社，1999 年，第 209 页。

发电、供热、炼焦、制气和洗选加工，且原煤用于加工的投资产出效率也由1978 年的 56.74% 提高至 1998 年的 82.58%。山西对能源工业的投资为全国的经济建设做出了巨大贡献，为全国 26 个省市供应煤炭，煤炭的外调量占到全国的 1/3 以上；京、津、唐地区的供电也主要来自山西。

第二，冶金工业的快速发展。1979 ~ 1999 年，冶金工业累计完成固定资产投资 230.5 亿元，比前 29 年增长了 7 倍之多；冶金工业的基本建设投资受国家投资政策的影响在 20 世纪 80 年代中期以前受到压缩，1987 年以后投资开始增加，但 1995 年以后又出现了快速下降，总体看这一时期，冶金工业的基本建设投资位居煤炭工业和电力工业之后排名第三；冶金工业的更新改造投资则位于煤炭工业之后排名第二，特别是 1993 年以后，用于冶金工业的更新改造投资一直保持在山西工业更新改造投资总额的 20% 以上，更新改造投资的增加，意味着山西冶金工业由改革开放前的规模扩大式建设转为内涵式扩大发展，意味着冶金工业的投资注重提高工艺水平、技术水平和开发新产品。在较多的投资下，山西冶金工业取得了突出的成就：冶金工业的增加值 1993 年以后在山西工业增加值中的比重保持在 20% 以上；冶金工业的主要产品销售收入增长 17 倍，其中钢铁工业增长 16.9 倍，有色金属工业增长 18.8 倍①。

第三，化学工业的发展。能源重化工基地建设本应该是能源与重工业、化学工业发展的基地建设，尽管山西化学工业的发展战略是“依托煤炭资源优势，发展现代煤化工，走新型工业化道路”，以煤化工为主的化学工业也得到了快速发展，但化学工业的发展在山西的地位却远不如能源工业。这一时期，化学工业的基本建设投资除 1984 ~ 1986 年占到工业基本建设投资额 10% 以上外，其他年份的投资比重均小于 10%，1998 年和 1999 年这一比例不足 1%；更新改造投资方面，山西用于化学工业的投资虽然仅次于煤炭工业和冶金工业，但平均投资比重也不足 10%。化学工业投资较少，一批老化工企业如山西焦化厂、山西化工厂、太原化工厂、山西农药厂等大型化工企业进行了技术改造，兴建了以煤为原料的亚洲最大的山西化肥厂，形成了大中型骨干企业为中心但仍以分散的中小企业为多的化学企业群体；投资方向

① 王俭平、丁学智，《山西当代产业发展研究》，中国经济出版社，2007 年，第 163 页。

是以化肥、化学矿开采、化学农药加工等初级化学产品为主，比重高达 70% 以上，而高附加值的、高技术含量的精细化工不到 10%。尽管如此，山西的化学工业还是在有限的投资中不断发展壮大，到 1999 年，山西形成了具有综合功能的太原化工集团、以焦化系列产品为主的山西焦化集团、以复合肥为主的无机煤化工集团、以无机盐为核心的有机化工集团、以无机盐系列和日化系列为主的南风集团及以化肥为主的丰喜肥业集团等六大基地，一些化工产品还在国际市场上具备一定的竞争力，如南风集团的日化产品，临汾染化集团的硫化染料和桃红。

第四，机械工业的发展。机械工业在 1978 年以前是山西工业基本建设投资最多的行业，初步形成了门类较齐全、工艺较完善，有一定规模、技术水平和开发能力的行业，在全国同行业中居中上游水平，但 80 年代后，退居成全国下游水平，与这一时期机械工业的投资规模波动较大有关。机械工业在山西工业基本建设投资的比重从 1982 年以后再也没有超过 10%，1993 的比重不足 1%，期间其平均基本建设投资位居主要工业行业投资比重的第四，只有 5.5%,；更新改造方面的平均投资比重也不超过 10%。投资规模减少，使得 80 年代开始机械行业对行业投资结构做出了一些调整，主要是将过去服务于冶金矿山改变成“服从服务于能源重化工基地建设”，集中力量发展煤机产品、输变电设备、重型矿山机械和载重汽车四大类机电产品。山西机械行业通过加大技术引进和技术改造，在有限的投资下，经过 20 多年发展，形成了一批有实力的产品和企业，如以榆次液压集团公司为代表的液压元件处全国领先地位，以太原矿山机器公司为代表的煤矿机械品种多种多样，以太原刚玉为代表形成我国棕刚玉生产基地之一，以太原锅炉集团为代表生产的、技术国际领先的节煤环保工业锅炉，等等。

在以煤炭开采为主的投资结构变迁下，山西其他行业的投资都受到了不同程度的压缩。尽管在 20 世纪 90 年代后期山西开始了产业结构调整，但到 20 世纪结束时，山西依旧是“一煤独大”，山西的优势产业和优势产品都与“煤”有着紧密的关系，且产品以初级结构特征明显，1998 年，山西规模以上工业企业总产值中，以矿产品为主体的初级产品占到 23.9%，初加工产品和原材料产品占到 50% 左右，而化纤、电子、电气、仪表等现代行业在工业总产出中的比重不到10%[1]，相应精加工的、高附加值的产品如石油制品、机电产品和纺织服装等对外依赖性是较高的。但山西的工业还是在这样投资结构下，逐步培育和形成了煤炭及焦化工业，电力工业，以特殊钢和铝及铝型材加工为主的冶金工业，建筑建材工业，以重型矿山设备、运输设备及汽车零部件为主的机械装备工业，等等；这些行业打造出的优势产品在国内国际市场上的优势非常明显，如山西焦炭出口量占世界焦炭贸易量的一半左右，太谷玛钢管件市场占有率达60%，不锈钢占全国产量的30%以上，氯丁橡胶产量占全国的60%，等等。

4. 第三产业内部产业投资结构变迁。

随着经济、社会的发展以及人民生活生产的需要，这一时期第三产业传统的一些行业有快速发展之外，金融保险、房地产、广播电视、信息咨询等新型服务行业发展有了质的突破，由于投资不断的增加和内部投资结构的变化，第三产业内部正向多元化、合理化演变。

第一，传统第三产业的支柱产业仍是投资重点，依旧呈现出为物质生产部门服务的特点。由图4－8可以看出，交通运输邮电业一直以来都是山西第三产业投资最多的行业，20年来平均占到山西基本建设投资总额的18%以上，平均占到山西更新改造投资总额的9.9%，无论是基本建设投资还是更新改造投资交通运输邮电业都是第三产业中投资最多的行业；1994年以前，交通运输邮电业的基本建设投资不足20%，此后，其投资规模迅速增大，比重占到了20%以上，1995年、1998年和1999年投资比重超过了30%；1993年以前，用于交通运输邮电业更新改造的投资不足此类投资总额的10%（1979年除外），1993年以后更新改造投资规模加大，其比重达到了10%以上，1994年、1998年和1999年其比重超过了20%。交通运输行业，是能源重化工基地建设不可缺少的重要组成部分，是服务于能源重化工基地建设的，因此成为这一时期的投资重点。山西交通运输行业的投资集中于铁路和公路的建设、改造及维护方面，航空运输建设也有了一定发展。长期以来，山西交通运输建设一直以铁路投资为主，铁路基本建设投资1993年以前均达到交通运输投资总额的70%以上，最高达到90%以上；1993年以后，随着山西

---

① 《2000年山西经济年鉴》，第38页。

“三项建设”的开展，山西组织开展了规模宏大的公路建设，公路基本建设的投资比重也在不断的上升，1996 年公路基本建设投资规模首次超过了铁路投资，并在接下来的 1997 年、1998 年和 1999 年公路基本建设投资在交通仓储邮电的投资比重达到了 60% 左右；在高投入下，1994 ~ 1999 年 6 年间，全省新增公路 2. 01 万多公里，新增高速公路 309 公里，每百平方公里平均里程从 1994 年的 20. 9 公里增长到 1999 年的 79. 8 公里，而同期铁路的营业里程只增加了 181 公里，铁路每百平方公里平均里程在 1994 ~ 1999 年没有发生变化。邮电业方面，90 年代以前邮电业的投资一直在交通邮电业的基本建设投资中的比重是较少的，徘徊在 5% 左右；90 年代以后，山西邮电业加大了投资力度，在交通邮电业的基本建设投资的比重超过了 5%，个别年份还超过了 10%，邮政业和电信业在这一时期都呈现出快速的发展；电信业依靠国家政策、科技进步以及山西政府的大力支持，引进国内外先进的通信技术和设备，得到了快速发展，1990 ~ 1995 年，山西各国外贷款 2. 3 亿美元，累计投资 40. 1 亿元，建成一个交换以程控为主，传输以数字为主，无线有线交融，天上地下并行，遍布山西城乡，贯通国内外的现代电信网，通信能力显著增强；邮政业经过 20 年发展形成了以现代化交通工具为主的、四通八达的邮政通信网络，1999 年全省的邮运网路长达 19. 7 万公里，是 1952 年的 2. 8 倍。另外，商业粮食物资金融方面的基本建设投资也较多，这也是为了能源重化工基地建设的需要，其投资比重波动不大，基本保持在山西基本建设投资总额的 3% 左右和更新改造投资总额 1. 5% 左右。

第二，以房地产业、旅游业为代表的社会服务业（城市建设）的投资比重与交通运输邮电业相比是非常少的，但比改革开放前投资比重有了显著增加，其基本建设投资比重平均为 2. 16%，在第三产业行业投资中排第三位，更新改造投资比重为 3. 57%，排第二位。从图 4 - 8 中可以看出，在 80 年代中后期（1988 年）以前和 90 年代后期（1997 年以后），山西社会服务业（城市建设）的投资是相对较多的时期，一方面是因为在 80 年代中后期以前由于国家经济调整的政策以及山西自身的住房问题，投资注重了居民住房建设问题[①]，这一部分的基本建设投资和更新改造投资并没有减少，相应还有

① 《全省住宅建设投资突破两亿元》，《山西日报》，1980 年 1 月 3 日，第 1 版。

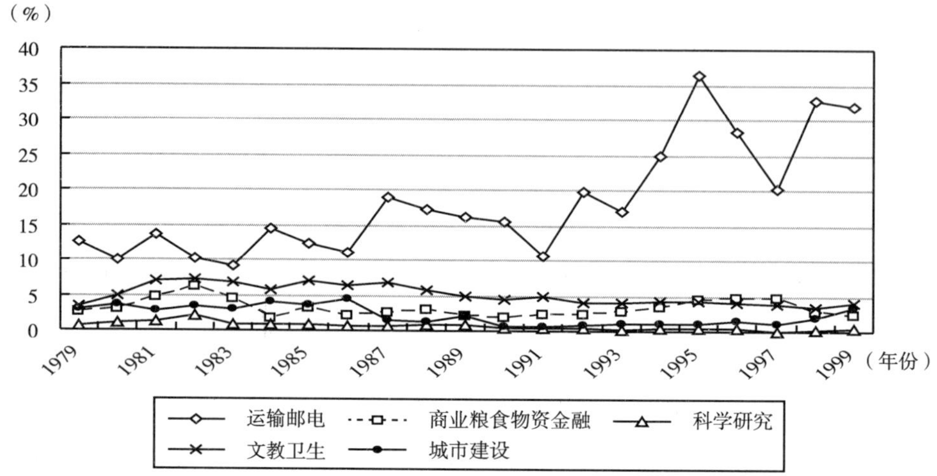

（a）1979~1999年第三产业基本建设投资情况

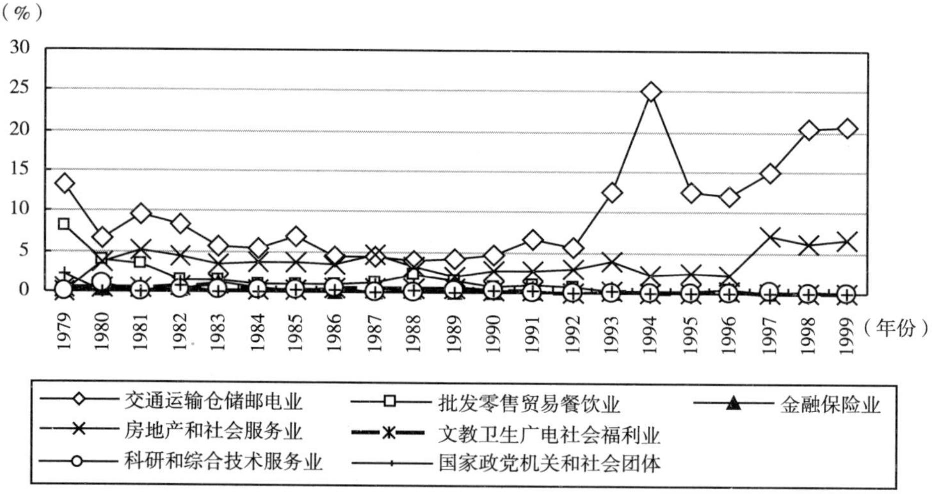

（b）1979~1999第三产业更新改造投资情况

图4－8　1979～1999年山西第三产业投资结构变迁情况

资料来源：历年《山西统计年鉴》和《山西五十年》相关数据整理计算而制。

所增加①，城镇建设也相应的加强②；另一方面，90 年代国家出台了一系列政策规定，要实现住房商品化、社会化③，并从 1998 年开始停止住房实物分配④，因此山西房地产开发投资迅速增长，特别是住宅建设投资，1999 年房地产实际完成的投资额是 1995 年的 2.3 倍，其中商品住宅的投资额是 1995 年的 2.5 倍，房地产 1999 年新增固定资产是 1995 年的 2.8 倍，商品住宅销售面积是 1995 年的 1.55 倍，在快速发展的房地产业带动下，涉及房地产开发各个环节的房地产经营、咨询、评估以及物业管理等相关服务业也应运而生。除房地产外，旅游业在这一时期也经历了起步发展时期。旅游产业的发展是随着人民收入水平和生活水平不断提高对旅游业的需求越来越多、越来越高的条件下发展的，1995 年以前是山西旅游业形成时期，1995 年后开始才进入起步发展时期。90 年代中期以前山西的旅游投资是以政府为主的，以后企业或个人投资旅游业增加，“九五”期间，社会投资占山西旅游业投资的 72.67%。旅游业的发展带动了相关住宿、餐饮、景点接待等服务行业的发展，这些行业的投资进一步增加，特别是住宿业的投资，一直以来在社会服务业投资中的比重都是最高的，达到了三成以上。

第三，科教文卫的投资比重较为稳定。这一时期，山西第三产业基本建设投资中对科教文卫的投资仅次于交通运输邮电业的投资，平均投资比重达到了 5.6%，更新改造投资的比重相对较少。80 年代，山西对教育的投资相对较多，投资在基本建设投资总额的比重超过 5%，这是因为十一届三中全会确立了教育优先发展的战略地位，党的十二大确定“教育是今后社会主义现代化建设的三大战略重点之一”，党的十三大提出“把发展科学技术和教育事业放在首要位置……”因此，山西各级政府高度重视教育投资，财政经费中每年都会拔出一大批资金用于加强学校基本建设，改善办学条件；这一时期山西的卫生事业进入一个新的发展时期，投资力度不断加大，各级各类医院、门诊部、卫生所、各级卫生防疫站、妇幼保健机构、高等医学院校、中等卫生学校、医疗科研机构、药品检验机构等遍布全省。

---

① 《我省城镇去年新建住宅一百多万平方米》，《山西日报》，1980 年 2 月 17 日，第 1 版。
② 《我省小城镇建设在调整中前进》，《山西日报》，1981 年 8 月 9 日。
③ 详见《关于深化城镇住房制度改革的决定》，1994 年 7 月 18 日，国务院下发。
④ 详见《国务院关于进一步深化城镇住房制度改革加快住房建设的通知》，1998 年 7 月 3 日。

4.2.4 山西产业地区投资结构变迁

山西固定资产投资在11个地市的分配结构依旧是不均衡的（见图4－9）。

太原市的固定资产投资额在山西固定资产投资额的中比重依然保持最多的地位，基本保持在20%以上，主要是因为太原是山西的省会城市，而且太原也是重化工工业城市，许多大中型企业都在太原，因此山西固定资产投资倾向于太原；太原工业形成了冶金、能源、化工和机械四大支柱产业，城市建设及综合服务功能不断提高，太原不仅是山西的交通枢纽，也成为华北地区重要的交通枢纽之一。大同有“煤都”之称，在改革开放前就形成了以煤炭生产和矿山机械为主的工业体系；改革开放后，在山西能源重化工基地建设下，大同经济建设加快，上马了一些电力、煤炭、交通运输方面的大型项目，带动了其固定资产的投资，在山西各地市固定资产投资中仅次于太原位居第二；大同形成了一个以煤炭、电力为支柱，以机械、化工、食品、建材、医药等为辅助的比较齐全的工业体系，据统计，全国有20个省、区、市的2800多家大中型企业使用的煤炭都是大同煤炭。阳泉也是山西重要的能源重化工城市之一，是无烟煤生产基地，其固定资产投资在山西的比重除个别年份略微超过10%外，绝大部分年份均在10%以下，但从投资规模上看，1993～1999年的投资总额达到了该市这一时期投资总额的58.3%；农业方面，阳泉初步形成了粮食、林果、畜牧、蔬菜、水产五大基地；工业方面除无烟煤外，电力工业发展迅速，并初步形成了以磁性材料、基础化学材料、碳素材料及高耗能合金材料为主的新型材料工业。长治的固定资产投资主要也集中在工业上，但是长治在注重重工业投资时也注重了轻工业的投资，因此长治不仅是能源重化工基地，也是山西的轻工业基地；在固定资产投资的带动下，长治已经形成全省农业商品基地和门类较为齐全的以能源、化工、机械为的工业，城市建设日新月异，道路四通八达，公共设施日趋完善。晋城改革开放后的固定资产投资规模达到了其新中国成立后投资规模的97%以上，一批工农业基础设施在这一时期先后建设投产，形成了以煤炭、化工、冶金、建材、轻纺、农副产品加工为主导的地方工业体系，还成为国家化肥和化工原料煤基地；城市建设成绩突出，基础设施改善明显，多次被评为全国卫生城市，一批交通干线投入通车，实现高速公路零的突破。晋中在山西固定资产投资的比重不足 5%，其投资比重较高的年份是在 90 年代以后，其中 1993～1998 年的投资规模占到了新中国成立后晋中总投资规模的 67.3%，初步建立了以煤焦、纺织、机械、建材、电力为主的工业体系，其焦炭产量全省第一，玛钢产量占全国的 1/3，是全车第二大胶丸生产基地，手工吹制的玻璃器皿在全国也占有重要地位。吕梁二十年来在山西固定资产投资的比重平均为 4.33%，以能源重化工基地建设为重点，经过“六五”和“七五”倾斜式的投资，以资源优势为依托的重工来得到了较快的发展，形成了煤焦、电力、冶金、酿造、建材、机械、化工等门类齐全的工业体系。临汾在山西这二十年固定资产投资的平均比重为 5.37%，特别是 90 年代以后在山西的投资比重进入一个上升期，二十年的基本建设投资规模是改革开放前三十年的 6.3 倍；以资源为优势，临汾加大工业投资力度，形成了以煤炭、电力、化工、冶金、机械、轻纺、建材、食品等具有一定现代化水平的工业支柱产业；基础设施建设也取得了重大成就，仅交通运输的基本建设投资累计达到 14.5 亿元，占到同期全市基本建设投资总额的 14.2%，有效缓解了“瓶颈”的制约。运城这一时期在山西固定资产的投资平均比重为 6.77%，其投资总额相当于改革开放前的 13.2 倍，平均每年增长 16.8%，其中基本建设投资平均每年增长 16.2%，更新改造投资平均每年增长 18.6%，形成了以化工、机械、食品、纺织、制版、电气和有色金属为主的工业体系。朔州固定资产投资比重较高的年份出现在 1984～1987 年，正是山西能源重化工基地开始大规模建设时期，中国第一个中外经济合作项目——安太堡露天煤矿就是在这一阶段投产建成的；尽管朔州在山西固定资产投资的比重较小，二十年来平均只有 4.21%，但其投资规模却在不断扩大，其投资规模是改革开放前的 7.1 倍，年均投资规模是改革开放前的 9.2 倍。在所有地市中，忻州是占山西固定资产投资比例最小的城市，平均比重不足 2.5%，这是与忻州产业特点相关的，忻州这一时期工业以煤炭开采、冶金工业和机械加工业为主，除煤炭工业外，其他工业在山西能源重化工基地建设期基本建设投资都被压缩，因此其固定资产投资规模较小。

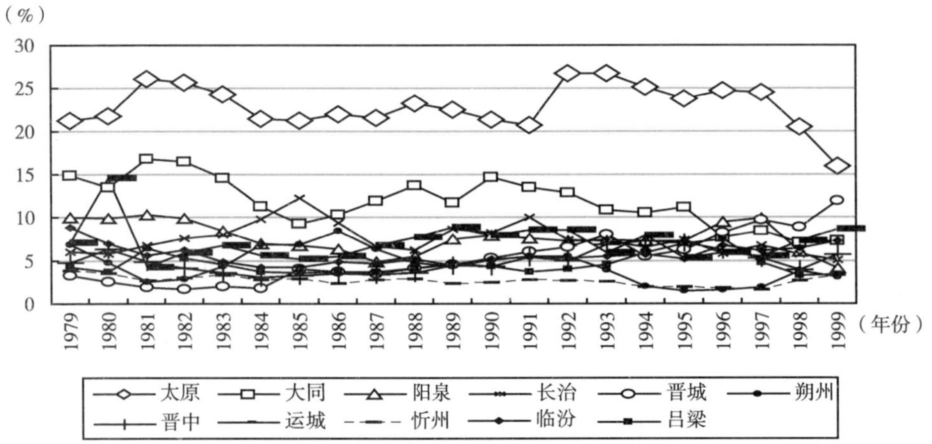

图4－9　1979～1999年山西11个地市的固定资产投资结构变迁情况

资料来源：根据《辉煌山西60年》整理计算而得。

4.3　1979～1999年山西产业投资结构变迁的因素分析

随着中国经济体制的改革和上一时期投资的沉淀，这一时期影响山西产业投资结构变迁的因素出现了一些变化。

4.3.1　主要影响因素分析

改革开放后，我国投资领域方面也开始向市场化方向发展，山西的产业投资结构更加凸显了能源重化工的特点，其主要影响因素有：

1. 资源因素。改革开放前，山西已经走上了工业化发展道路，而且重工业成为山西工业的支柱。这一时期资源依旧主导着山西产业投资结构，能源重化工就已经定位了山西的产业投资结构。

2. 政策因素。这一时期，山西产业投资结构以能源重化工产业为主，主要是国家及山西省政府将山西定位于国家的能源重化工基地，因此，在政策的引导下，山西产业投资结构继续向能源重化工倾斜，特别是煤炭产业的投资，在能源重化工基地建设的初期和中期，其在山西产业投资中的地位是其他产业望尘莫及的。

3. 需求因素。在国家的能源消费结构中，煤炭的消费基本占据了七成左右的比例，而山西是我国煤炭的主要供应地之一，因此国家对煤炭的需求量及对能源的需求结构都会影响山西的产业投资结构。需求因素的变化在这一时期给山西产业投资结构变化带来的影响是明显的，特别是能源重化工基地建设的后期，山西省政府在市场对能源需求结构变化的情况下，调整了山西产业结构，能源重化工基地建设中减少对煤炭产业的投资，加大了对电力产业的投资（主要是火力发电），使得山西产业投资结构特别能源产业投资结构出现了明显的变化。

4. 技术因素。这一时期，山西产业投资结构中用于更新改造的投资明显增加，山西固定资产投资方面用于基本建设的投资与用于更新改造的投资比例在 1979 年时达到 4 倍以上，随后开始下降，在 1987 ~ 1996 年间保持在 2.3 倍左右，1997 年以后，由于电力投资的增加，而且电力投资多为新建和扩建，因此两者的比例上升至 3 倍以上。这也说明了山西产业投资结构变化中技术因素较改革开放前有了较多的影响。

5. 沉淀投资。这一时期，国家对山西的预算内投资总额是在不断下降的，但是基本用于了煤电等大型项目，对山西其他产业的投资产生了带动作用，而且由于山西新的产业尚未形成，因此过去的沉淀投资影响还是较大的。

4.3.2 1979 ~ 1999 年山西产业投资结构投资结构变迁因素——基于因子分析法的计量分析

如前所述，本书将影响山西产业投资结构变迁的因素分析为五个因素，即自然资源因素、政策因素、沉淀投资因素、需求因素和技术因素。在山西产业投资结构变迁过程中，这五个因素对山西产业投资结构的影响程度的变化决定着山西产业投资结构的变化。为了更好地对这五个因素的影响程度进行定量分析，本书采用 SPSS 统计软件对其进行分析，并分别用以下指标表示这五个因素：

自然资源因素（var00001）：（第一产业固定资产投资总额 + 能源产业固定资产投资总额）/当年山西全省固定资产投资总额；

政策因素（var00002）：重工业基本建设投资总额/当年山西基本建设投

资总额；

沉淀投资因素（var00003）：国家预算内投资总额/当年资金来源总额；

需求因素1（var00004）：山西能源外调量①/当年国家能源需求量；

需求因素2（var00005）：第三产业固定资产投资额/当年山西固定资产投资总额；

技术因素（var00006）：更新改造投资总额/当年山西基本建设投资总额。

1. 确定原始变量是否适合做因子分析。

采用Bartlett球体检验及KMO检验来确定原始数据变量是否适合做因子分析，结果见表4－1。KMO的值为0.692，且Bartlett检验给出的相伴概率为0.00，小于显著性水平0.05，因此适合于因子分析。

表4－1　　KMO和Bartlett的检验

取样足够度的Kaiser-Meyer-Olkin度量		0.692
Bartlett的球形度检验	近似卡方	74.770
	df	15
	Sig.	0.000

2. 原变量被公因子解释比例。

从表4－2（公因子方差）中可以看出，原变量被公因子解释比例都较高，除了公因子可解释79.6%的自然因素外，公因子对其他因素的解释均在80%以上。

表4－2　　公因子方差

	初始	提取
VAR00001	1.000	0.796
VAR00002	1.000	0.939
VAR00003	1.000	0.845
VAR00004	1.000	0.908
VAR00005	1.000	0.954
VAR00006	1.000	0.822

说明：提取方法：主成分分析。

① 指一、二次能源外调量。

3. 方差贡献率。

从表 4 - 3（解释的总方差）中可以看出，前两个公因子总共解释了 87.74% 的总方差，而且各个公因子的特征根都大于 1，因此前两个公因子应选为解释山西产业投资结构影响因素的公因子且解释力较为充分。

表 4 - 3　　解释的总方差

成分	初始特征值			提取平方和载入			旋转平方和载入		
	合计	方差的 %	累积 %	合计	方差的 %	累积 %	合计	方差的 %	累积 %
1	3.831	63.849	63.849	3.831	63.849	63.849	3.825	63.748	63.748
2	1.433	23.890	87.739	1.433	23.890	87.739	1.439	23.991	87.739
3	0.409	6.810	94.549						
4	0.208	3.472	98.021						
5	0.089	1.484	99.505						
6	0.030	0.495	100.000						

从旋转成分矩阵中可以看出（见表 4 - 4），第一公因子对自然资源因素、政策因素和需求因素的载荷较大，第二公因子对社会沉淀投资因素和技术因素的载荷较大，因此，两个公因子分别表示了五大影响山西产业投资结构变迁的因素，具有较好的实际意义。

表 4 - 4　　旋转成分矩阵[a]

	成分	
	1	2
VAR00001	0.891	0.057
VAR00002	0.963	-0.103
VAR00003	0.458	-0.797
VAR00004	0.882	0.361
VAR00005	-0.968	0.127
VAR00006	0.423	0.802

说明：提取方法：主成分。旋转法：具有 Kaiser 标准化的正交旋转法。a. 旋转在 3 次迭代后收敛。

4. 影响因子因素比较分析。

根据成分得分系数矩阵计算可以看出（见表 4－5），第一公因子的影响得分要高于第二公因子的影响得分，说明在 1985～1999 年间，第一公因子是山西产业投资结构的主要影响因素，包括自然资源因素、政策因素和需求因素，其中从第一公因子的得分情况也可以看出，当表示自然资源因素和政策因素的指标出现下降时，当年第一公因子的得分就会下降，因此，自然资源因素和政策因素在第一公因子中的影响更大些；第二公因子在各年份的得分就比较小了，说明沉淀资本投资因素和技术因素对山西产业投资结构变化的影响是较小的。

表 4－5　　1985～1999 年两个公因子得分结果

年　份	Fact1	Fact2
1985	0. 29	－0. 14
1986	0. 32	－0. 17
1987	0. 3	－0. 14
1988	0. 3	－0. 07
1989	0. 32	－0. 1
1990	0. 34	－0. 08
1991	0. 35	－0. 07
1992	0. 31	－0. 05
1993	0. 28	－0. 04
1994	0. 25	－0. 04
1995	0. 22	－0. 02
1996	0. 24	－0. 03
1997	0. 25	－0. 01
1998	0. 20	－0. 02
1999	0. 21	－0. 03

4. 3. 3　结论

在这一阶段，影响山西产业投资结构变化的主要因素分成了两类，一类是自然资源因素、政策因素和需求因素，这三个因素对山西产业投资结构变迁的影响在这一时期是非常大的。另一类是社会沉淀投资（已有的投资）和技术因素对山西产业投资结构变迁的影响较小，特别是技术因素，影响基本可以忽略，这是非常不合理的，因为经过山西产业投资结构形成期，山西产业投资已经具备一定规模，很多行业已经具有一定的规模效益，进一步的发展需要加大技术投资，加强技术改造，从而提高行业总体效益，但是显然，这一阶段山西产业投资结构是忽略技术因素的；此外，与上一阶段相比，沉淀资本投资因素的影响在下降，这主要也是因为山西在改革开放前就已经形成了当前的产业投资结构，这一阶段的沉淀资本投资不仅比重在减少，而且对这一时期山西产业投资结构的变化影响很小。

4.4 1979～1999年山西产业投资结构变迁的效果评价

4.4.1 三次产业投资结构变迁对山西经济增长的总体贡献

投资必然推动经济增长，但是投资规模大小对推动经济增长的作用是不同的，这就缘于投资结构的变化。

山西1979～1999年二十年投资规模总体是在不断增长的，推动山西经济也出现了较快增长。山西固定资产投资规模从1979年的232713万元增长到1999年的5753507万元，二十年增长了24.7倍，全省国民生产总值从1979年的106.4元增长到1999年的1667.1亿元，增长了15倍之多，生产税净额则增长了近17倍；人均国民生产总值从1979年的442元增长至1999年的5230元，增长了近12倍；1979～1998年，山西固定资产投资每年平均增长17.43%，同期国民生产总值年均增长8.98%。研究指出，1979～1994年，“山西全社会固定资产投资与国内生产总值的相关系数高达0.9841，为高度密切相关”①，这也说明山西的经济增长主要是靠固定资产投资带动；同时，研究还指出，“1982～1993年，山西资本系数为5.33，相当于全国平均水平

① 王树静、荣彤、叶焕民等，《山西投资研究》，中国轻工业出版社，1996年，第11页。

的 1.35 倍……山西的投资效果水平仅相当于全国平均水平的 73.6%”①，说明山西高投资、低产出，属于粗放型经济增长。在较大的投资规模下，山西投资效果却较低，除了技术水平、劳动力生产率等因素外，最有可能影响投资规模效果的就是投资结构，因此，第一、二、三大产业部门之间及部门内投资效果不佳，导致山西 GDP 在全国名次不断后移，在一定的技术水平条件下，最有可能是由投资结构及其变迁引起的。

那么山西的产业投资结构变迁对山西经济增长究竟有多大贡献？引入一个评判指标：投资结构变迁所产生的经济效益，这个指标都是从总体上测算投资结构变化所产生的后果，其公式为：投资结构变迁所产生的经济效益 =（报告期每个产业的投资比重 × 报告期每个产业的产值比重）－（基期每个产业的投资比重 × 基期每个产来的产值比重）－余项②，余项是指除了投资结构以外引起经济增长的那些因素，这里忽略不计。

由于投资结构变迁所对经济增长所形成的影响不是立竿见影，而是有一定的滞后，本书以 5 年为一周期（与国民生产五年计划相一致），以上一个五年计划的平均值作为基期、本期五年计划的平均值作为报告期来测度本期产业投资结构变化所产生的经济效益，结果（见表 4－6）显示：1981～1985 年第六个五年计划期间，山西的三次产业投资结构变动对山西经济增长的影响是比较大的，达到 0.1128，说明这一时期产业投资结构的变化所产生的经济效益好于“五五”时期的投资结构；1986～1990 年以及 1991～1995 年即“七五”和“八五”间，山西的三次产业投资结构就表现出不合理，对山西经济增长产生负面的影响；1996～1999 年“九五”期间，由于山西进行了产业结构调整，因此“九五”时期的产业投资结构变化所产生的经济收益由负变正，但是还远不及 1981～1985 年的经济收益。从三次产业分别引起的投资结构变化产生的经济效益来看，第一产业投资结构变化产生的经济效益从 20 世纪 80 年代中期开始就变成为负效益，这是因为山西对第一产业的投资在三次产业的投资比重和第一产业的产值所占的比例总体是下降的，除了 1981～1985 年的投资比重比 1976～1980 年略有增长，且山西第一产业投资在山西

---

① 王树静、荣彤、叶焕民等，《山西投资研究》，中国轻工业出版社，1996 年，第 11～12 页。

② 公式的推导过程及思路详见：戴玉林，《投资结构论》，中国金融出版社，1995 年，第 136～137 页。

产业投资中所占的比重与山西第一产业产值在山西国民经济总产值中的比例是沿同一方向和趋势变化的，所以提高第一产业的投资比重对增加第一产业的产值是非常重要的；第二产业的投资结构变化产生的经济效益只有在1986 ~ 1990 年五年是正效益，其他三个阶段都是负效益，这是因为包括工业在内的第二产业投资比重一直以来在山西产业投资比重中都是最高的，1986 ~ 1990 年五年间第二产业的投资比重高达 60% 以上，较上一个五年上升了近三个百分点，同期的第二产业的产值比重只是比上一阶段下降了一个百分点，而其他阶段的第二产业投资比重并未超过 60%，与上一个阶段相比下降幅度较大，且 20 世纪 90 年代以后第二产业的投资比重出现了明显的下降，此外，第二产业的产值比重在这四个阶段中也出现了不断的下降，特别是 90 年代以后，第二产业的产值比重不足山西国民生产总值的一半，但是与其他三个阶段不同的是，在 1996 ~ 1999 年间，山西第二产业的投资比重数值开始小于了第二产业的产值比重，说明山西第二产业的投资比前三个阶段带来的回报（即产值）增加了，山西第二产业的投资正由规模型扩张向内涵式扩张转变，这是得益于这一阶段山西实行的产业结构调整；第三产业投资结构变化产生的经济效益在这四个阶段均为正效益，一方面山西第三产业的投资比重在四阶段中为上升趋势，其产值所占山西国民经济总产值的比例也从 80 年代初的 20% 增长到了 90 年代末的 40% 以上，可谓是山西最具活力的产业，但第三产业的投资在山西产业投资中的比重是高于其产值所占比重的，说明山西第三产业在 1981 ~ 1999 年正处于规模扩张时期。

表 4 –6　　山西产业投资结构变化所产生的经济效益

时　　间	1981 ~ 1985 年	1986 ~ 1990 年	1991 ~ 1995 年	1996 ~ 1999 年
山西产业投资结构变化产生的经济效益	0. 1128	-0. 0969	-0. 0101	0. 0022
第一产业投资结构变化产生的经济效益	0. 1303	-0. 1328	-0. 0007	-0. 0016
第二产业投资结构变化产生的经济效益	-0. 0309	0. 013	-0. 0513	-0. 0574
第三产业投资结构变化产生的经济效益	0. 0134	0. 0229	0. 0419	0. 0612

资料来源：数据由《辉煌山西 60 年》相关数据计算而成。

4.4.2 各个产业部门投资结构变迁的效果

上述内容只是从整体方面对三次产业的投资结构变化对山西经济发展做了分析，然而三次产业的投资结构变化对经济发展的影响是因为在各自产业中对不同部门的投资结构引起的，因此还需要对产业部门投资结构变迁的效果进行研究才能分析出经济领域各部门对经济增长的贡献。

各产业部门的投资结构变迁收益＝报告期各部门每万元固定资产投资原值实现的产值×各部门的固定资产投资比重－基期各部门每万元固定资产投资原值实现的产值×各部门的固定资产投资比重－余项（设为常数，忽略不计）①。山西产业部门的投资随着山西经济发展政策和需要有较高的集中性，第二产业中工业的投资是投资的重点，特别是重工业部门，因此，本书选择轻工业和重工业的投资结构收益作为研究对象②。结果（见表4－7）表明：1982～1987年间，山西全民所有制企业轻重工业投资比重的变化产生11.54元的产值的减少和4.67元税收的减少；1990～1995年，山西独立核算的工业企业中轻重工业投资比重的变化产生0.96元的产值的增加和1.82元税收的增加；1995～1999年，山西独立核算的工业企业中轻重工业投资比重的变化产生16.89元的产值的减少和3.83元税收的减少；1990～1995年，轻工业内部投资结构变化所带来的轻工业产值变化和税收变化都为正，而1995～1998年则均为负值，且产值变化幅度较大；1990～1995年重工业投资结构变化引起的重工业产值变化和税收变化也均为正值，山西重工业无论是产值变化还是税收变化均要高于轻工业的相应数据，这也说明了重工业在山西工业经济中的地位，但是1995～1998年，重工业投资结构变化引起的重工业产值和税收变化也出现了负变化，重工业税收变化幅度较大。1995～1999年正是山西产业结构调整时期，从前面的分析中可以看出，山西这一时期轻重工业内部投资结构都在进行调整，原有投资比重较多的产业都在减少其投资比重，投资比重新增加的产业其产值和税收尽管有所增长，却无法弥补投资比重下降产业所带来的产值及税收的减少，因此，20世纪90年代后半期山西工业

---

① 计算公式详见：戴玉林，《投资结构论》，中国金融出版社，1995年，第142页。

② 之所以只选择工业作为研究对象，还有一个原因就是没有农业和第三产业行业的相关数据。

投资结构变迁的效果是非常差的。

表 4－7　按现值计算的投资结构变迁贡献　　单位：元

	1982～1987 年	1990～1995 年	1995～1999 年
轻重工业投资结构变化引起的产值变化	－11.54	0.96	－16.89
轻重工业投资结构变化引起的税收变化	－4.67	1.82	－3.83

	1990～1995 年	1995～1998 年
轻工业投资结构变化引起的产值变化	0.63	－23.96
轻工业投资结构变化引起的税收变化	4.01	－1.87
重工业投资结构变化引起的产值变化	3.19	－8.92
重工业投资结构变化引起的税收变化	6.51	－2.88

说明：数据根据各年份《山西统计年鉴》中相关数据计算而成。1982 年和 1987 年数据为全民所有制企业数据；其他年份为独立核算的工业企业数据。之所以选择这几个年份作为样本，主要是因为每五年的时间被称为一个“五年计划”，但没有严格按照“五年计划”中的期初和期末年份，是因为统计数据获取不全。

山西产业投资结构变迁：
1950~2010年

Chapter 5

第5章　2000~2010年山西产业投资结构变迁

山西在经历了上一阶段的能源重化工基地建设的投资后，已有的产业结构在山西经济发展中产生了较多的问题，1996 年以后山西开始了产业结构调整，尽管调整力度有限，但却出现了初步的成效；进入 21 世纪后，山西进入了全面的产业投资结构调整时期。

5.1 2000～2010 年山西产业投资结构变迁背景

5.1.1 1979～1999 年山西产业投资结构变迁存在的问题

改革开放以来，国家为了尽快把山西建成能源重化工基地，给予山西能源、原材料等工业大量投资，这样的产业投资结构变迁给山西经济带来快速发展的同时，也为山西投资和经济发展带来了很多不合理的结构性问题，具体表现为：

1. 三次产业的投资结构更加倾向于第二产业，而第一产业和第三产业投资比重较低。

在山西三次产业的投资结构中，第二产业投资比重占据一半以上，第三产业紧随其后，第一产业一直在低点徘徊。这样的投资结构导致的结果是在山西经济发展过程中，农业基础地位不稳，交通运输邮电、科教文卫等第三产业发展滞后，第二产业中又存在因投资过多和市场需求等原因导致产能过剩，最终影响了山西三次产业的协调发展，整体影响了山西经济的发展速度。

2. 在工业投资结构变迁中，“超重”格局明显。

在山西的工业投资结构变迁中，重工业投资比重几乎就没有低于 90% 的年份，20 世纪 90 年代后这一比例一直保持在 95% 以上，可以说，工业投资结构中轻重工业的比例已经严重失调，这是这一时期山西产业投资结构变迁的又一个重要特点。工业投资结构“重重轻轻”，导致山西工业发展过程中牺牲了轻工业的发展，使得山西工业结构性收益不合理，工业总体经济效益下降，是山西经济发展速度落后于全国的重要原因之一。

3. 粗放型的产业投资结构变迁特征明显。

从基本建设投资和更新改造投资的结构比例关系变化可以看出，山西产业投资结构还有一个问题就是基本建设投资（即新建投资）比重要远远高于更新改造投资，说明投资以新上项目（增量投资）为主，而对原有项目（存量投资）的技术改造重视不够；在更新改造投资中，又以为增加产量的新建和扩建项目为主，且投资方向仍以能源、原材料工业为主，这与基本建设投资的方向是趋同的，进而说明山西的产业投资仍为外延式扩大，内涵式的投资还较少，也说明了技术改造或技术进步对山西产业发展、经济发展作用还较小。

4. 山西产业投资主体结构缺乏投资活力。

山西的产业投资主体结构仍以全民所有制经济体为主，非国有经济主体的投资地位依旧较弱，非公有经济体投资积极性不高，当然这与国家的投资体制有关，如非公有经济体投资领域存在准入限制，投资成本较高，融资难度大等原因有关，限制了非公有制经济体的投资。但山西非公有制经济体投资比例与全国相比是较为落后的，比全国平均水平低 15 个百分点，排名第 26 位，说明山西经济发展过于依靠国有企业，其他经济体缺乏活力，使得山西经济发展也缺乏活力。

这些产业投资结构中存在的问题导致了山西支柱产业单一、低端、超重，经济结构功能低下、效益低下，已经影响到自身资金的积累和投资能力，更影响到山西的经济发展。因此，如何解决山西经济中由投资结构引起的经济发展问题，成为山西产业投资结构全面调整期面临的新考验。

5.1.2 国家进一步深化投资体制改革

随着中国经济体制改革的不断深化与完善，为落实十六届三中全会通过的《中共中央关于完善社会主义市场经济体制若干问题的决定》的精神，中国的投资改革在这一时期出现了重大突破。

2004 年 7 月《国务院关于投资体制改革的决定》正式出台，在肯定以前的改革成绩的同时，主要是为了打破传统计划经济体制下高度集中的投资管理模式，初步形成投资主体多元化、资金来源渠道多元化、投资方式多样化、项目建设市场化的新投资格局。

紧接着，国家发改委等有关部委发布了一系列与国务院决定相配套的具体办法与措施。在投资主体多元化和资金来源渠道多元化方面，发布了《国务院关于鼓励、支持和引导个体私营等非公有制经济发展的若干意见》

(2005年2月24日)、《国际金融组织和外国政府贷款投资项目管理暂行办法》(2005年2月28日)、《关于鼓励支持和引导非公有制经济参与铁路建设经营的实施意见》（2005年7月）和《创业投资企业管理暂行办法》(2005年11月）等文件，基本上形成了由企业为投资主体的社会主义市场经济格局；同时，国家还对国有投资进行了一系列改革，《减持国有股筹资社会保障资金管理暂行办法》（2001年6月13日)、《企业国有资产监督管理暂行条例》(2003年5月27日）等，使得国有企业出现了产权主体的多元化。在投资项目建设市场化方面，发布了《企业投资项目核准暂行办法》(2004年9月15日)、《外商投资项目核准暂行管理办法》(2004年10月9日)、《中央预算内固定资产投资贴息资金财政财务管理暂行办法》和《中央预算内固定资产投资补助资金财政财务管理暂行办法》(2005年7月26日)、《财政部关于切实加强政府投资项目代建制财政财务管理有关问题的指导意见》（2005年11月12日）等，规范政府投资管理，改进对全社会投资的引导和调控。

5.1.3　山西省政府的投资政策措施

5.1.3.1　2000～2010年山西产业投资结构变迁中的调整方向与政策

党的十六大后，山西进入了全面建设小康社会的发展阶段。一方面，山西全面推进农村小康建设和社会主义新农村建设，大力开展了农村基础设施建设；另一方面，山西省委做出了建设新型能源和工业基地的重大决策，继续推进经济结构调整，继续开展基础设施建设和生态环境建设，大力发展文化产业，并提出了文化强省的战略①。

5.1.3.2　2000～2010年山西产业投资领域制定的政策及管理措施

在国家投资体制改革推动和山西经济发展的需要下，针对以往山西投资领域出现的问题，山西的投资政策和措施出现了一些新的动向。

1. 在投资管理体制方面，山西省政府提出：政府投资要逐步竞争性、经

① 详见《关于贯彻党的十六大精神，全面建设小康社会的意见》，中共山西省省委制定。

营性领域，使竞争性项目主要由企业通过市场融资投入为主；省和地市要进一步明确划分投资事权，减少拼盘项目；加强对建设资金的规范化管理，各类专项资金统一纳入投资计划管理，加强制约和监督；严格建设项目管理程序，做到依法行政；深化投融资体制改革，消除制约投资健康发展的体制性障碍，为此山西省专门制定了相关的配套文件，如《山西省企业投资项目备案管理办法》、《山西省企业投资项目核准目录》，等等。

2. 在投资方向方面，山西加强了产业指导，有重点地进行了产业投资结构调整。政府投资重点投向农林水利、科教文卫、环境保护及人民生活必需的基础设施和其他社会事业，并通过补助资本金的形式支持企业开拓高新技术产品和环保产业；基础设施建设仍旧是山西投资的重点，而且在基础设施建设投资上更加注重了投资效果；加强对项目的产业政策指导，以防止低水平重复建设，支持“八大支柱产业①”发展，并加快优势产业优化升级；发展循环经济改造传统产业，坚持可续发展战略；强化投资结构调整步伐，加大潜力产品投资力度，增加基础产业、基础设施投资，全力推进“1311②”规划项目建设；全面推进新型能源和工业基地建设，发展七大重点产业领域③，认真制定和完善相关发展规划、具体政策、重点项目、推进措施和考核办法。

3. 在投资主体结构上，制定鼓励和引导民间投资的政策措施，不断放宽非公有制企业的市场准入条件，加强对个体私营企业的支持和保护，促进非公有制投资的快速增长。

4. 加大投资推进社会主义新农村建设，加快“两区”开发步伐；大力促进服务业发展，推动山西产业结构优化升级。

这一时期山西投资政策措施最大的特点就是围绕经济结构调整，加大了

---

① 山西“八大支柱产业”是指煤炭、焦炭、电力、冶金四个传统的支柱产业和煤化工、装备制造、材料和旅游四个新支柱产业。

② “1311”规划项目指山西在“十五”期间，在第一产业重点扶持 100 个龙头企业，第二产业重点扶持 30 个战略性潜力产品，第三产业重点扶持十大旅游景区，高新技术产业重点扶持 100 个高新技术产业化项目。

③ 2004 年 8 月 30 日，山西省委、省政府召开了全省经济结构调整大会，提出建设新型能源与工业基地的任务，要重点发展七个方面的优势产业，分别是：以煤炭为基础，以电力为中心的能源产业；以不锈钢和铝镁合金为主的金属材料及其制品工业；装备制造业；具有山西优势的化学和医药产业；新型材料产业；以特色农业为基础的家畜产品加工业；旅游文化产业和现代服务业。

产业投资结构的全面调整，在注重投资规模对经济发展的作用的同时，更加注重投资结构对经济的可持续发展。

5.2 2000～2010年山西产业投资结构变迁的特点

2000～2009年山西经济发展经历了第十个和第十一个五年计划，受益于国家投资体制的改革，在山西省投资政策的影响下，这十年山西产业投资及投资结构呈现出了新的变化。

5.2.1 2000～2010年山西产业投资概述

2000～2009年是山西投资快速发展的十年，全省以加快实施重点工程带动战略为重点，以加快推进新农村建设、新型能源和工业化基地了、基础设施建设和民生工程建设等为抓手，加大投资力度，实现了投资规模的跨越式扩张。

5.2.1.1 全社会固定资产投资概况

1. 投资规模不断扩大。

2001～2005年是山西省第十个五年计划时期，固定资产投资总额达到了6000.1亿元，年均增长22.6%，比“九五”时期多5个百分点；2006～2010年第十一个五年计划期间，固定资产投资总额累计为20269.9亿元，是“十五”时期的3.4倍，年均增长27.2%，成为山西固定资产投资规模增长最快的时期。

2. 基础设施建设投资。

这一时期成为山西基础设施建设投入最多的时期之一。“十五”时期，山西基础设施建设累计完成投资2307.3亿元，是“九五”时的1.9倍；而到了“十一五”时期，山西基础设施投资进一步扩大，五年累计投资4697亿元，是“十五”时期的2.04倍，年均增长高达41.06%。在巨额的投资下，山西基础设施条件得到了较大的改善。

（1）农村基础设施建设投资。

农村基本建设领域，首先农田水利建设依旧是农业基础建设投资的重点。山西新建和竣工了一批水利工程，如万家寨引黄工程总干线、南干线彻底竣工，汾河二库主体工程建成等；在兴建大中型水利工程的同时，山西在开发利用小泉小水方面也取得了新的进展，仅 2002 年，山西省政府就决定投资 51 亿元开发利用小泉小水，使得这一时期山西投资了一大批小型水利工程；山西一方面新建水利基础设施，另一方面还开展了以渠道整修、平田整地为主要内容的节水配套工程建设，农业生产条件得到了进一步改善；在农村饮水工程建设方面，2000 ~ 2005 年山西省实施了两轮农村饮水解困工程，共投资了 22.38 亿元，使得全省农村饮水困难问题基本解决，2006 年以后，山西又开展了多个应急水源工程、农村饮水安全工程等水利工程，；在生态建设方面，山西每年都进行大规模的植树造林投入，以 2009 年为例，当年完成营造林 35.3 万公顷，义务植树 5320 万株，成为“十一五”以来造林规模最大的一年。其次，农村基础设施投资也取得了突出的成果。期间，山西兴建大量的农村公路，“十五”结束时，全省所有乡镇通了柏油路，80% 以上的建制村通了水泥（柏油）路和客车，而到 2009 年，实现了 96% 的建制村通了水泥（柏油）路；2006 年还实现了“户户通电”和“村村通电话”；所有乡镇通了宽带；农村沼气建设也取得了较大成就，2007 年农村沼气用户在全国的排名上升至第一位。

（2）交通基础设施投资。

“十五”期间的“三小时高速通达”工程建设，掀起了山西这一时期以高速公路和国道主干线为重点的公路建设高潮。山西相继建成了大运、长晋、太长等高速公路，而 2005 年 11 月 8 日建设通车的太长高速公路也成为山西“三小时高速通达工程”的完结，省内各地间的距离被大大缩短；“十一五”用于公路的投资达到了 1745.3 亿元，新改建公路 12 万公里，其中高速公路通车里程由 2000 年的 518 公里增加到 2010 年的 3000 公里，拥有高速公路通车里程在全国的位次上升至第 11 位，全省有 88 年县通了高速公路，形成了一个纵横交错、覆盖全省、东连京冀、西达秦蜀、南通中原、北出长城的高速公路网初具规模。国、省干线基本上消灭了差等路，新改建 6839 公里，新增一级公路 636 公里、二级公路 657 公里，93.5% 的国道和 81.7% 的省道实现了二级化。经过这一时期的投资建设，交通基础设施实现了量和质的双重跨越。

（3）电源、电网建设投资。

随着国民经济的快速发展，电力供应日趋紧张。这一时期，为了缓解电力需求压力，山西电力建设的速度进一步加快，一大批特大型电厂相继投入建设，电力行业很多的项目都被列入了山西省重点投资项目，如山西兆光发电有限公司，总投资71亿元，分三期建设，一期2005年投产，二期2009年投产；全国最大的燃用洗中煤炭坑口电厂和山西兴能发电有限公司一期工程也在2005年投产发电；总投资47亿元的阳城电厂二期，2007年投入商业运营，开创了“西电东送”的先河，等等。经过大量的投资，山西的发电机装机容量和发电能力大幅度提高，2000～2010年11年间，山西电力投资新增发电机设备装机容量生产力累计为5079万千瓦，其中仅2005年就增加了2201万千瓦；2001年山西发电机装机容量为1416万千瓦，2010年达到了4428.8万千瓦，增长了3倍之多；2000年山西的发电量为624.71亿千瓦时，2010年增加到了2150.56亿千瓦时，增长了近3.5倍。

同期，山西电网建设也加快了发展。2001～2005年，山西输电线路从6032千米增长为9152千米。贯穿南北的输电网路在这一时期纷纷建成，2001年太原侯村—侯马500千伏输变电工程竣工，标志着山西北起大同、南至临汾的双回500千伏输变电通道全部建成投产，省内北电南送能力增强；2004年500千伏中南部环网的建成，贯通了省内北电南送的第二条通道；2007年投资4.57亿元的中南部电磁环网解环工程完工，彻底解决了北电南送的“瓶颈”问题；2008年山西电网已经形成纵贯南北的500千伏、东西双通道和中南部双环网，以及220千伏分区供电的就地平衡的格局。到2010年，山西省11个市均建有500千伏变电站，500千伏主干网形成架形成“三纵四横”格局；山西有1000千伏变电站1座，主变1级300万千伏安，线路1条640千米；山西电网不信满足省内用电需要，还通过1回1000千伏线路向华中送电，9回500千伏线路向京津冀电网送电，3回500千伏线路向江苏送电，3回110千伏线路向陕西送电。农村电网也进行了大规模的建设与改造，仅2000～2005年国家就农网建设与改造一期工程投入了103亿元，累计改造农户625.8万户，覆盖面达95%以上。

（4）利用外资。2000～2010 年，是山西吸引外商直接投资快速发展阶段。在经历了 2000～2004 年外资平稳发展的 5 年后，2005～2007 年成为山西外商直接投资规模增长最快的时期，短短三年时间，山西利用外商直接投资的金额就从 2005 年的 2.75 亿美元增加到 2007 年的 13.4 亿美元，三年增加了 4.87 倍；2008 年和 2009 年外商直接投资规模明显回落，2010 年又有小幅度上升。2005～2007 年山西吸引外资快速增长主要是因为山西推出了一系列扩大开放和加大利用外资的政策举措，如 2005 年制定实施了《关于进一上改进外资登记管理，创优发展环境，促进对外开放和招商引资的实施意见》，共 27 条，在放宽外商投资准入、优化政府服务职能、推进外商投资企业信用体系建设、建立外商投资企业联系制度等方面，提出了创造性和突破性的措施；2006 年山西举行了沪港大型招商活动等一系列招商引资活动，实现了招商引资的历史性突破，实际利用外商直接投资也大幅度增长。2008 年以后山西吸引外商直接投资规模下降主要是因为国际金融危机的影响。然而，外资投资结构仍集中山西有优势的工业行业中，如采掘业和金属加工业，等等，主要因为资源型地区具有比较优势的产业较为单一，使得外商直接投资的投资结构也较为单一①。

5.2.1.2 山西重点项目投资概况

山西这一时期加大了投资结构调整力度，其投资一直围绕重点项目开展建设。重点项目投资数量及投资额基本保持上涨状态（见表 5-1），在当年固定资产投资总额中所占的份额也没低于过 10%，特别是"十一五"最后两年，列入省重点项目的数量比前两年翻了两倍之多，其投资额所占当年固定资产投资额的比重高达 30% 以上，带动了山西固定资产投资规模的扩大；重点工程投资项目的确定也体现了山西投资结构调整的需要，那些经过改扩建后能代表国际先进生产水平、体现山西资源优势，能推动、接续和替代产业发展方向的项目均被列入重点工程支持的范围，因此，重点项目的投资集中于基础设施领域和山西具有优势产业的领域，如高速公路建设、铁路建设、电力建设、水利以及铝、氧化铝、煤矿、焦炭等优势行业。重点工程的投资

① 任力军、杨军，《资源型地区资本国际化的途径》，《光明日报》（理论实践版），2012 年 7 月 15 日，第 7 版。

对山西经济发展作用明显，以2003年为例，当年重点工程建设投资对山西生产总值增长贡献率达7%以上，拉动山西生产总值增长2.4%①。

表5－1　2000～2010年山西重点工程项目情况

年份	重点工程数量（个）	当年实际投资额（亿元）	占当年投资总额的比重（%）
2000	24	107.1	17.13
2001	23	150.55	21.25
2002	28	147.74	17.62
2003	38	215.38	19.29
2004	41	313.42	21.21
2005	45	365.7	19.67
2006	43	284.6	12.26
2007	63	306.25	10.46
2008	63	377.47	10.38
2009	152	1533.68	30.47
2010	175	2142.36	33.72

资料来源：各年份《山西经济年鉴》和各年份《山西统计年鉴》，并进行了计算整理。

5.2.2　山西产业投资主体结构变迁与资金来源结构变迁的特点

在国家投资体制和山西投资体制改革的背景下，山西产业投资主体结构变迁和资金来源结构变迁均呈现出多元化的发展特点。

5.2.2.1　山西产业投资主体结构变迁分析

投资体制的改革，使得山西投资主体结构发生了较大的变化（见图5－1）。全民所有制单位的投资份额从2002年以后大幅下降，由2000年的近70%的份额下降至2003年以后的不足50%，使得全民所有制单位在山西投资主体中一家独大的现象出现了根本性变化，山西投资主体的多元化格局正在形成，但是除了2004年以外，全民所有制单位在山西的投资地位仍没

① 《山西经济年鉴》（2004年），山西经济年鉴社，2004年。

有改变，依旧是山西固定资产投资中投资最多的经济体。集体所有制单位的投资始终徘徊在 10% 左右，是山西固定资产投资中投资最少的投资主体，但与 20 世纪 90 年代后半期相比，集体所有制单位的投资有明显的增长。个体经济体投资波动较大，2007 年其投资比重接近 15%，而 2004 年还不足 2%，但是从 2005 年以后，其投资份额基本保持在 13% 左右。其他投资体的投资这一时期发展较快，除了 2000 年和 2001 年，其他年份其投资份额保持在 30% 以上，成为山西第二大投资主体。

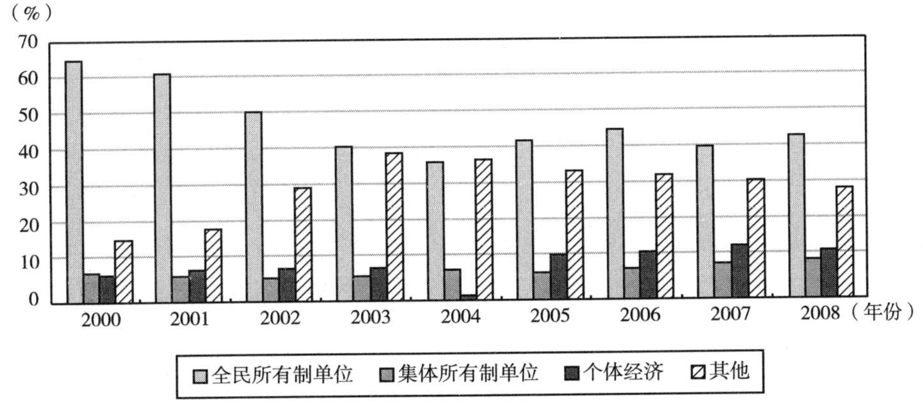

图 5－1　2000～2008 年山西固定资产投资主体结构

资料来源：2001～2006 年《山西统计年鉴》，2007～2009 年《山西经济年鉴》，2009 年和 2010 年由于统计口径不同，所以未列入。

与全国相比（见表 5－2），2000～2005 年，山西全所有制经济单位的投资比重仍旧要高近 10 个百分点；集体所有制单位的投资份额明显低于全国平均水平，其投资比重只相当于全国平均水平的 60% 左右；个体投资体投资水平也明显低于全国水平；其他投资体的投资水平与全国平均水平相差不多，个别年份高于全国平均水平。

表 5－2　2000～2005 年全国固定资产投资主体情况　单位:%

年份	全民所有制	集体	个体	其他
2000	50. 14	14. 59	14. 31	20. 97
2001	47. 31	14. 18	14. 59	23. 91

续表

年份	全民所有制	集体	个体	其他
2002	43.40	13.76	14.99	27.85
2003	38.98	14.41	13.89	32.71
2004	35.51	14.14	14.02	36.33
2005	33.42	13.48	15.65	37.45

资料来源：根据相关年份《中国统计年鉴》计算而得。

尽管山西国有投资份额是在下降的，但是山西非国有投资总体的发展速度是落后于全国平均水平的，特别是个体投资体的投资。非国有经济单位投资在山西投资水平落后的原因是多方面的，一是山西这一时期的重点投资建设项目，以大型基础产业、基础工程为主，如电力电网建设工程、水利工程和交通基础设施建设，这些重点工程投资时间长、金额巨大，是一般的非国有经济体从技术、资金、管理等方面均不能承受的；二是非国有经济体的资金问题，特别是民营经济体资金不足，且资金来源渠道单一，是造成投资有限的重要原因；三是在有限的资金下，非国有经济体特别是民营经济体投资的领域也受到了影响，山西的民营经济体投资集中于第二产业的制造业、采矿业、房地产业和第三产业的餐饮、娱乐、批发零售等行业，制造业中又以黑色金属制品、有色金属冶炼及压延加工业、普通机械制造业、食品加工业为主，而投资于第三产业的行业又以技术含量不高、投资门槛低为特点，以2008年为例，当年全省民营企业有70087个，资产总额11955亿元，占全社会企业资产总额的26.4%，其中批发零售、采矿业、制造业和房地产四个行业占到私营企业和个体工商户注册资本金总额的71.04%①，说明山西民营经济体投资结构较为传统，进入新型行业的活力不足。

5.2.2.2 山西产业投资资金来源结构变迁

从这一时期山西固定资产投资资金来源看（见图5－2），自筹投资这一资金来源渠道成为山西产业投资的最主要的支撑，固定资产的投资的自主性也越来越强；2000～2010年，山西自筹投资占到全社会固定资产投资资金来

① 资料来源于http：//finance.ifeng.com/roll/20101117/2898282.shtml。

源的比重由 50% 增长至 60% 以上，在山西固定资产投资中的地位越来越重要，对山西经济增长的贡献也是最大的。国家预算内投资在山西全社会固定资产投资资金中的比重不足 8%，个别年份甚至低于 5%，波动较大，但与同期全国平均水平相比，2003 年以后国家预算内投资在全国固定资产投资中的比重为 5% 左右，而山西在各年份均高于国家的这一比重，这主要是因为：一方面，国家这一时期在山西一直有重点工程建设项目，特别是能源和交通基础设施方面的投资；另一方面，山西的一些重点工程项目也积极争取国家支持。国内贷款是仅次于自筹投资的山西第二大固定资产投资来源渠道，2000～2006 年，国内贷款所占比重为 20% 以上，2007 年以后有所下降，其比重为 17% 左右，这是因为 2007 年银行"严把信贷闸门"的宏观政策效用开始显现，很多项目的融资转向银行以外，所以国内贷款所占的比重出现较大幅度的下滑，而 2008 年以后受国际金融危机以及国家宏观调控政策出现微调，国内贷款所占的比重虽有恢复，但仍处于 20% 的比重之下。其他资金来源是山西第三大固定资产投资资金来源渠道，其比重达到了 10% 以上，而来源于外资的固定资产投资始终是山西投资资金来源中最小的一个渠道。

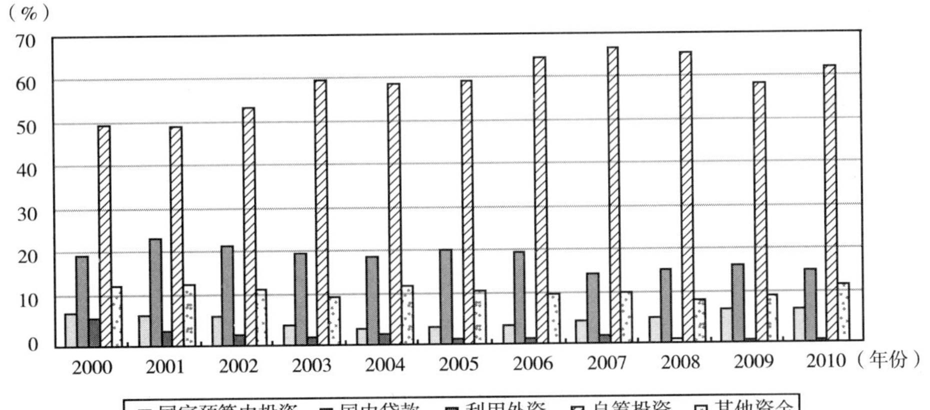

图 5－2　2000～2010 年山西固定资产投资资金来源结构

资料来源：各年份《山西统计年鉴》，并加以整理计算。

山西已经形成了多元化的投资资金来源渠道，但是现有的投资资金来源结构反映出山西投资的融资渠道还需进一步拓宽，结构还需优化。自筹资金这一渠道的比重要高于全国平均水平，也使山西的投资对自筹资金依赖较大，融资渠道单一，会限制企业投资，特别是以中小型企业为主的非国有经济体的投资；其他融资渠道的能力有待进一步加强，特别是资本市场的融资能力。

5.2.3 山西三大产业间及产业内的投资结构变迁

5.2.3.1 三次产业投资结构变迁分析

2000～2010年山西固定资产投资规模呈现出快速上涨的态势，第二产业和第三产业的投资规模上升速度快于第一产业，而第一产业的投资规模只是略有上升而已（见图5－3）。

这一时期三次产业的投资结构特点就表现：①第一产业固定资产投资在山西全社会固定资产投资中的份额稳中有升，其投资比重仍然较小，不足5%。第一产业的固定资产投资的增加是因为在工业发展的过程中，农业的基础地位还是需要加强的，而且国家的投资重点也开始向农村倾斜，使得各地都在抓住机遇发展第一产业；而对第一产业的投资规模的上升是因为在第一产业基础设施建设、水利建设和生态环境建设等方面进行了持续的、大规模的投入，使得农业生产条件得到了改善，农村公共服务水平得到了提升。②第二产业的固定资产投资在全社会固定资产投资中比重呈现出两头低、中

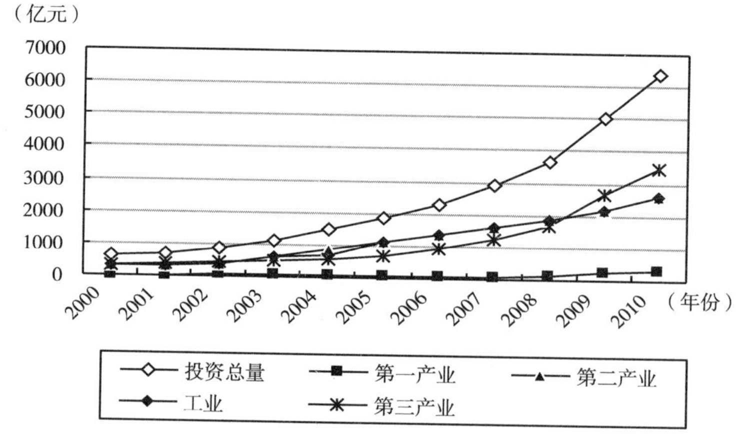

（a）2000~2010年山西三次产业固定资产投资规模

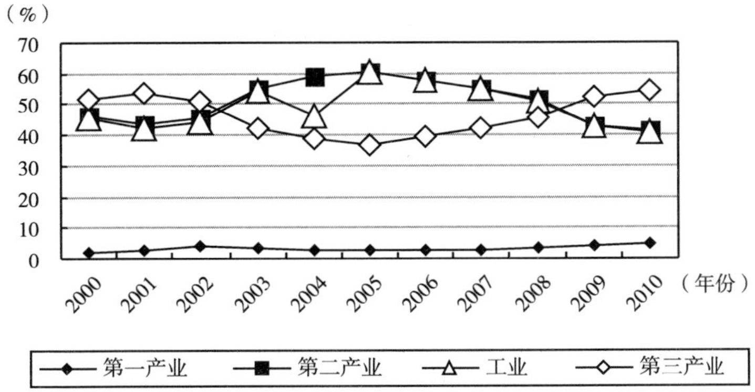

(b) 2000~2010年山西三次产业固定资产投资结构

图 5－3 2000～2010 年山西三大产业投资结构变迁情况

资料来源：2000～2008 年数据来源于《辉煌山西 60 年》，2009 年和 2010 年数据来源于《2011 山西统计年鉴》。

间高的“凸”形态势，其中在 2003～2007 年间有了明显的回升，且其投资比重超过了第三产业的固定资产的投资比重。这是因为，从 2003 年开始，山西固定资产投资围绕经济结构调整加大了对第二产业技术改造升级投资，特别是加强基础工业改造力度；这一时期由于市场需求的旺盛，投资预期向好，也刺激了山西基础工业的投资；这一阶段也是山西新能源工业基地建设的起步阶段，重点发展七个方面的优势产业，其中五个产业属于第二产业。而 2009 年和 2010 年第二产业投资在全社会固定资产投资中的比例下降，这主要是因为受需求因素的影响，基础工业投资增长明显回落。③第三产业的固定资产投资呈现出“两头高、中间低”的“凹”形走势，2000～2002 年第三产业强劲的投资是延续了上一时期山西产业结构调整下的投资的态势；2003 年以后，随着山西新能源工业基地建设的提出以及市场对基础工业产品的需要增加，山西的产业投资向第二产业转移；2008 年一方面出于市场需求的变化，另一方面出于转型发展的需要，山西省政府出台了《关于加快服务业发展的实施意见》，省直相关部门又出台了一系列加快服务业发展的重大措施，重点支持了一批带动力强的服务业项目，改造提升传统服务业，大力发展现代服务业，因此 2009 年和 2010 年第三产业的固定资产投资出现了快速增长，在全省固定资产投资的比重再次恢复至 50% 以上，成为投资最多的产业。

5.2.3.2 第一产业内部投资结构变迁特点

经济结构调整以来，山西对第一产业发展一直是较为重视的，对其投资也是稳中有升。从第一产业投资的内部结构来看（见图 5－4），林业投资无疑是第一产业中投资最多的行业，这是因为在这一时期山西在第一产业可持续发展方面除了加强基础设施建设之外就是加强生态环境建设，并提出建设"绿色山西"的目标，因此对林业的投资逐年递增，具体而言：①政策方面的措施。通过了一系列的关于林业方面的政策，保护和鼓励发展林业，如 2000 年制定了《山西省退耕还林（草）试点示范县林木种苗供应管理办法》、《全省退耕还林（草）粮食补助办法》、《苗木补助使用办法》和《退耕还林（草）检查验收办法》，以推进退耕还林工程的进展；调整林业结构，如 2001 年提出了"5362"干果经济林发展战略，并重点扶持了 5 个国家级和 15 个省级干果经济林示范基地建设。②投入多项重点林业工程，国家级重点工程包括退耕还林工程、天然林资源保护工程、京津风沙源治理工程、野生动植物保护工程和包含三北防护林、太行山绿化、平原绿化等在内的其他重点防护林工程；省级造林绿化重点工程包括通道绿化、交通沿线荒山绿化、村镇绿化、环城绿化、城郊森林公园和"2＋10"生态环境综合治理工程等。经过多年的投资建设，山西初步形成了以干果经济林、森林旅游、种苗花卉、林产品加工主主导，以速生丰产林、生物质能源、灌木林利用、林下资源开发为补充的林业产业发展体系框架，其中森林旅游成为山西朝阳产业。

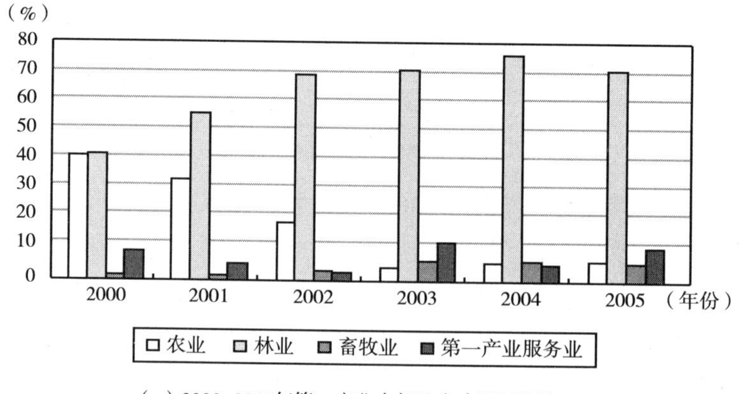

（a）2000~2005年第一产业内部基本建设投资情况

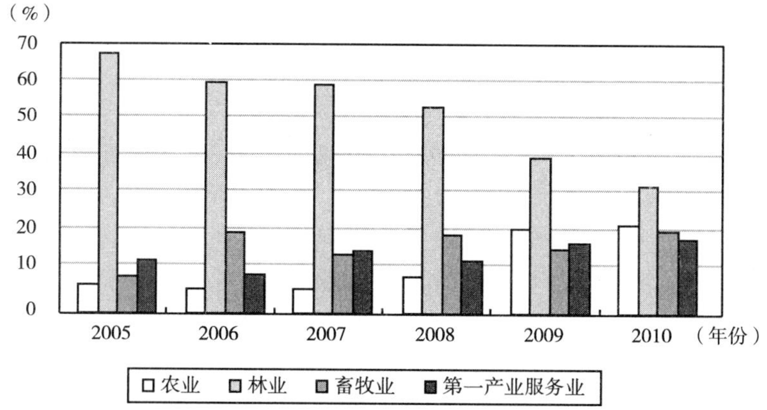

(b) 2006~2010年第一产业内部城镇固定资产投资情况

图 5-4 2000 ~ 2010 山西第一产业内部投资情况

资料来源：相关年份《山西统计年鉴》，并加以整理计算。

农业投资呈现出较大的波动，2000 ~ 2005 年其基本建设投资呈快速下降态势，而 2009 年和 2010 年其固定资产投资又较 2008 年呈现出快速上升。一方面，山西对农业提出结构调整，把杂粮、蔬菜、水果作为三大优势产业，制种和中药材作为两个“亮点”产业进行种植业结构调整。另一方面，开展了多个重点工程，推进产业优化升级，如农业“双千创优”工程、旱作节水农业工程、沃土工程、植保工程、中低产田改造工程等；同时推进科技兴农，加大新品种新技术的引进示范和推广，大力开展现代农业种植工程。

畜牧业投资呈上升态势，特别是“十一五”期间，其投资有了大幅度的提升，期间的投资额是“十五”时期畜牧业投资额的五倍。畜牧业投资的增长，主要是因为：①畜牧业政策框架不断完善。2000 年山西省农业厅下发了《山西省畜牧业结构调整意见》，指出草食类畜牧业作为结构调整中发展的重点；2005 年制定了《关于进一步加快雁门关生态畜牧经济区建设的若干意见》，加大了对优势产品和优势区域的政策扶持力度；等等。②重点区域、优势产品的培育。2001 年，雁门关生态畜牧经济区建设项目启动，开始了畜产品区域布局，随后各地以适度规模饲养方式的养殖小区和养殖园区快速发展，区域优势发展明显；2007 年开始在全省择优扶持了十五个优势畜产品基地县，建设标准化养殖小区，以此带动周边区域发展规模养殖；以畜禽良种建设为重点进行品种改良，如2001年投资60余万元对晋南牛和马身猪进行核心群保种，2004年，投资2300万用于畜禽类品种引进。到2010年全省养殖小区和场达到了2000多个，规模化养殖比重达到65%，建设各类种畜禽场200多个①。③畜牧业基础建设——草地建设。2001年为调整种植业结构，大力发展退耕种草，进行草地生态建设，仅2001～2004年人工种草面积达到了26.7万公顷。2008年投资2300万元重点用于草地围栏和建设标准化畜禽养殖小区。④畜牧产品安全投入增加。动物检验检疫一直以来都是畜牧业的发展重点，山西一方面加强动物检疫工作，另一方面实行了生产许可证制度，以保证畜禽生产的质量。

此外，第一产业服务业投资也是稳中有升，其投资比重基本保持在10%以上，特别是农业机械化水平不断的提高，农机服务领域不断扩大，逐步向农业产前、产后和农村经济发展的各个领域延伸。农业机械总动力由2000年的1701万千瓦特上升到2010年的2809.17万千瓦特；2000年，山西机耕地面积为227万公顷，到2010年机耕地面积达到了255.9万公顷；2000年，机收面积为71.3万公顷，2010年达到了102.7万公顷，机收面积占当年播种面积的比重由2000年的17.6%上升到2010年的27.3%。

5.2.3.3 第二产业内部投资结构变迁特点——以工业为例

在山西的第二产业投资中，工业占有的比重具有绝对多的优势，工业以外的产业所占的比重非常小，只有1%左右，所以在分析第二产业内部投资结构中，仍以工业为代表。这一时期，山西工业产业结构调整是整个山西经济结构调整的关键，因此，工业投资结构调整直接影响着山西经济的结构调整和山西经济增长。

1. 轻重工业投资结构变迁的特点。

从轻重工业的投资结构变迁（见图5－5）中可以看出，山西轻重工业的投资比重与以往的投资结构相比几乎没有变化，只是各别年份轻工业的投资比重稍有增加，除了2002年和2003年外，轻工业投资仍不足10%。2002年和2003年，根据山西“十五”经济结构调整的要求，轻工业也提出了结构

① 2011年《山西经济年鉴》，http：//www.shanxigov.cn/n16/n8319541/n8319597/n8320137/n16443296/index.html。

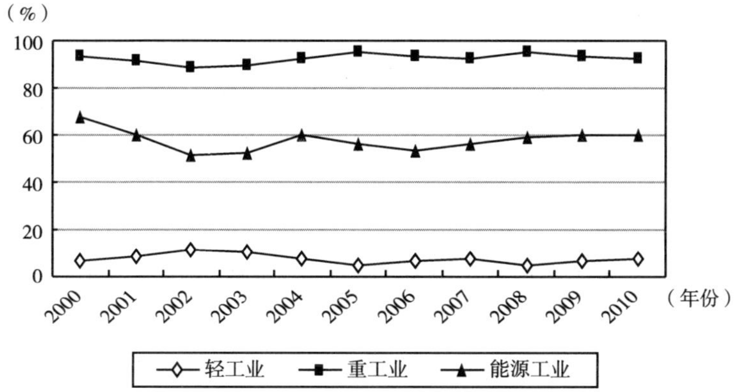

（a）2000~2010年城镇轻重工业固定资产投资情况

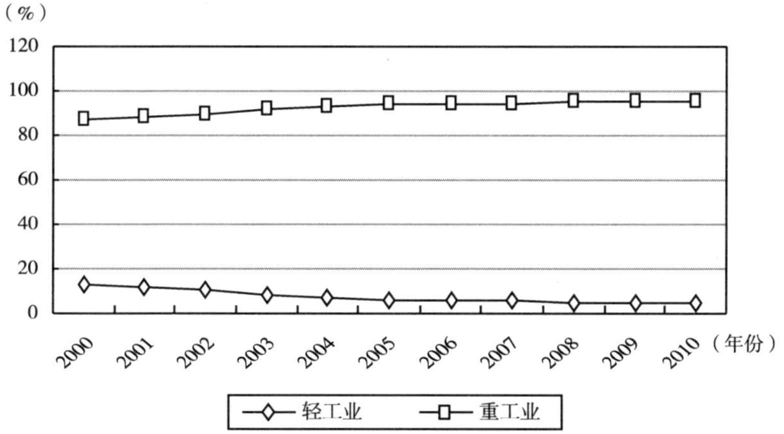

（b）2000~2010年轻重工业增加值情况

图 5－5　2000～2010 年城镇轻重工业固定资产投资和轻重工业增加值情况

资料来源：2011 年《山西统计年鉴》，山西统计信息网，http：//www. stats－sx. gov. cn/nianjian/2011/html/njcx. htm。

调整的方案和实施办法，在政策的鼓励下，以及轻工行业进入的门槛相对较低，很多民营资本开始转向轻工行业，相继投资新建了恒康乳业、康喜奶业、五星陶瓷等轻工企业，带动了轻工业的投资。但此后，由于山西建设新型能源重化工基地，一方面加快传统优势产业的技术升级改造，另一方面推进新型优势产业的培育，山西工业投资还是进一步向能源工业和优势产业倾斜，而山西优势产业中的工业基本上是属于重工业，在对重工业的投资中，又以能源工业为主，占到山西工业固定资产投资的60%左右。因此，在经过2002年和2003年重工业投资小幅回落后，重工业投资在山西固定资产投资中的比重又回到了90%以上。

从轻重工业投资效果看（图5－5b），轻、重工业的工业增加值走势与其投资基本一致，重工业的工业增加值占全省工业增加值的比重随着投资的增长及较为稳定的投资比例，保持了平衡上升的态势，而轻工业的工业增加值的比重却出现了平缓下降态势，但在图中也可看出，在轻工业投资比重增加的2002年和2003年，山西轻工业增加值也没有明显上升，反而低于轻工业投资比重较低的2000年和2001年，说明山西轻工业的工业效益已经不仅仅投资规模、投资比重能解决的，还应更加注重轻工业内部的投资结构。

2. 工业内部投资结构变迁的特点。

这一时期正是山西建设新型能源重化工和经济结构调整时期，工业结构又是经济结构调整的重中之重，与上一时期相比，工业投资结构出现了一些变化（见图5－6）。但包括煤炭、电力和焦炭在内的能源工业依旧是山西工业产业投资的重点。

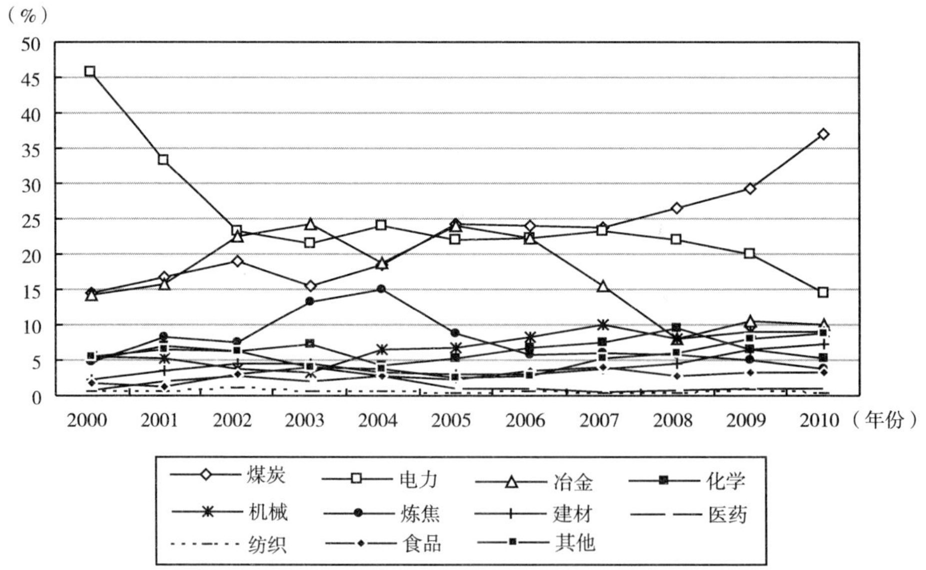

图5－6　2000～2010年山西工业主要行业固定资产投资结构变迁情况

资料来源：山西统计信息网，年度数据，2011年《山西统计年鉴》，http：//www.stats－sx.gov.cn/nianjian/2011/html/njcx.htm，并加以整理计算。

（1）煤炭工业投资。在经过上一时期后期山西产业结构调整后，从 2004 年开始，煤炭工业的投资逐年递增，再次成为山西工业投资中最多的行业。出现这一变化主要是因为：一方面是市场供给与需求状况出现了新变化。2001 年以前，全国煤炭市场供过于求，导致山西一直实施控制总量、关井压产的政策，2001 年以后，煤炭市场需求逐渐旺盛起来，山西的煤炭行业保持了良好的发展态势，效益出现较大的增长，以及随后出现的煤炭需求引起的煤炭价格高位运行，更是刺激了煤炭行业的投资，开启了煤炭行业投资的“黄金十年”。二是 2003 年开始，山西煤炭行业实行了大企业、大集团发展战略，并鼓励和规范大企业、大公司收购兼并改造地方小煤矿，促进大企业、大公司“做大、做强、做优、做实”。2000 年山西全省矿井数量为 5551 座，到 2010 年只剩下了 1053 座，30 万吨以下的小煤矿全部淘汰，全部实现机械化开采，全省的煤炭企业也完成了向集约化、信息化、规模化和现代化发展的转变。煤炭行业大企业、大公司发展模式增强了煤炭企业的融资能力，带动了煤炭行业的投资，促进了煤炭行业的结构调整。同时，被调整出去的大批投资资金，开始流向其他行业，给这些行业注入了投资资金。三是煤炭行业产品结构调整，带动了行业内的新建投资和技术改造投资，加大了科技投入力度，延伸了煤炭产业链，加快了非煤产业发展，资源综合利用水平得到了提升。2000 年煤炭行业调整成功起步，投资建成了一批中小型煤炭洗选项目，并投资了一批具有潜力的非煤项目；煤炭行业结构调整以洗煤、选煤、配煤、型煤等洁净煤产品为切入点，投资延伸煤—电—铝和煤—焦—气化两条产业链，形成了煤炭产品和非煤产品并重发展的形势；煤炭行业还积极投资了产业园区，发展循环经济，仅 2006 ~ 2010 年，山西煤炭行业投资 640 亿元建设了 20 个循环经济园区，其中国有重点煤炭企业布局的 14 个园区已初具规模，成为全省煤炭工业新的经济增长点①。四是煤炭行业安全投资。山西出台了一系列政策措施加大煤矿安全生产，企业并在安全生产方面也给予了大量投资，如 2003 年各级煤炭管理部门和地方各类煤矿投入整改资金 10 亿多元；2004 年 6 月到 2005 年底，山西投入 8 亿元资金用于煤矿瓦斯监测监控系统的装设。煤炭安全生产形势不断好转，到 2010 年，煤矿事故为 63 起，

① 2011 年《山西经济年鉴》，山西省人民政府网站，http：//www.shanxigov.cn/n16/n8319541/n8319597/n8320137/n16443296/index.html。

比2005年减少了102起；煤炭百万吨死亡率大幅度下降，由2005年的0.905下降到2010年的0.1876。

（2）电力工业的投资。这一时期电力工业的投资份额出现了大幅度下降，从2000年占山西城镇工业固定资产投资比重的45.63%下降至2010年的14.4%；用于电力工业的投资额虽总体上有所增加，但增速远远小于煤炭工业。究其主要原因：一是煤炭工业需求旺盛，吸引大量的投资，从而相应地减少了对电力的投资。二是电力行业实行了“上大压小，节能减排”。三是电力工业的投资主要投向了发电工程建设、电网建设和城乡电网改造，其中新建的发电工程规模和数量均不及上一个时期，多数发电工程为上一时期的后期工程；由于山西缺电、限电的一部分原因在于电网，新建电网和城乡电网的改造也进行了大量的投入，但这些投入的规模远不及电源工程建设所需投资，因此，总体上也影响了电力工业投资的增长速度。

（3）炼焦工业的投资。炼焦工业的固定资产投资在全省工业固定资产投资中的比重除2003年和2004年达到了10%以上外，其他年份均在10%以下，但与上一个时期相比，焦炭行业的投资额有了较大的增长，其在工业固定资产投资中的比重也有了较大增长。这主要是因为能源产业结构的调整，一是山西实施了“发展大机焦，限制小机焦，坚决取缔土焦、改良焦”战略，焦炭行业投资倾向于大机焦；二是焦炭行业不断提升企业生产规模水平，2000年时全省焦炭企业平均生产规模不足4万吨/年，到2007年已经达到了35万/年；三是焦炭产品链不断延伸，投资一批焦炭化工项目，如煤焦油综合加工项目，粗苯加工项目，焦炉煤气制甲醇项目，等等。

（4）冶金工业的投资。冶金工业的投资波动较大，2000～2003年其在全省工业固定资产投资中的比重有所上升，随后就形成了起伏波动的下降态势。其原因主要有：一是受市场供需结构的变化影响较大。2004年以前冶金工业产品市场呈现出供不应求的局面，而2004年市场又变成了供过于求，产品出现滞销，库存增加，市场的变化影响了冶金工业的投资变化。2005年冶金工业通过扶优扶强，加大了对重点企业的技术改造投资，产品结构进一步优化，2007年市场出现了供需两旺的局面。但2008年以后，受国际金融危机的影响，市场需求再显疲弱，冶金企业大多数限产，再次影响了冶金工业的投资。二是冶金工业产品价格回落较快，而其原料价格回落较慢，影响了冶金工业企业的利润，从而影响了冶金企业的投资。三是山西省政府实行了“1311”工程，涉及冶金工业产品 30 多个，投入了大量的技改资金，以及列入省 361 工业调产计划[①]中的冶金工业项目的新建和改造的投资，带动了冶金工业 2004 年以前的投资。

（5）机械工业的投资。装备机械制造工业是山西除能源工业、冶金工业外的第三大支柱产业，形成了一批在同行业中具有明显优势的产品和企业。山西对机械制造业的投资在全省城镇工业行业固定资产投资中的比重没有超过 10%，2002 年和 2003 年的投资比重甚至没有超过 5%；装备机械制造业的技术水平直接影响着其竞争力，全省装备机械制造业加快技术发行的步伐，仅“十五”期间，国债专项投资 57173 万元，用于 10 项技改项目，山西的机械制造业在引进、消化和吸收的基础上，通过技术改造、产品研发、结构调整，掌握了一批重大技术装备的核心和关键技术，提升了山西机械制造产业的竞争力，超大型起重机等 30 多种机械设备在国内居领先水平，其中大功率电牵引采煤机国内市场占有率 60% 左右，900 千瓦以上大功率采煤机国内市场占有率 70% 左右，短臂机械化开采设备国内市场占有率 100%。当前，山西装备机械制造业已经形成了铸造、锻造、铝合金和镁工业体系四个产业集群，正在建设五大装备制造业昰示范基地和三大新型装备制造基地，其中太原铁路装备工业园区 2009 年正式开工，投资约 180 亿元。

（6）化学工业的投资。化学工业的投资在山西固定资产投资中的比重是低于 10% 的，波动幅度不大。经济结构调整开始后，化学工业就围绕调整项目，依托资源优势，着力发展精细化工，扶持优势产品发展。2000 年，在山西省公布的十大类潜力产品技改项目的 58 项中，化学工业有 18 个项目入选，占到总投资的 25%；2001 年确定了 10 个化学工业重点项目，投入资金 26.28 亿元，提高产品技术含量和生产工艺；2003 年化肥工业出现一轮投资热潮，投资总额达到了 50 亿元以上；2006 年以后，根据我省“十一五”规模要求，化学工业在“肥、炔、苯、油”四大领域进行产业布局，煤化工产业也成为投资最具吸引力的行业之一，但 2009 年以后，由于化学工业中不少行业生产

---

① 详见《山西省 2000 年“361”调产启动计划》。“361”调产启动计划，就是 2000 年山西省重点启动 30 多个潜力产品项目，政府筹措 6 亿元贴息入股资金，调动银行和社会资金 100 亿元，带动全省启动潜力产品项目。

能力大为扩张，甲醇、尿素等出现了投资过度，因此山西省提出了新产业政策提高了11类煤化工装置项目的准入门槛，遏制了化工行业的低水平、重复投资，也导致了2009年和2010年化学工业固定资产投资比例的大幅度回落。

（7）建材工业的投资。建材工业的固定资产投资2008年以前在全省城镇固定资产投资的比重不足5%，2009年和2010年加快投资步伐，在全省城镇固定资产投资中的比重均超过了5%；仅2006～2010年间，建材工业年均固定资产投资增长45.9%，共完成投资379.1亿元，其中用于水泥工业的投资占到47.58%，墙体材料工业占到建材工业投资的13.32%，诸如建筑用石加工、高岭土、耐火材料等非金属矿物制品加工制造业固定资产投资额呈现出四倍以上的增长态势。建材工业的投资集中于行业结构调整和技术改造方面，一方面淘汰了“小水泥、小玻璃”等小企业，淘汰落后水泥工艺的基本做法，支持企业新建、改建新型工艺生产线；另一方面大力发展新型建材和化学建材，如2003年，山西投资2.1亿元用于新型墙体材料项目4个，投资9000万元用于建筑陶瓷项目2个。

其他工业行业的投资总额也在不断增加，而且行业投资的方向纷纷转向了产品结构调整和技改投资。

5.2.3.4 第三产业内部投资结构变迁特点

山西第三产业内部投资一直以来都是以交通运输邮电业为主，但是在这一时期，第三产业内部投资结构出现了明显的变化，虽然交通运输邮电业仍是第三产业中投资最多的行业的之一，但是房地产行业的投资也在快速发展，已经和交通运输邮电业在第三产业中的投资比重旗鼓相当；水利、环境、公共设施管理业的投资在第三产业固定资产投资中的比重基本保持在10%以上，仅次于交通运输仓储邮政业和房地产社会服务业；科教文卫在第三产业的投资比重也有所上升，特别是2010年，其在第三产业固定资产投资中的比重首次超过了10%。

（1）交通运输仓储邮政业的投资。交通运输邮政业在经历了20世纪90年代后期占山西省第三产业固定资产投资比重30%以上的发展后，21世纪初投资比重有所下降，波动较大，期间，2005年和2006年、2009年和2010年其投资占全省第三产业固定资产投资的比重有所恢复，特别是2010年超过了房地产行业的投资所占比重，重新达到了 30% 以上。这一时期，交通运输是投资的重点，其中公路运输的投资仍是山西交通运输投资的重点，除了 2006~2008 年外，公路运输的投资占到全省第三产业固定资产投资的比重 20% 左右，绝大多数用于交通运输仓储邮政业的投资都用于了公路运输；“十五”期间，山西用于公路的投资达到 700 亿元，是“九五”时期的 2.1 倍，“十一五”期间其投资额达到了 1746 亿元，是“十五”时期的 2.8 倍；干线公路、农村公路和公路养护、运输站场建设投资明显加大，2010 年公路通车里程达到 13.2 万千米，高速公路通车里程达 3003 千米，分别比 2000 年增加了 7.6 万千米和 2485 千米，此外，到 2010 年底，国省干线基本消灭了差等路，高速公路优良路率为 99.9%，干线公路优良路率为 83%，农村实现村能水泥（柏油）路“全覆盖”。邮政业在这一时期也步入到快速发展时期，投资重点在于信息网和实物网的建设和改造，仅 2006~2010 年，邮政方面用于网点购置改造和终端设备的配置更新的投资就达到了 2.6 亿元，占到同期邮政业固定资产投资的 37%。

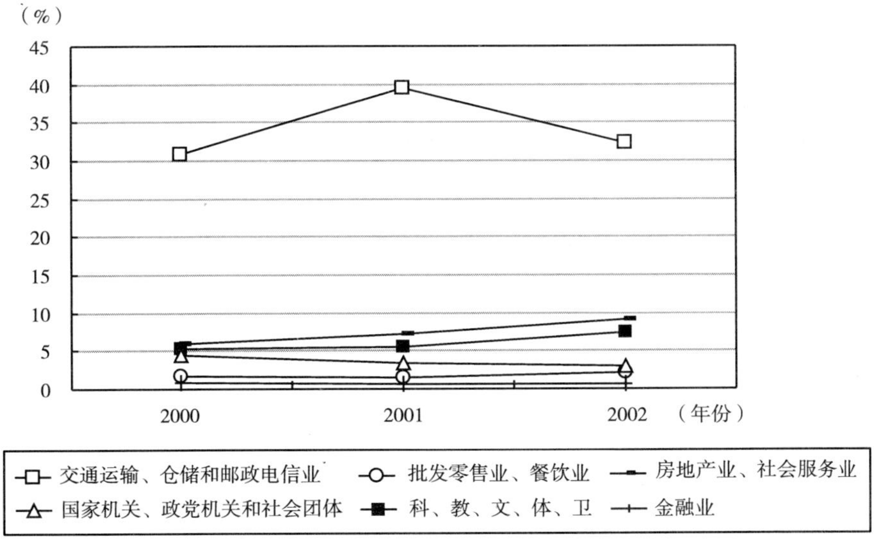

(a) 2000~2002年第三产业内部投资情况

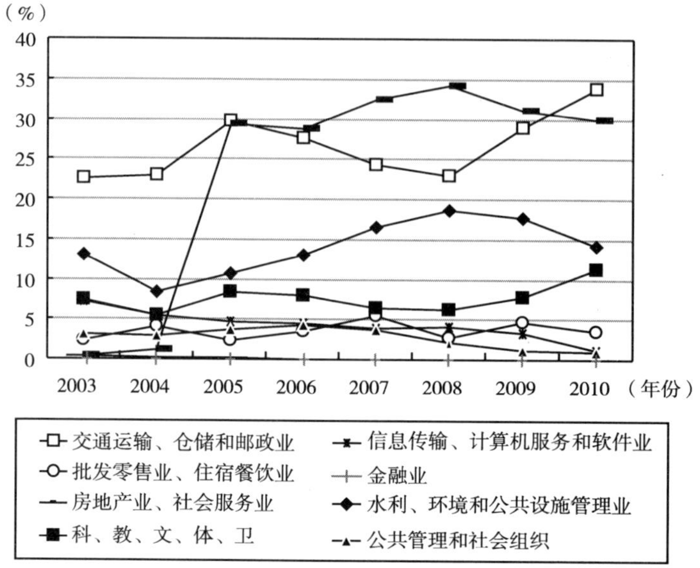

（b）2003~2010年第三产业主要行业投资情况

图 5－7　2000～2010 年山西第三产业主要行业固定资产投资结构变迁情况

资料来源：2000～2006 年《山西统计年鉴》和《山西发展数典》（“十一五”投资篇）。

（2）房地产业的投资。房地产行业的投资份额从 2005 年开始出现大幅度的跨越，2005 年以前，其固定资产投资占全省第三产业的固定资产投资比重不足 1%，2005 年以后这一比重则达到了近 1/3，投资额出现了快速增长。和全国各地的房地产业一样，这一时期是山西房地产业快速扩张的十年。2000 年，房地产开发经营企业有 262 家，2010 年，房地产开发经营企业有 1990 家，是 2000 年的 7.6 倍，但是从企业经营资质上分析，2000 年房地产经营企业中 93.9% 的企业具有四级以上资质，而 2010 年只有 69.5% 的企业具有四级以上经营资质；2000 年山西房地产实际投资 39.46 亿元，而 2010 年达到了 592.2 亿元，且近 2/3 以上的投资用于了商品房住宅建设。

（3）旅游产业的投资。这一时期是山西旅游产业发展较快的阶段。1999 年山西省政府把旅游产业作为发展的优势产业，提出要尽快把山西建成旅游大省；2000 年山西又提出了旅游产业发展实施“精品战略”，随后，将旅游业确定为山西七大优势产业之一、“十五”期间八大战略工程之一，并将全省十大旅游区（点）建设列入了“1311 工程”；2005 年，山西省人大常务委员会通过并实施了《山西省促进旅游产业发展条例》，进一步推动了旅游产业的发展；2007 年，设立了山西旅游产业发展专项基金。为了发展旅游业，山西对旅游基础设施进行了大量的投资，“十五”时期，全省用于旅游基础设施建设和旅游资源开发的投资达 69.64 亿元，是“九五”时期的五倍之多①；其他基础设施方面的建设与改造，如交通、通信、城市建设等都为旅游业的发展创造了条件，到 2008 年山西高速公路建设形成了以太原为中心的三小时旅游圈，全省主要旅游城市和重点景区均在京、津、冀、豫、陕等省五小时车程范围。山西对旅游基础设施的投资还带动了民营资本的进入，许多旅游景区、景点的开发建设以及旅游服务设施主要是靠社会力量完成的。

5.2.4 山西产业投资地区结构变迁

山西省 11 个市的地区投资结构较以前出现了一些变化，太原市在山西固定资产投资中的比重仍然是最多的，但是其他十个地市在山西固定资产投资中的地位出现了变化（见图 5－8）。

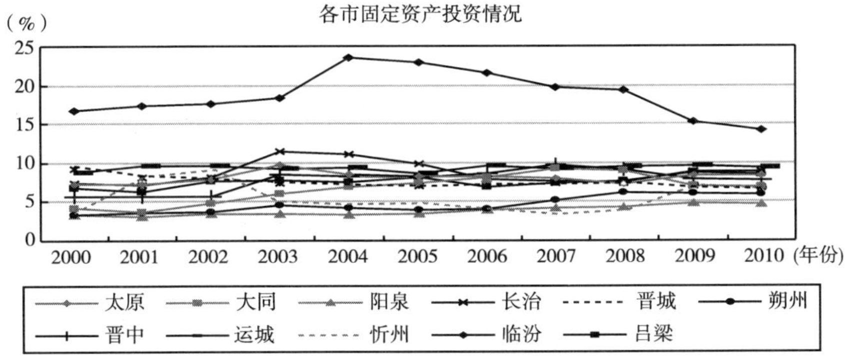

图 5－8 2000～2010 年山西固定资产区域投资结构变迁情况

说明：2000～2008 年数据来自牛仁亮主编，《辉煌山西 60 年》，中国统计出版社，第 365、373、381、389、397、405、413、421、429、437、445 页；山西省统计局编，2009～2010 年《山西十一五发展数典》（投资篇），山西经济出版社，第 283～287 页，数据不含跨省、市项目投资和农村农户投资。

① 牛仁亮，《辉煌山西 60 年》，中国统计出版社，第 106 页。

太原市固定资产投资在全省的比重于 2004～2006 年出现一个小高峰后，便开始逐年下降，到 2010 年时，在全省的固定资产投资的比重已不足 15%，说明太原市固定资产投资的增速已经低于其他各市，增速放缓的原因主要是太原市第二产业的投资增速下降较快，而第一产业和第二产业的投资增速远不及第二产业下降的速度，特别是 2009 年，第二产业的投资总额较上一年出现了近 32% 的下降，第三产业的投资总量超过了第二产业，成为太原市投资最多的产业；制造业和房地产业是太原市投资结构中最主要的两个行业，其投资份额在太原市固定资产投资中的比重超过了 50%，以 2005～2010 年数据为例①，制造业的投资在 2005 年和 2006 年就占据了太原市固定资产投资的一半以上，但 2007 年以后急剧下降，到 2010 年制造业投资份额只有 17.58%，成为太原市第二产业投资下降最主要的因素，而房地产业行业投资强劲，到 2010 年，房地产行业的投资份额占到了太原市固定资产投资的 1/3 以上。从投资角度分析，太原市固定资产投资比重的下滑主要是因为投资成本高，特别是第二产业的投资成本较高，而投资成本较高主要原因就是土地越来越成为稀缺资源，导致土地成本上升过快，太原市第二产业的产业结构与其他地市有很高的相似度，高地价挤出了一部分投资。

运城的固定资产投资在山西固定资产投资所占的比重在这一时期成为继太原之后排名第二的城市。11 年间，除 2000 年和 2005 年，运城市固定资产投资占山西固定资产投资比重保持在 9%～10%，波动幅度较小，其中制造业是运城市投资比重最大的行业，达到运城市固定资产投资的 40% 左右，2009 年和 2010 年运城市制造业固定资产投资总额超过了太原市，形成了汽车和运输设备、铝和镁深加工、化工、农产品加工四个工业产业集群，工业新型化发展带动了运城市的投资增长；此外，电力、交通、水利和房地产行业的投资也是运城主要投资行业。

长治在山西固定资产投资中的份额也由上一时期的第四位上升至这一阶段的第三位，长治在 2003 年和 2004 年固定资产投资在全省的比重超过了 10%，其他年份均低于 10%；2006 年以前，长治市投资注重交通等基础设施建设，2006 年以后长治市经济转型投资成为重点，使得新型产业的比重上

① 数据来源：山西省统计局，《山西十一五发展数典》（投资篇），山西经济出版社，第 292～303 页，并加以整理计算。

升，传统的煤焦铁产业比重下降，到2010年形成了煤基合成油、太阴能光伏、光电子、微车制造、燃油乳化等战略性新兴产业的快速发展态势，形成了煤化工、硅工业、LED、镁工业、乙炔化工、玉米深加工六条循环产业链，带动了全市的固定资产投资。

临汾市固定资产投资比上一个时期在全省固定资产投资中的比重大幅上升，由上一时期的平均5.37%上升至本时期平均8.1%，排名全省第四位。临汾市采矿业固定资产投资是较多的，在全市固定资产投资中的比重曲折上升，2010年占到了20%以上；制造业的投资则出现了大幅下降，由2005年的35%以上下降至2010年的12%左右；此外，电力和交通运输也是临汾市固定资产投资的重点。

晋中市在这一时期固定资产投资在全省的比重也有所上升，从上一时期的4.65%上升至本时期的7.72%。晋中市固定资产投资也是以第二产业为主，占到了其全部固定资产投资的一半以上；而采矿业、制造业、电力、交通运输和房地产业是晋中市主要投资行业，其中采矿业的投资就平均占到了25%以上，制造业的投资比重出现了下降，从2005年的32.18%下降至2010年的14.1%，这主要是因为国内外市场需求变化导致了投资结构的变化。

大同市的固定资产投资从20世纪90年代后期就开始下滑，在山西固定资产投资的比重不足10%，2000~2010年依旧保持着90年代后期的投资水平，在山西的投资比重介于6%~9%，排名第五。大同固定资产投资在全省比重的下滑，是因为第二产业投资下滑，2008年以前，第二产业在大同固定资产投资中的比重超过了一半，特别是采矿业，2006年采矿业在大同固定资产投资中的比重为31.15%，而到2010年只有5.33%；电力、燃气及水的生产和供应业的投资比重出有较大幅度下降，从最高的2008年的27.49%，下降至最低2010年的5.11%；第三产业中的房地产行业投资比重增长较快，从2005年只有10.11%的比例上升至2010年的37.2%。因此，大同的投资结构正在向着“三、二、一”发展。

晋城市固定资产投资的比重较上一个时期有所增加，但位次没有变化。晋城市固定资产投资仍然是以第二产业为主，特别是采矿业，晋城拥有丰富的煤炭和煤层气资源，虽然近年来采矿业投资比重有所下降，但在全市固定资产投资中的比重仍在20%以上。

吕梁市也是资源丰富的地市，煤、铁、铝土矿储量丰富，其固定资产投资也是以第二产业投资为主，其中采矿业的投资在近年来一直保持在25%左右的投资比重，制造业投资所占的比重波动较大，2009年和2010年与2008年相比投资比重有较大的回落；第三产业中交通运输业投资最多。

忻州市固定资产投资地位在上一时期位列全省最后，这一时期其固定资产投资比重有所提高。其固定资产投资也是以第二产业为主，制造业和电力等行业投资较多，但是制造业在2009年和2010年的投资比重出现了较大幅度下降，主要是与市场需求情况有关；第三产业中交通运输的投资最为突出。

朔州市矿产资源丰富，尤以原煤突出，已经形成了以煤电为体的工业产业结构，一直以来都以煤炭采选业来带动其他经济全面发展。因此，朔州的产业投资结构中，以采矿业的投资比重最大，其次是电力、燃气和水的生产和供应业，而制造业的投资在全市的投资比重不到15%；第三产业中房产地行业在全市固定资产投资中的比重近年来超过了10%，交通运输业的投资在2006年出现了下滑，所占投资比重不足9%；第一产业的投资与其他各市相比，在全市固定资产投资的比重保持在4%左右，比较平稳，这与朔州土地广阔，人均耕地面积高于全国全省平均水平相关。

阳泉市已经建设成为全国的能源重化工基地，重要的无烟煤生产基地、全国四大耐火材料生产基地之一、全省三大铝工业生产基地之一。但是进入21世纪后，阳泉的固定资产投资在全省的地位却急骤滑落，位居11个地市中的最后。阳泉市的固定资产投资一直以第二产业为主，但是2009年和2010年第二产业投资比重低于了50%，正朝着“三、二、一”投资结构转变；分行业看，采矿业是阳泉投资最多的行业，但比重仍有所下降，2005年采矿业固定资产投资在全市投资的比重为30.67%，而随后的几年，这一比例均不足30%；第三产业中房地产行业的投资最多，达到了20%左右。

山西产业投资的区域结构变迁在这一时期出现了一些新的特点，表现为：①太原市、大同市两个经济大市在山西省固定资产投资中的地位都在下降，而其他各地市所占的投资比重也在不断上升，从而其他各市的投资地位在不断上升。②山西区域产业投资结构中，除采矿业、制造业、电力业、交通运输业外，房地产行业成为新的各地市的投资主要行业之一。③新中国成立到20世纪90年代期间在山西固定资产投资中占有较大比重的地市如太原、大同和阳泉，其产业投资结构已经开始向“三、二、一”发展，而其他地市仍然是“二、三、一”产业投资结构。④经过 20 世纪 90 年代中后期的产业投资结构调整和 21 世纪初近十一年的产业投资结构全面调整，11 个地市的产业投资结构仍具有一定的相似性。

5.3 2000 ~ 2010 年山西产业投资结构变迁影响因素分析

随着山西产业投资结构全面的调整，科技受到重视，影响这一时期产业投资结构变迁的因素发生了明显的变化。除了自然资源因素对山西产业投资结构依旧的影响外，需求因素、技术进步因素的影响也变得越来越重要。

5.3.1 主要因素分析

1. 需求因素。

需求变化对这一时期山西产业投资结构影响是较大的。进入 21 世纪后，中国经济进入了快速发展的通道，各种需求也在不断的增加。首先，经济发展离不开能源的支持，煤炭产业进入了黄金发展阶段，因而，在整个经济发展的大环境下，在国内外需求的带动下，山西的能源产业在这一时期进入了投资快速增长的阶段。2008 年能源工业的固定资产投资是 1999 年的 7. 9 倍，能源生产总量是 1999 年的 2. 6 倍，能源外调量是 1999 年的 2. 8 倍，“2001 ~ 2008 年间累计出口的煤炭总量比整个 20 世纪 90 年代出口总量增长了 67. 1%”①；与能源相关的产业的投资，也受到需求的影响较大，如冶金工业的投资变化就体现出需求变化的特点。其次，随着我国对外开放度不断扩大和人们收入水平不断增加，居民的消费性支出也在不断扩大，消费需求结构相应地出现了变化，其中对服务业的需求在不断增加，推动了第三产业投资的发展；2010 年扣除物价上涨因素后的城镇居民的人均消费支出水平是 2000

① 牛仁亮，《辉煌山西 60 年》，中国统计出版社，2009 年，第 93 页。

年的2.1倍，其中居民用于食品和衣着类的消费支出比例明显下降，用于居住、交通和通信等方面的支出比例明显上升；此外，旅游业的需求也大幅度增加，2010年山西接待国内外旅游从数是1999年的5.3倍；因此，在这一时期，第三产业的固定资产投资呈现出稳步增长的态势，2010年第三产业的固定资产投资与1999年相比翻了一番，且2009年和2010年，在山西经济结构转型发展的带动下，第三产业的固定资产投资超过了第二产业的固定资产投资。

2. 技术因素。

技术进步因素也在山西产业结构调整、经济转型发展过程中受到了重视。从近十年山西技术进步科技奖授奖情况看（见表5－3），技术进步还主要是在山西传统的优势产业上，如工业中的制造业，而新型产业或是高科技产业的技术进步或技术创新非常少。从统计数据上看，2005年以后的统计数据才有了信息传输、计算机服务和软件业方面的技术进步获奖。从技术进步获奖的结构上看，依然是以山西采矿业、制造业等传统的优势产业为主，表明山西提出“传统行业新型化”政策和措施收到一定成效，而新兴服务业（具有较高附加值的服务业）在技术进步方面取得成绩还是较少的，因此尽管技术因素成为影响山西的产业投资结构变迁的重要因素之一，但其影响程度和深度还远远不够。

表5－3　　2000～2010年山西技术进步科技奖授奖情况

行　业	2000年	2001年	2002年	2004年	2005年	2006年	2007年	2008年	2009年	2010年
农、林、牧、渔业	60	50	45	29	46	34	33	27	33	36
采矿业	14	6	10	17	23	20	13	33	24	18
制造业	31	40	42	35	29	29	21	11	14	17
电力、燃气及水的生产和供应业		5	1	5						
建筑业	2	3	4	1	0	1	0	0	5	1
交通运输、仓储和邮政业	2	6	4	9	7	10	2	12	8	10
信息传输、计算机服务和软件业				1	14	12	11	8	5	13
金融业	1									
房地产业	6		9							
租赁和商务服务业				1						

续表

行　业	2000 年	2001 年	2002 年	2004 年	2005 年	2006 年	2007 年	2008 年	2009 年	2010 年
水利、环境和公共设施管理业		2		7	4	10	4	9	10	11
科学研究、技术服务和地质勘查业	14	17	18	18	15	14	44	28	32	39
卫生、社会保障和社会福利业	37	40	40	28	41	45	52	53	57	50
文化、体育和娱乐业	1				0	1	0	0	0	1
公共管理和社会组织					0	4	3	6	3	1

资料来源：相关年份《山西科技统计年鉴》，http：//www. sxinfo. gov. cn/kjzytj/index. jhtml。

当然，山西产业结构调整政策及山西经济结构调整政策等政策因素也对这一时期山西产业投资结构的变化起到了一定程度的作用。在政策引导以及相应投资力度倾斜下，农林水利、八大支柱产业、七个优势产业等都得到了快速发展。

5.3.2　用因子分析法分析 2000～2010 年山西产业投资结构变迁的因素

本章依旧采用 SPSS18.0 统计软件对影响山西产业投资结构变迁的因素即自然因素、政策因素、国家投资因素、需求因素和技术因素进行因子分析，但对选用的表示这五个因素的指标进行调整：

资源因素（var00001）：（第一产业固定资产投资总额 + 能源产业固定资产投资总额）/当年山西全省固定资产投资总额；

政策因素（var00002）：支柱产业固定资产投资额/当年山西固定资产投资总额；

国家投资因素（var00003）：国家预算内投资总额/当年资金来源总额；

需求因素 1（var00004）：山西能源外调量①/当年国家能源需求量；

① 指一、二次能源外调量。

需求因素 2 （var00005）：第三产业固定资产投资额/当年山西固定资产投资总额；

技术因素 （var00006）：更新改造投资总额/当年山西基本建设投资总额；

选取 2000～2010 年的相关数据作为分析对象，数据来源于各年份《山西统计年鉴》。

1. 确定原始变量是否适合做因子分析。

从“KMO 和 Bartelett 的检验”结果可以看出（见表 5－4），KMO 的值为 0.689，且 Bartlett 球形检验统计量的 Sig. ＜0.01，因此各变量之间存在着显著的相关性，是可以做因子分析的。

表 5－4　　KMO 和 Bartlett 的检验

取样足够度的 Kaiser-Meyer-Olkin 度量		0.689
Bartlett 的球形度检验	近似卡方	86.614
	df	15
	Sig.	0.000

2. 变量的共同度。

从“公因子方差”表中可以看出（见表 5－5），公因子能解释自然因素总值的方差的 88.4%，能解释政策因素总值的方差 98.5%，能解释国家投资因素总值的方差的 93.2%，能分别解释两个需求因素总值的方差的 81.% 和 98.2%，能解释技术因素总值的方差的 95.2%。

表 5－5　　公因子方差

	初始	提取
VAR00001	1.000	0.884
VAR00002	1.000	0.985
VAR00003	1.000	0.932
VAR00004	1.000	0.815
VAR00005	1.000	0.982
VAR00006	1.000	0.952

说明：提取方法：主成分分析。

3. 方差贡献率。

从“解释的总方差”表中可以看出（见表 5－6），前两个公因子解释的累计方差已经达到了 90% 以上，所以，提取两个公因子就比较好地解释原有变量所包含的信息。

表 5－6　　　　解释的总方差

成分	初始特征值			提取平方和载入			旋转平方和载入		
	合计	方差的 %	累积 %	合计	方差的 %	累积 %	合计	方差的 %	累积 %
1	4.414	73.566	73.566	4.414	73.566	73.566	4.386	73.108	73.108
2	1.137	18.947	92.513	1.137	18.947	92.513	1.164	19.405	92.513
3	0.270	4.508	97.021						
4	0.167	2.784	99.806						
5	0.009	0.148	99.953						
6	0.003	0.047	100.000						

说明：提取方法：主成分分析。

"旋转成分矩阵"表已经显示提取了两个成分（见表 5－7），从表中可以看出第 1 公因子对资源因素、政策因素、国家投资因素和两个需求因素的载荷较在，第 2 公因子对技术因素的载荷较大。

表 5－7　　　　旋转成分矩阵[a]

	成份	
	1	2
VAR00001	0.914	－0.223
VAR00002	0.989	－0.081
VAR00003	－0.954	0.147
VAR00004	0.823	0.372
VAR00005	－0.987	0.082
VAR00006	－0.103	0.970

说明：提取方法：主成分分析。旋转法：具有 Kaiser 标准化的正交旋转法。a. 旋转在 3 次迭代后收敛。

4. 影响因子因素的比较分析。

从表 5－8 中可以看出，2000～2010 年代表资源因素、政策因素、国家投资和需求因素的公因子得分要小于代表技术因素的第 2 公因子得分，说明山西产业投资结构变化中，由技术因素引起的产业投资结构变化与上一阶段相比较为明显；但是从影响权重来看，第 2 公因子的权重只有 19.4%，因此，代表第 2 公因子的技术因素对山西产业投资结构的总体影响还是较小的。

表 5 - 8　　2000 ~ 2010 年两个公因子得分情况

年份	2000	2001	2002	2003	2004	2005	2006	2007	2008	2009	2010
Fact1	0.06	0.05	0.06	0.12	0.14	0.16	0.14	0.13	0.11	0.05	0.05
Fact2	0.18	0.21	0.23	0.21	0.13	0.19	0.22	0.23	0.24	0.22	0.2

5.3.3　结论

从因子分析法的分析结果看，进入 2000 年后，山西产业投资结构变化的原因中，虽然资源因素、政策因素和需求因素依然很重要，但技术因素的影响也渐渐的明显，且影响度较其他因素是比较大的，这与能源重化工时期影响山西产业投资结构变化因素是具有明显不同之处的，说明山西产业投资结构变迁中内涵式变化因素在 21 世纪的十年开始显现出来，山西一系列鼓励技术进步的政策措施及企业技术进步的投资是有成效的，是有益于山西产业结构和经济结构调整的。

5.4　2000 ~ 2010 年山西产业投资结构变迁的效果评价

2000 ~ 2010 年山西省固定资产投资出现了快速增长的态势。2010 年与 2000 年相比，固定资产投资总额增长了 10 倍之多，其中第一产业的投资额增长了 23 倍多，第二产业的投资额增长了 9 倍，第三产业的投资额增长了 10 倍多，使得投资结构变迁给山西经济发展带来了重要的影响。

5.4.1　2000 ~ 2010 年山西产业投资结构变迁对山西经济发展的影响

随着这一阶段山西产业投资结构的变化，山西经济结构得到了进一步调整，也给山西经济发展带来了可喜的变化。

5.4.1.1 三次产业投资结构变迁对三次产业产值结构变化的影响

2000～2010年，三次产业在山西生产总值中的构成基本于山西三次产业投资结构的变化是一致的。2000～2002年三年时间内，山西第三产业的投资在全省固定资产投资中的比重超过了50%，山西第三产业的产值在山西生产总值的比重占到了四成以上，仅比第二产业的产值所占的比重略低几个百分点，而高于工业产值所占的比重；2003～2008年，第三产业投资在山西固定资产投资中的比重出现大幅度下降，其中2004年、2005年和2006年投资于第三产业的份额不足全省固定资产投资四成，第三产业的产值在全省生产总值中的比重下滑至四成以下，同期，第二产业的投资比重重新超过了全省固定资产投资的一半以上，因此第二产业的产值在全省生产总值的比例又再次超过了一半，工业的产值也超过了第三产业的产值；尽管2009年和2010年第三产业固定资产投资的比重再次超过全省的50%，但是投资是具有滞后效应的，因此第三产业的产值仍小于第二产业和工业产值；第一产业的投资虽然是上升态势，但是在全省固定资产投资中其比重不足5%，且第一产业的产值在全省生产总值中的比重也在8%以下。因此，从第二产业和第三产业发展变化看，产业投资结构的变化直接影响着产业产值在地区生产总值的变化，也说明了第二产业和第三产业主要是靠投资拉动发展的。

5.4.1.2 投资主体结构变迁说明非国有投资主体对山西经济发展影响增加

非国有单位完成的固定资产投资从2003开始超过了国有投资主体，成为山西主要的投资主体，民间投资强劲增长，例如，“十一五”期间民间投资完成10168.6亿元，年均增长25.1%，占全社会投资的比重为50.2%[①]；民营经济增加值从2006年2548亿元，增加到了2010年4338.6亿元，年均增长率为14.2%，民营经济占全省生产总值的比重维持在50%左右，吸纳了全省75%的城市新增劳动力和60%以上的农村富余劳动力就业，税收由2006年的360亿元增加至2010年的999.9亿元，占到全省税收的62.6%；2005

① 山西省统计局，《山西发展数典》（十一五投资篇），山西经济出版社，2011年，第7页。

年，全省销售收入亿元以上的民营企业359家，其中10亿元以上的企业18家，纳税千万元以上的228家，超过亿元的企业14家，而到2010年时，全省营业收入亿元以上的民营企业达到589家，10亿元以上民营企业达到62家，20亿元以上民营企业达到21家，50亿元以上民营企业达到5家，纳税在亿元以上的民营企业达到54家①。

5.4.1.3 三次产业内部投资结构变迁带来了多元化的经济增长

1. 第一产业内部投资结构的变化使得第一产业的生产结构正在向着农林牧渔业全面发展转变。

在农林牧渔总值的比重中，农业（种植业）的比重进一步下降至60%左右，而畜牧业所占的比重进一步上升至30%左右，林业的产值比重也由2000年的不足4%上升至2010年的6.2%，第一产业服务业的产值比重也达到了5%左右。种植业中，在保证粮食作物丰产的同时，加快了经济作物的发展，开展了高效园艺建设工程，丰富了“菜篮子”；果园面积由2000年的288.89千公顷增加到2010年的294.38千公顷；水果产量由2000年的204.5万吨增加到2010年的408.5万吨；同时，甜菜、烟叶、药材等产品的产量也在不断增加。林业方面，随着对退耕还林、天然林保护、绿化等重点工程的投资建设，山西省每年的造林面积基本保持在300千公顷左右；林业产业也发展迅速，到2010年末，初步形成了以干果经济林、森林旅游、种苗花卉、林产品加工为主的林业产业，干果经济林总面积达至86.8万公顷，森林公园总量达到111个、面积达到54万公顷，各类苗圃达到13218处、育苗总面积7.6万公顷，以干果经济林为主的林产品加工企业1800多个、年加工能力达到2.9亿千克②。畜牧业在“十一五”期间较多的投资下，生产格局、生产结构和效益都有了较大的发展：随着标准化养殖小区和规模养殖场的建设，畜牧业正向专业化、规模化和标准经转变；畜牧业的综合生产能力持续提升，由过去的主要肉用、役用转变为“肉、蛋、奶、毛、役”综合利用，2010年，全省肉、蛋、奶产量分别比2005

① 详见：http：//www.shanxigov.cn/n16/n8319541/n8319717/n8328530/n16728954/n16729070/16733429.html。

② 数据来源：《2011年山西经济年鉴》，http：//www.shanxigov.cn/n16/n8319541/n8319597/n8320137/n16443296/index.html。

年下降20%、增长24.3%和1.5%。此外，农业现代化在不断提升，农业机械化播种面积所占的比重由2000年的17.6%增长至2010年的27.3%；机电排灌面积由2000年报939.07千公顷增加至2010年的961.9千公顷，农业用电装机容量由2000年的24900千瓦增加至2010年的29264千瓦。

2. 第二产业特别是工业投资结构的变化使得山西工业不断向传统产业新型化、新兴产业规模化、支柱产业多元化方向发展。

2002年以来，山西形成了煤炭、冶金、焦炭和电力四大传统支柱产业，其固定资产投资达到了全省同期城镇工业固定资产投资的60%以上。这四大支柱产业对山西工业发展的贡献非常大，2010年，煤炭工业的销售收入和利税额占到全省工业的42.9%和62.5%；冶金产业销售收入和利税额占到全省工业的20.4%和7%；焦炭产业的销售收入和利税额占到全省工业的11.3%和3%；电力产业的销售收入和利税额占到全省工业的8%和1.9%。2008年传统产业新型化率为50.41%，比2000年提高了39.86%①。煤炭产业不断推进矿井向集约化、规模化、信息化和现代化转变，30万吨以下小煤矿全部淘汰，保留下来的矿井全部实现机械化，单井平均规模达到120万吨/年以上，全省重点煤炭企业的煤炭业务和非煤炭业务齐头并举，甚至有些企业的非煤炭业务发展更快，对企业的发展作用已经超过了煤炭业务；冶金产业注重节能减排和环境保护，采用先进的工艺设备，实现了跨越式发展，其中，太原钢铁集团成为全球产能最大、工艺技术装备最先进的不锈钢企业，电解铝企业全面使用预焙槽工艺，能耗和污染大幅降低，山西成为全国重要的铝工业生产基地之一，镁合金加工能力有了较大发展；焦炭产业产品品种不断优化，机焦的生产能力占到了焦炭生产能力的98%以上，大机焦从无到有，同时焦炭的深加工能力提高，焦油回收利用率逐年提升；电力产业新型化步伐也加快，全省发电装机容量大幅提升，单位能耗不断下降，2008年全省火力发电标准煤耗349克/千瓦时，比2005年降低了38克/千瓦时，外送电量也在不断上升，由2000年的119.14亿千瓦时增加到2010年的735.84亿千瓦时。

在山西经济结构调整下，现代煤化工、先进的装备制造业、医药、新型材料、特色食品和高新技术等新兴产业快速发展起来。以“十一五”为例，新兴

---

① 详见牛仁亮，《辉煌山西60年》，中国统计出版社，2009年，第83页。

产业这五年内投资比重不断提高，五年累计完成投资额达2242.6亿元，年均增长率为32.1%，高于传统产业近20个百分点。2007年工业高新技术产业增加值占全省GDP的比重超过了5%；2008年工业高新技术产业的主营业务收入是2000年的4.32倍，平均每年增长23.24%，装备制造业完成增加值186亿元，是2003年的3.3倍，医药产业销售收入比2003年增加112%；2008年全省新兴产业规模化水平为37.84%，比2000年提高27%，比2005年提高12.92%①。

3. 第三产业内部投资结构的变化推动第三产业向集约化和高层次发展。

第三产业的投资仍以交通运输业为主，但其他行业，特别是现代化服务业投资明显加强，使得第三产业的结构也正由传统服务业向现代服务业转变，对国民经济和社会发展的服务功能明显增强。山西现代服务业中，文化产业及旅游业、通信业和房地产业发展迅速。以文化产业及旅游业为例，随着居民收入水平的提高，文化产业及旅游业的市场不断扩大，山西近年来加大了对文化产业和旅游业的投资。2006～2010年，全省城镇文化产业和旅游业投资分别达到了406.3亿元和207.1亿元，平均增幅在50%以上，占全社会城镇固定资产投资的比重也分别由2005年的1.1%和0.6%上升至2010年的2.7%和1.3%，全省旅游基础设施建设稳步推进，提高了旅游接待水平，为旅游业发展创造了条件；2000年山西旅游业总收入为81.35亿元，2010年则达到了1083.46亿元，是2000年的13.32倍，旅游外汇收入由2000年的4991万美元增加到2010年46460万美元，旅游接待人数由2000年的2905万人增加到2010年的12497万人，旅游业正在成为山西新的支柱产业之一。

5.4.2　2000～2010山西产业投资结构变迁的贡献分析

采用与上一节同样的分析方法对2000～2010年的山西产业投资结构变迁的贡献进行分析。

1. 产业投资结构的变化对山西经济增长的贡献分析。

本节仍以5年为一个期限（与国民生产五年计划相一致），以上一个五年计划的平均值作为基期、本期五年计划的平均值作为报告期来测度本期产

① 详见牛仁亮，《辉煌山西60年》，中国统计出版社，2009年，第15页、第85页。

业投资结构变化所产生的经济效益，结果（见表 5 – 9）表明：①在经过 20 世纪 90 年代末的产业结构调整后，2001 ~ 2005 年山西产业投资结构变化产生的经济效益较上一个时期有了明显的好转，为正效益，而好转最主要的因素在于第二产业投资结构变化产生的经济效益由负转正，出现了好转；第一产业的投资结构变化产生的经济效益仍为负，但是数值是在缩小的，说明第一产业投资结构较上一时期有所好转；第三产业的投资结构变化产生的经济效益却由一个时期的正值变为了本期的负值，说明第三产业的投资结构变化引起的收益有所下降。②2006 ~ 2010 年，山西产业结构变化产生的经济效益仍然为正，但是与 2000 ~ 2005 年相比有所下降；第一产业和第三产业投资结构变化所带来经济效益仍为负值，但第一产业的数值较上一下时期继续下降，第三产业则有所好转；第二产业投资结构变化产生的经济效益值依旧保持了正值。③表 5 – 9 的结果说明山西自 20 世纪 90 年代后期开始产业结构和经济结构调整是有成效的，特别是对第二产业的结构调整，改变了第二产业投资结构变化产生的效益，从而改善了山西产业投资结构变化所产生的经济效益；同时也证明第二产业的投资结构变化对当前山西产业投资结构调整的重要性，第二产业发展对山西经济发展的重要性。

表 5 – 9　2001 ~ 2010 年山西产业投资结构变迁产生的经济效益

时间	山西产业投资结构变化产生的经济效益	第一产业投资结构变化产生的经济效益	第二产业投资结构变化产生的经济效益	第三产业投资结构变化产生的经济效益
2001 ~ 2005 年	0. 023523742	–0. 000177837	0. 059671404	–0. 035969825
2006 ~ 2010 年	0. 00647321	–0. 000404029	0. 011601113	–0. 004723874

资料来源：2011《山西统计年鉴》，http：//www. stats – sx. gov. cn/nianjian/2011/html/njcx. htm，并加以整理计算。

2. 各产业部门投资结构变迁的贡献。

由于工业投资依然是本阶段投资的重点，其投资所占山西固定资产投资的比重仍是最多的产业，因此，本节仍以轻重工业投资结构为例来进行本阶段各产业部门投资结构贡献分析，分析方法同上一章，结果见表 5 – 10。

表5－10　　按现值计算的工业内部投资结构变迁贡献　　单位：元

	2000～2003年	2003～2005年	2005～2008年	2008～2010年
轻重工业投资结构变化引起的产值变化	4.849106603	－10.34671976	4.810177854	5.177037478
轻重工业投资结构变化引起的税收变化	7.302990518	3.681893913	5.835755966	0.260580216

资料来源：2001～2011年《山西统计年鉴》，并加以整理计算。

从每百元固定资产原值实现的产值的贡献来看，2000～2003年，轻重工业结构的变化所增加的产值是4.85元；2003～2005年，轻重工业结构的变化所引起的产值是减少了10.35元；2005～2008年，轻重工业结构的变化所引起的产值增长了4.81元；2008～2010年，轻重工业结构的变化所引起的产值增加了5.18元。从每百元固定资产产值实现的利税，2000～2003年，轻重工业结构的变化所引起的利税增加了7.3元；2003～2005年，轻重工业结构的变化所引起的利税增加了3.68元；2005～2008年，轻重工业结构的变化所引起的利税增加了5.84元；2008～2010年，轻重工业结构的变化所引起的利税只增加了0.26元。

表5－10的结果说明，2000年以来山西轻重工业的固定资产投资结构有了实质性的好转，因为在此之前的上一个阶段，无论是每百元固定资产原值实现的产值的贡献，还是每百元固定资产产值实现的利税，或是为负数，或是为很小的正数，而2000年以后，除了2003～2005年期间每百元固定资产原值实现的产值的贡献之外，每百元固定资产原值实现的产值的贡献和每百元固定资产产值实现的利税均为正值，也说明了山西经济结构调整是有明显成效的。

由于统计数据的限制，本书详细的分析是轻重工业各自的投资结构变化怎样引起的工业内部投资结构贡献，但是，从计算轻重工业投资结构变化引起的产值和利税的贡献的过程中也可以看出，重工业的产值和利税的变化对结果影响是非常大的，例如，2003年重工业每百元固定资产原值实现的产值和利税较2000年均有大幅度的上涨，而2005年重工业每百元固定资产原值实现的产值却较2003年有较大幅度的下降，从133.03元下降至121.76元，因此2003～2005年轻重工业结构的变化所引起的产值出现了负值。因此，山西在进行工业内部结构调整时，还需要进一步调整轻重工业的投资结构，以减少重工业经济环境出现的变化对山西整个工业产生的影响。

5.4.3 山西产业投资结构变迁与山西经济增长关系——基于协整检验的分析

从产业结构的角度分析经济增长是学术界研究经济增长的主要视角。但是产业结构的形成是产业投资结构的结果，因此，产业投资结构本身也会对经济增长产生动态的、长期的影响。本章通过山西固定资产投资与地区国民生产总值间的协整关系来分析山西产业投资结构与山西经济增长之间的关系。

5.4.3.1 模型建立与数据选择

1. 模型建立。

研究资本、劳动与经济增长关系通常采用道格拉斯生产函数，本章就在此函数的基础上建立产业投资结构函数。

$Y = AK^{a}L^{\beta}$ 其中：A 代表技术进步，K 代表资本，L 代表劳动。

资本是由投资形成的，这里研究的产业投资结构的问题，假设 μ_i（i＝1，2，3）分别代表第一、二、三产业投资的比重，Li（i＝1，2，3）分别代表第一、二、三产业就业的人数，Yi（i＝1，2，3）分别代表第一、二、三产业的产出（GDP），且技术不变，因此，道格拉斯生产函数可以改写为

$$Y_i = (\mu_i K)^{a} L_i^{\beta} \tag{5-1}$$

对（5－1）式两边取对数，可以得到（5－2）式

$$\ln Y_i = a(\ln\mu_i + \ln K) + \beta \ln L_i \quad i=1,\ 2,\ 3 \tag{5-2}$$

2. 数据选择。

产业投资是由固定资产投资和流动资产投资组成的，是生产过程不可缺少的生产要素，且固定资产和流动资产在数量上还要成比例，固定资产投资的规模和结构决定着流动资产投资的数量和结构。因此，鉴于固定资产投资在整个产业投资中的重要性，并且缺少相关流动资产投资数据，本章用固定资产投资数据来代替产业投资数据。数据选取范围为 1980～2010 年，数据来

源为各年份《山西统计年鉴》。

5.4.3.2 实证检验

1. 时间序列平稳性检验。

在对时间序列进行协整检验之前，先要对时间序列进行平稳性检验，只有变量之间在同阶上达到平稳，才能进行协整检验。分别对 lnY1、lnY2、lnY3、lnμ1、lnμ2、lnμ3 和 lnK、lnL1、lnL2、lnL3 进行单位根检验，结果如表 5－11 所示。

表 5－11　　序列及一阶差分序列单位根检验结果

序列	T检验统计值	1%临界值	5%临界值	10%临界值	是否平稳
lnY1	－0.844	－3.67	－2.96	－2.62	否
lnY2	1.21	－3.67	－2.96	－2.62	否
lnY3	－1.096	－3.67	－2.96	－2.62	否
lnμ1	－2.61	－3.67	－2.96	－2.62	否
lnμ2	－1.45	－3.67	－2.96	－2.62	否
lnμ3	－1.66	－3.67	－2.96	－2.62	否
lnK	0.68	－3.67	－2.96	－2.62	否
lnL1	－1.97	－3.67	－2.96	－2.62	否
lnL2	－2.55	－3.67	－2.96	－2.62	否
lnL3	－2.03	－3.67	－2.96	－2.62	否
dlnY1	－5.54	－3.67	－2.97	－2.62	是
dlnY2	－4.64	－3.68	－2.97	－2.62	是
dlnY3	－4.91	－3.68	－2.97	－2.62	是
dlnμ1	－5.16	－3.68	－2.97	－2.62	是
dlnμ2	－4.85	－3.68	－2.97	－2.62	是
dlnμ3	－5.298	－3.68	－2.97	－2.62	是
dlnK	－3.48	－3.68	－2.97	－2.62	是
dlnL1	－6.62	－3.68	－2.97	－2.62	是
dlnL2	－6.16	－3.68	－2.97	－2.62	是
dlnL3	－7.41	－3.68	－2.97	－2.62	是

从表5-11可以看出，各变量的原序列是非平稳序列，除lnK的一阶差分序列在5%临界值水平下平稳外，其他序列一价差分的检验统计量在1%临界值水平下均是平稳序列，因此满足协整检验的条件。

2. Johansen协整检验。

分别对第一、二、三产业的产出、固定资产投资的比重、就业和全社会固定资产投资的关系Johansen协整检验，分别得到协整方程，用Granger因果检验来验证协整检验。

（1）第一产业变量间的协整关系。

① 协整检验。

见表5-12。

表5-12 第一产业Johansen检验结果

协整方程数	特征值	似然比	5%临界值	相伴概率
None*	0.651265	59.17506	47.85613	0.0031
At most 1	0.547313	28.62524	29.79707	0.0678

第一产业产出与第一产业投资比重、第一产业从业人数和全社会固定资产投资的协整关系在5%的水平且滞后期为一期的条件下只有一个协整关系，似然值为114.0706，协整关系式为

$$\ln Y1 = 7.55\ln\mu 1 + (-0.45)\ln K + 10.26\ln L1 \quad (5-3)$$

（5-3）式为第一产业投资比重、第一产业从业人数和全社会固定资产投资的长期均衡方程。从所估计的方程可以看出，第一产业的固定资产投资比重和第一产业就业人数对第一产业的GDP有明显的促进作用，其中第一产业的固定固定资产投资比重的对数上升1%，则第一产业的产出（GDP）的对数会上升7.55%；第一产业的就业人数的对数上升1%，则第一产业的产出（GDP）的对数会上升10.26%；而全社会固定资产投资的对数上升1%，则会造成第一产业的产出（GDP）的对数有0.45%的小幅下降。

② Granger因果检验。

从表5-13的结果可以看出，在滞后长度为1时，第一产业固定资产投资的比重的对数是引起第一产业产出的对数变化的格兰杰原因，而第一产业产出的对数不是引起第一产业固定资产投资的比重的对数变化的格兰杰原因；

在滞后长度为2时，山西省全社会固定资产投资的对数是引起第一产业产出的对数变化的格兰杰原因，而第一产业产出的对数不是引起全社会固定资产投资的对数变化的格兰杰原因；在滞后长度为4时，第一产业就业的对数不是第一产业产出对数变化的格兰杰原因，而第一产业产出的对数是第一产业就业对数的变化的格兰杰原因。

表5－13　第一产业Grange因果检验结果

原假设	滞后阶数	F检验值	概率	结论
lnμ1不是引起lnY1变化的Granger原因 lnY1不是引起lnμ1变化的Granger原因	1 1	3.33590 0.07006	0.07886 0.79327	10%水平下拒绝原假设 不能拒绝原假设
lnK不是引起lnY1变化的Granger原因 lnY1不是引起lnK变化的Granger原因	2 2	2.86882 1.32477	0.07636 0.28462	10%水平下拒绝原假设 不能拒绝原假设
lnL1不是引起lnY1变化的Granger原因 lnY1不是引起lnL1变化的Granger原因	4 4	0.521 3.98671	0.72149 0.01732	不能拒绝原假设 拒绝原假设

（2）第二产业变量间的协整关系。

①协整检验。

见表5－14。

表5－14　第二产业Johansen检验结果

协整方程数	特征值	似然比	1%临界值	相伴概率
None *	0.6797	66.42013	54.6815	0.0004
At most 1	0.57051	34.4384	35.45817	0.0151

第二产业产出与第二产业投资比重、第二产业从业人数和全社会固定资产投资的协整关系在1%的水平且滞后期为一期的条件下只有一个协整关系，似然值为142.8503，协整关系式为

$$\ln Y2 = 0.07\ln\mu 2 + 0.87\ln K - 0.32\ln L2 \qquad (5-4)$$

（5－4）式为第二产业投资比重、第二产业从业人数和全社会固定资产投资的长期均衡方程。从所估计的方程可以看出，第二产业固定资产投资比重对数上升1%，第二产业产出的对数会上升0.07%；全社会固定资产投资的对数上升1%，第二产业产出的对数会上升0.87%；第二产业就业人数的

对数上升 1%，则第二产业产出的对数会下降 0.32%。

② Granger 因果检验。

由表 5－15 可以看出，在滞后长度为 8 时，第二产业固定资产投资的比重的对数是引起第二产业产出的对数变化的格兰杰原因，而滞后长度为 6 时，第二产业产出的对数是引起第二产业固定资产投资的比重的对数变化的格兰杰原因；在滞后长度为 2 时，山西省全社会固定资产投资的对数不是引起第二产业产出的对数变化的格兰杰原因，而第二产业产出的对数是引起全社会固定资产投资的对数变化的格兰杰原因；在滞后长度为 2 时，第二产业就业的对数与第二产业产出对数互不为格兰杰因果关系。

表 5－15　第二产业 Grange 因果检验结果

原假设	滞后阶数	F 检验值	概率	结论
lnμ2 不是引起 lnY2 变化的 Granger 原因	8	3.31808	0.08061	10% 水平下拒绝原假设
lnY2 不是引起 lnμ2 变化的 Granger 原因	6	2.36338	0.09654	10% 水平下拒绝原假设
lnK 不是引起 lnY2 变化的 Granger 原因	2	0.26579	0.76883	不能拒绝原假设
lnY2 不是引起 lnK 变化的 Granger 原因	2	4.40256	0.02351	拒绝原假设
lnL2 不是引起 lnY2 变化的 Granger 原因	2	0.61106	0.551	不能拒绝原假设
lnY2 不是引起 lnL2 变化的 Granger 原因	2	0.82537	0.45013	不能拒绝原假设

（3）第三产业变量间的协整关系。

① 协整检验。

见表 5－16。

表 5－16　第三产业 Johansen 检验结果

协整方程数	特征值	似然比	1% 临界值	相伴概率
None *	0.729539	50.80478	47.85613	0.0257
At most 1	0.213332	11.576	29.79707	0.9456

第三产业产出与第三产业投资比重、第三产业从业人数和全社会固定资产投资的协整关系在 5% 的水平且不存在滞后期的条件下只有一个协整关系，似然值为 152.7616，协整关系式为

$$\ln Y3 = 1.32\ln\mu 3 - 0.42\ln K + 5.697\ln L3 \qquad (5-5)$$

（5－5）式为第三产业投资比重、第三产业从业人数和全社会固定资产投资的长期均衡方程。从所估计的方程可以看出，第三产业固定资产投资的比重的对数上升 1%，第三产业产出的对数会上升 1.32%；全社会固定资产投资的对数上升 1%，第三产业产出的对数会下降 0.42%；第三产业就业人数的对数上升 1%，则第三产业产出的对数会上升 5.697%。

② Granger 因果检验。

由表 5－17 可以看出，在滞后长度为 4 时，第三产业固定资产投资比重的对数是引起第三产业产出的对数变化的格兰杰原因，而在滞后长度为 7 时，第三产业产出的对数也是引起第三产业固定资产投资比重的对数变化的格兰杰原因；全社会固定资产投资的对数不是引起第三产业产业对数变化的格兰杰原因，但在滞后长度为 9 时，第三产业产出对数是引起全社会固定资产投资对数变化的格兰杰原因；在滞后长度为 1 时，第三产业产出的对数和第三产业就业人数的对数互为格兰杰因果关系。

表 5－17　　第三产业 Grange 因果检验结果

原假设	滞后阶数	F 检验值	概率	结论
lnμ3 不是引起 lnY3 变化的 Granger 原因	4	3.05038	0.04399	拒绝原假设
lnY3 不是引起 lnμ3 变化的 Granger 原因	7	3.21624	0.05327	10% 水平下拒绝原假设
lnK 不是引起 lnY3 变化的 Granger 原因	9	0.52239	0.80219	不能拒绝原假设
lnY3 不是引起 lnK 变化的 Granger 原因	9	11.8460	0.03317	拒绝原假设
lnL3 不是引起 lnY3 变化的 Granger 原因	1	2.96231	0.09667	10% 水平下拒绝原假设
lnY3 不是引起 lnL3 变化的 Granger 原因	1	9.19418	0.00531	拒绝原假设

5.4.3.3　结论

从山西三次产业的产出、各产业的固定资产投资比重、全社会固定资产投资及各产业的就业之间的协整关系和格兰杰因果关系的结果看，可以得出以下结论：

1. 三次产业中的每个产业固定资产投资在全社会固定资产投资中的比重，从协整检验的结果看均对各产业的产业均有积极的影响，也就是说三次产业投资结构的变动会均会影响每个产业的产出，特别是第一产业，其投资比重的变化对第一产业的产出影响是三次产业中影响最大的；从Grange因果关系检验的结果可以看出，三次产业的投资结构的构成均是各产业产出变化的原因，而第二产业和第三产业产出变化也会成为影响第二和第三产业的固定资产投资在全社会固定资产投资中比重的原因。这一结果表明，各产业固定资产投资结构会对整体的地区生产总值产生影响，从当前的情况来看，山西第一产业的固定资产投资比重是最低的，但对第一产业产出的影响是三次产业中最大的，而山西固定资产投资比重最多的第二产业，其投资比重的影响却是三次产业中最小的，第三产业无论是固定资产投资的比重还是其对第三产业产出的影响都是居中的。这也进一步说明，山西三次产业的固定资产投资结构还需进一步调整，以提高第二和第三产业投资的结构效应。

2. 全社会固定资产投资对三次产业产出的影响是不同的。从协整检验的结果看，山西全社会固定资产投资只有对第二产业的产业有积极的影响，而对第一产业和第三产业却是负影响，且全社会固定资产投资对第一产业和第三产业的负影响之和的绝对值与其对第二产业的正影响是相等的，之所以出现这样的结果，主要是因为第二产业投资比重达到了全社会固定资产投资的60%以上，无论是从总量上看还是从结构上看，第二产业在山西产业投资中占据着非常重要的地位，而第一产业和第三产业的投资比重和投资总额与第二产业相比却非常少，因此这样的结果，即三次产业投资结构比重的增加都会引起相关产业产出的增加但是投资的增加却只会引起第二产业的增加，说明山西全社会固定资产投资的分配也就是三次产业投资的分配结构是不合理的；从Grange因果检验结果看，全社会固定资产投资的变化是引起第一产业产出变化的原因，却不是引起第二产业和第三产业产出变化的原因，而第二和第三产业产出的变化是引起全社会固定资产投资变化的原因，第一产业产出的变化不是引起全社会固定资产投资变化的原因，这一结果再次说明，在以往的投资中，投资总量的变化对产业产出的影响已经非常小了，也就是说，仅通过投资规模的扩张而不注重产业投资结构，对经济增长的影响已经非常有限了，因此在扩大投资规模的同时，更应合理的调整产业投资结构。

3. 三次产业就业人数对产出的影响也是不同的。从协整检验的结果看，第一产业和第三产业就业人数会对产出产生积极的影响，而第二产业的就业人数会对第二产业的产出产生负影响；从Grange因果检验结果看，第一产业产出的变化是引起第一产业就业人数变化的原因，而第一产业就业人数变化不会引起第一产业产出的变化，第二产业就业人数和第二产业产出之间没有相互的因果关系，而第三产业的就业人数变化会引起第三产业产出的变化，同时第三产业产出的变化也会引起第三产业就业人数的变化。这样的结果说明，对于第三产业产出来说，第三产业就业人数和第三产业投资的比重是同样重要的，都会积极地影响第三产业的产出；而对于第一产业而言，只有第一产业的产出变化了才会引起第一产业就业的变化；可是对于第二产业来说，第二产业就业内部的结构变化可能比就业规模的扩大更为重要。因此，山西应加大促进第三产业就业的力度。

综上所述，从投资的角度而言，当前山西投资与经济增长关系中，产业投资结构对经济增长的作用越来越明显，而投资规模的影响正在不断减少，因此，调整产业投资结构，提高投资结构的效益，是今后推动山西经济增长的主要动力。

第6章　国家投资与山西的产业投资结构变迁

在山西产业投资结构变迁过程中，国家投资作为山西外来投资的重要一部分，曾经决定着山西产业投资结构。随着国家投资体制和政策等方面的变化，国家投资对山西产业投资结构的影响作用是也逐步减轻，到2010年，国家投资在山西产业投资总规模中的比重已经很小，其投资结构对山西产业投资结构的影响已经微乎其微。但是，国家曾经的投资对山西产业投资结构变迁的影响依然是存在的。

6.1　1950～1979年山西产业投资结构变迁中的国家投资

改革开放前，为了与计划经济体制相适应，国家在投资领域奉行了中央政府统一集中管理，尽管后来权力有所下放，但是据统计，“中央政府的投资额长期占全社会投资的80%以上，在20世纪60年代后期，国家决定把一部分折旧资金交给地方使用之后，这个比例才开始减少，到改革开放之前的1978年，中央政府掌握的投资基金仍占全社会固定资产投资的70%左右”①。因此，国家投资成为山西最主要和直接的投资，国家在山西的投资结构决定了这一时期山西的产业投资结构。

6.1.1　国家投资政策及其对山西的影响

6.1.1.1　国家的产业投资政策

新中国刚成立时，我国是一个典型的农业大国，党和国家面临的经济建设任务首先就是要发展工业，因此，中央政府在其产业政策上提出了“以农补工”、“优先发展重工业和国防工业”。在1950～1979年间，无论什么因素使得国家的经济建设经历了较大的振荡，“工业化”始终是中央政府产业发展政策的导向。

---

① 邹东涛，《中国经济发展和体制改革报告　中国改革开放30年1978－2008》，社会科学文献出版社，2008年，第261页。

1952年，中共中央明确指出“必须以发展重工业为建设重点，集中有限的资金和建设力量首先保证重工业和国防工业的基本建设……”[①]；国家第一个五年计划的基本任务之一就是“建立我国的社会主义工业化的初步基础”[②]；1957年12月4日，在《国家计委传达毛泽东关于“二五”计划的指示》中指出“第二个一年的重点，根据把我国建设成为一个具有现代工业、现代农业和现代复学文化的伟大社会主义国家的目标和要求，重点是煤、电、油等动力工业和冶金、化工等原材料工业。机械工业一方面发展农业机械，另一方面要以发展原子能、飞机和无线电及精密机械工业为重点。轻工业要跟农业走……”；1958年8月28日在《中央批准第二个五年计划的意见》中，提出了“到1962年，全国就能建成强大的独立完整的工业体系，各协作区就能建成比较完整的、不同水平和各有特点的工业体系……”的目标，并根据“二五”的目标和要求，“提出要重点抓粮食、钢铁、机械、电力和交通的生产建设……”；1965年6月16日《毛泽东关于编制“三五”计划的指示》提出“农轻重的次序要违反一下，吃、穿、用每年略有增加就好……农业投资不要那么多，要减少下来……工业而已不能分散……”；1962年9月12日，在《国家计委向中央报送“三五”计划安排情况的汇报提纲》中就明确提出“第三个五年计划期间，必须集中国家的人力、物力、财力，把三线的国防工业，原料、材料、燃料、动力、机械、化学工业，以及交通运输系统逐步建设起来……”；1966年6月7日，国家计委会同冶工业部草拟了《地方小钢铁厂发展规划》，并在7月12日作为农业机械化湖北现场会文件印发，此后各地开始兴建“五小”企业；1970年，在全国计划会议上，提出了第四个五年计划期间国民经济发展的任务，其中“大三线战略后方”和“狠抓钢铁、军工、基础工业和交通运输的建设”[③]依旧是投资重点；而1973年，国家计委在投资政策上做了调整，一方面提出重点建设内地战略后方的同时要充分发挥沿海工业基地的生产潜力，另一方面提出农轻重的比例关系，

---

① 详见1952年12月22日中央《关于编制1953年计划及长期计划纲要若干问题的指示》，www. sdpc. gov. cn/fzgh/ghwb/gjjh/。

② 《全国人大通过第一个五年计划》，1955年7月30日，www. sdpc. gov. cn/fzgh/ghwb/gjjh/。

③ 《全国计划会议拟订1970年计划和“四五”计划纲要（草案）》，1970年2月15日，www. sdpc. gov. cn/fzgh/ghwb/gjjh/。

而且对主要工业品——钢铁，提出了质的要求。

中央政府在新中国成立后至改革开放前的一系列投资政策，涉及投资结构方面是非常清晰的，主要有以下几个特点：

（1）单一的投资主体结构。中央政府基本是唯一的投资主体，其投资行为决定着各地方的投资规模、投资方向，而地方政府或企业很少掌握固定资产投资资金，更不用说决定投资规模和投资方向了。

（2）工业为主的投资结构。重工业和国防工业始终是中央政府投资的重点。国家提出“工业化”，实质上就是“重工业化”、“国防工业化”，因此，具有重工业发展优势的资源型区域必然会因其自然资源而得到更多的投资。同时，作为工业发展的需要，交通运输业也成为这一时期投资的重点。

（3）国家政策决定的投资结构。无论是农业、基础工业、重大项目，还是关系到人民生活的基本轻工业，都是由中央政府进行投资，而每个产业、每个行业投资的规模及比例全部根据国家发展的需要来制定。因此，国家出台的产业政策都会对当时的产业投资结构形成显著的、深刻的、持续的影响。

6.1.1.2 国家投资政策对 1950～1979 年山西产业投资结构变迁的影响

国家投资政策对山西产业投资结构形成的最大影响就是这些政策决定了山西产业投资结构的形成，但国家在山西的投资政策又体现出山西特色。

国民经济恢复时期，国家投资政策强调的投资重点是工业、水利建设和交通邮电业，而山西这一时期的投资重点也是工业、水利建设和交通邮电业，但是对于工业的投资就已经表现出山西特点。鉴于山西原有的工业基础，国家在这一时期对山西工业的投资除了恢复和扩建原有的企业外，还兴建了一批重化工企业，而且国家十四个重大工程项目中，山西就占据了其中的一项。

“一五”时期在国家“集中力量发展重工业”的政策指导下，山西被国家定位于“重工业区”，由此开始走上了“倚重倚工”的工业化发展道路。“一五”期间，由国家投资建设的 156 个项目中，在山西的项目总数仅次于辽宁、陕西、黑龙江，和甘肃一样，共 16 项，占全部项目总数的 10%；这 16 个项目中，有 11 个项目在太原；项目类别涉及煤炭、机械、电力等多个产业。

“大跃进”时期国家更是提出了“以钢为纲”的投资结构政策，且强调的重点投资产业就是原材料工业和动力工业，山西在这两个工业类别上明显具备资源性优势。因此，这一时期，山西的原料工业和动力工业继续发展，大中型项目不断地投入，并且在国家相关投资政策的推动下，山西的“五小”企业掀起了发展高潮。

1961～1965 年国民经济调整时期，国家投资政策对山西产业投资结构的变化不大，只是在投资规模上有所调整，停建了一批项目，压缩了投资规模，但在工业投资结构上依旧是“倚重”的结构特点。

“文革”期间，国家进行了“三线”建设，山西位于“三线”建设的后方腹地，依照国家对“三线”的投资政策及投资布局的调整，山西对原有产业（如煤炭工业）投资规模下降，而对涉及国防的产业如航天工业和装备制造工业投资规模增加，与此相关的交通运输业投资规模也得以增加。

以上内容可以看出，1950～1979 年，山西产业投资领域投资什么、投资多少、在哪儿投资几乎都是由国家产业政策和投资政策决定的。因此，可以说，1950～1979 年山西产业投资结构变迁体现出了国家对山西产业发展定位，国家投资也成为这一阶段山西产业投资结构变迁的唯一动力，深深地影响着山西当时及以后的产业投资和经济发展。

6.1.2 1950～1979 年山西产业投资结构变迁中的国家投资区域分布

国家投资区域分布在改革开放前因区域的经济地位和国家战略、政策等因素的不同出现了变化。

新中国成立到“三五”期间，东北重工业在中国工业比例中都占到60%，如果算上轻工业，上海市就占到工业总产值的40%，其他的工业和经济发达城市，如天津、青岛、济南、徐州、南京等多分布在东部沿海。中部只有武汉、郑州、太原、大同等城市周边地带是工业发达的经济区。

到了“三五”计划时，“三五”计划的内容由原来的解决吃穿用为主，变成了立足于早打、大打、打核大战的全力备战了。特别是大三线和小三线的建设，国家投资重点（投资的70%）转向中西部地区，大批工业从东部老工业地带迁徙至三线地区。而且基本以军工，重型机械，重型装备等长、大、粗笨重工业为主。至1978 年改革开放前，中西部，特别是中部工业地带和经济区已经成型，比例上升到30%了。图6－1是1953～1975年间国家在华北、东北、华南、华东、西南和西北①的投资比例分布，可以看出，第一个“五年”计划期，国家在东北地区的投资是最多的，“大跃进”以后，投资比重下降，1966～1970年其投资比重在全国最少；华南地区、西南地区和西北地区1963年以后得到了国家更多的投资，其中西南地区，在“三线”建设时期的1966～1970年间占据了国家投资的22.1%，仅重庆就占据了国家投资比重的13.6%，而这三个地区加上华北地区的河北和山西腹地正是“三线”建设的区域。国家投资在山西的比重基本保持平稳，没有出现大起大落，这与国家对山西的产业定位和山西的战略地位密不可分的。

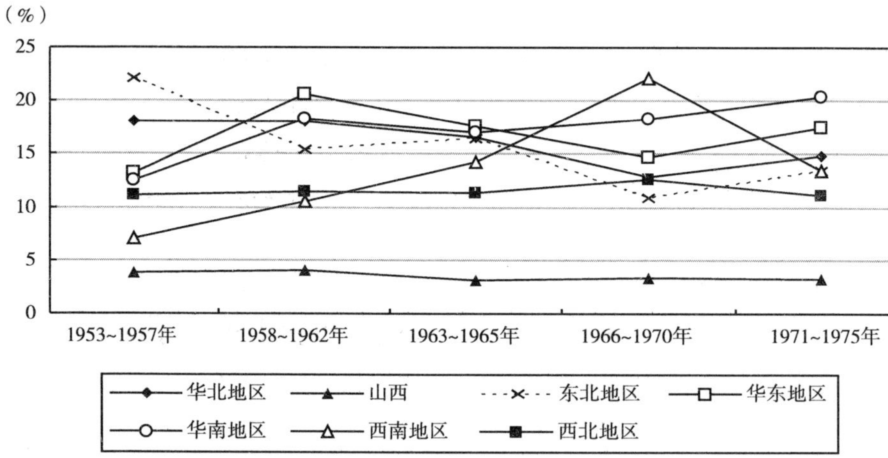

图6－1　1953～1975年国家投资地区分布图

资料来源：《中国固定资产投资统计数典》（1950－2000），中国统计出版社，2002年，第100页。

1978年以前，国家在山西的投资主要是工业和交通运输业为主，其中又以重工业的投资为重，而对农业的投资是非常少的。这样的投资结构是与国家产业投资政策和发展战略相一致的。但是与全国平均水平相比，国家在山

① 华北地区包括：北京、天津、河北、山西和内蒙古；东北地区包括：辽宁、吉林和黑龙江；华东地区包括：上海、江苏、浙江、安徽、福建、江西和山东；华南地区包括：河南、湖北、湖南、广西、广东和海南；西南地区包括：重庆、四川、贵州、云南和西藏；西北地区包括：陕西、甘肃、青海、宁夏和新疆。

西各产业投资又表现出山西的特点。

6.1.2.1 山西各产业投资在国家投资中的地位与山西产业投资结构变迁

1978 年以前，全国各地的投资均由国家安排，而国家又是从国家的总体需求角度和地方的供给条件两个方面来安排各地的投资情况，因此，国家对山西各产业的投资情况可以在一定程度上反映出国家对山西经济发展的定位，也是山西产业投资结构形成的过程。

图 6－2 中的均线为某一产业全国的投资平均到 31 个省的比重，以此为标准可以看出，国家对山西农业的投资除“一五”时期外，其他时期是远远高于全国平均水平的，特别是“二五”期间，达到了近 9%；国家对山西农业的投资主要集中在农田水利建设上，而山西农田水利建设落后且水土流失严重正是山西农业发展的短板，因此得到国家在农业方面较多的投资比重。国家对山西工业的投资比重也高于均线，但对山西工业投资在全国的比重却在下降。另一个重要的产业——交通运输邮电业的投资除“二五”期间外，

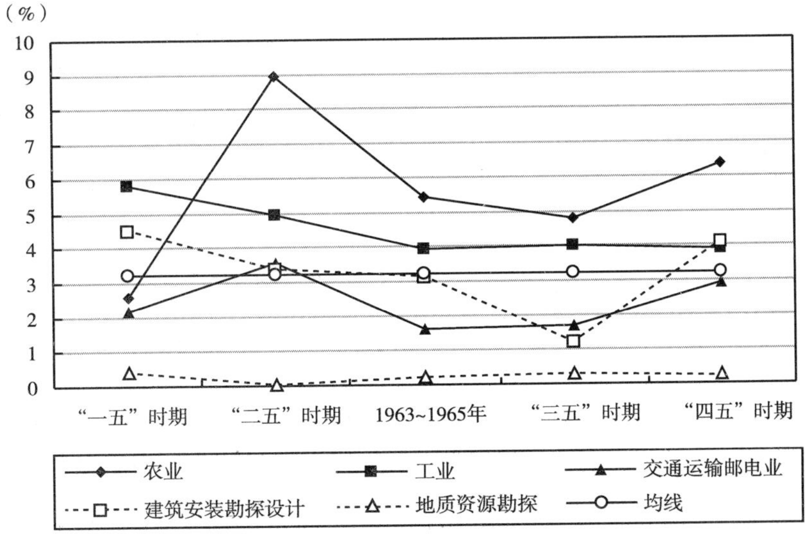

图 6－2 山西主要产业在国家投资中的地位

说明：数据来源于《山西五十年》，中国统计出版社，第 204 页；《中国固定资产投资统计数典》（1950～2000），中国统计出版社，2002 年，第 114 页、第 115 页。其他产业因统计口径不一致，因此不做比较。

其他时期均在均线以下，国家对山西交通运输邮电业的重视程度并不像工业和农业的重视程度高，究其原因，主要是山西并不位于全国交通枢纽中心，国家对山西交通运输的投资主要是服务于工业的，满足工业品的运输需要。

尽管山西农业在国家的投资地位要高于山西工业的投资地位，但是从具体情况来看，国家对山西农业投资比重大，是因为山西发展农业的基础条件不好，而要改善或是维持山西农业经济发展，需要大量投资基本农田水利建设；工业则情况相反，新中国成立前山西的工业基础在全国来说是比较好的，在“一五”以前是以恢复性的投资为主，“一五”期间在恢复的工业基础上为了满足国家经济发展需要新建设了一大批工业项目，且多个项目都属于国家型、重点项目，随着这些新项目的完成或相继投产，新上的项目投资额下降，山西工业投资在国家的工业投资比重开始下降，但始终高于全国的均线水平。

6.1.2.2 山西主要工业在国家相关工业投资中的地位与山西工业结构变迁

如前所述，山西这一时期投资主要集中在冶金工业、煤炭工业、电力工业、化学工业和机械工业，而国家对山西这五个行业的投资占国家同行业投资的比重（见图6－3）还是比较高的，除冶金工业外，其他四个行业在新中国成立后在国家同类工业中的投资比重均高于山西工业投资在国家工业投资中的比重，其中1953～1965年对山西煤炭行业的投资份额占到全国煤炭工业投资额的10%以上，而“文革”期间，投资比重则下降至5%左右，这主要是因为全国煤炭供需紧张，1965年以前，国家把山西作为一个重点煤炭工业基地来建设，因此给予了大量投入；而1965年以后，国家为了“扭转北煤南运”局面，将煤炭工业的投资转向了缺煤的西北、西南和华东这些缺煤的地区，开始加强了江南九省的煤炭建设，不仅大幅压缩了对山西煤炭工业的投资，还大量抽调了山西的煤田地质勘探工作者，仅“四五”期间，用于江南九省区煤炭工业的基本建设投资占煤炭总投资的40%①。国家在“一五”和“二五”期间对山西化学工业的投资比重也较大，仅次于煤炭工业，随后降至5%左右，这是因为“一五”和“二五”期间，由于化学工业品是发展工

① 曹尔阶等，《新中国投资史》中国财政经济出版社，1992年，第234页。

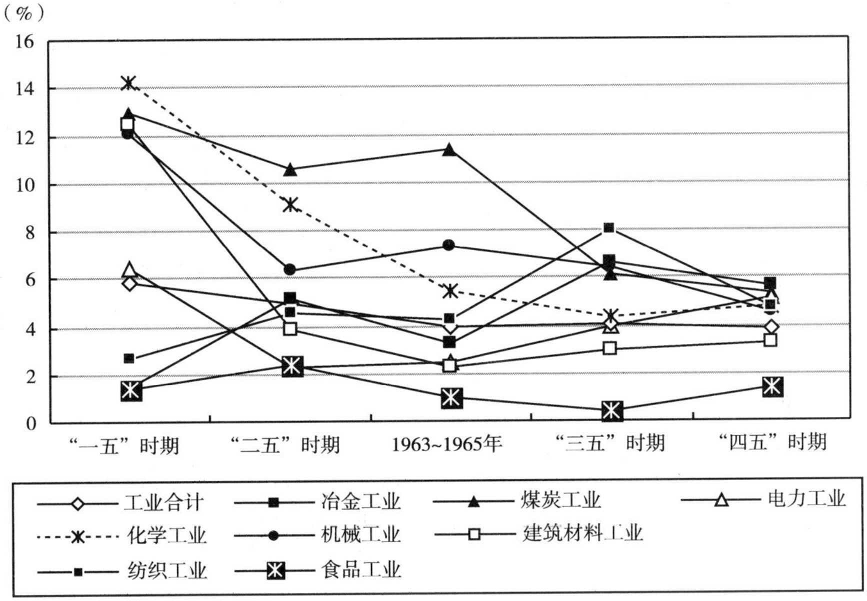

图 6－3　山西主要工业投资占国家的比重

资料来源：《山西五十年》，中国统计出版社，第 206 页；《中国固定资产投资统计数典》(1950～2000)，中国统计出版社，2002 年，第 140 页。

业的重要原料和中间产品，国家在化学工业方面投资较大、较多，且山西原有的化学工业企业数量多，规模小，国家对其进行整顿后，在此基础上新建和扩建了一批大型化工企业，推动了山西化学工业的发展。国家对山西机械工业的投资比重仅在“一五”时期超过 10%，对山西电力工业和冶金工业的投资比重一直未超过 10%，但是受益于“三线”建设中国家对钢铁工业的投资重点转向内地，国家对山西冶金工业的投资比重是在增加的。国家对山西纺织工业的投资也比重是较大的，“二五”以后，基本保持在 4% 以上，特别是“三五”期间，这一比重近 8%，这与国家对工业结构的调整有一定的关系，在较大投入下山西轻纺工业在这十年有了快速发展。国家对山西建筑材料工业和食品工业的投资则低于国家对山西工业投资的平均水平，特别是食品工业，在全国食品工业的投资比重徘徊在 1%。

通过图 6－3 可以看出，山西主要工业在国家投资中的地位呈现出以下特点：总体上来看，除了冶金工业外，其他工业的投资在国家同行业中的投资比重都是一个下降的过程，当然，这与当时国家“三线”建设的投资地域倾斜有一定的关系，但不可否认的是随着国家对山西这些工业的投资比重下降，影响了山西这些主要工业随后在国家的地位；具体来看，与其他工业相比，山西的煤炭工业在全国的投资地位是最高的，而新中国成立前有优势的工业，如化学工业和机械工业，除在“一五”期间得到较大份额的投资外，随后在全国的地位开始下降，而冶金工业和电力工业在全国的投资地位没有太大变化。

因此，从国家在山西的工业投资情况来看，国家更加重视的是山西的煤炭工业，而在中央政府投资决定一切的那个时代，也为以后山西的“一煤独大”的产业格局奠定了基础。

6.2 1980～1999年和2000～2010年山西产业投资结构变迁中的国家投资

改革开放前，在我国计划经济体制下，国家决定区域的投资，区域内几乎所有的投资均由国家统一安排，可以说，国家在山西的产业投资结构就是当时山西的产业投资结构。改革开放后，随着国家投资体制、投资政策以及国有资本在山西产业投资中的比重不断下降，国家资本在山西的投资结构对山西产业投资结构变迁的影响也发生了变化。但是，代表国家资本的国有投资在山西产业投资总额中的比重不断下降，且投资表现出相对集中。

6.2.1 国家在山西的产业投资结构

改革开放后，随着国家的投资政策、体制和国家对山西投资政策的变化，国家投资山西的产业投资结构也出现了明显的变化。

1. 不同管理渠道下国家在山西的产业投资结构。

按照管理渠道不同，国家在山西的投资用于基本建设投资、更新改造投资、房地产开发投资和其他固定资产投资，其中基本建设投资可以是新建投资也可以是扩建投资，更新改造投资是用于改建投资。

从全民所有制固定资产投资渠道看（见图6－4），基本建设投资是国有

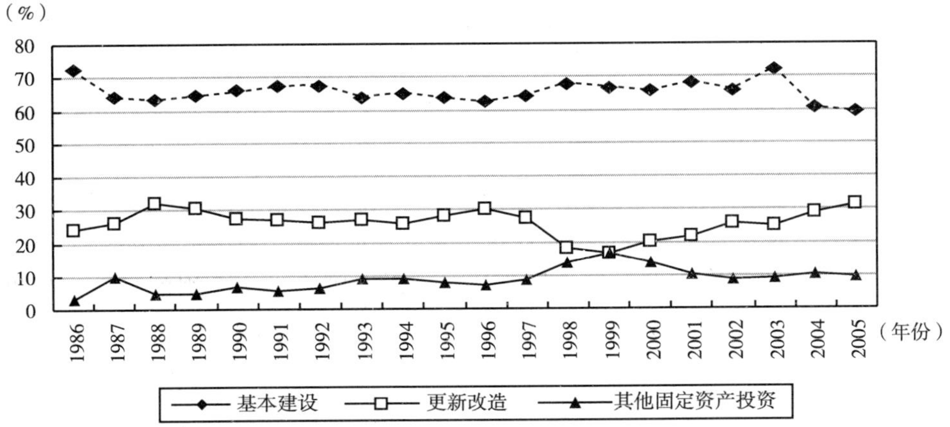

图 6-4　按渠道划分的国家在山西的产业投资结构

说明：数据来源于相关年份《山西统计年鉴》中“固定资产投资”标题下“全社会固定资产投资”，并进行了百分比计算。

投资最重要的渠道，国家对山西基本建设投资达到了其总投资的 60% 以上，说明国家在山西的投资策略是以新建和扩大再生产能力为主。全民所有制在山西用于更新改造的投资为其固定资产投资总额的 30% 左右，其中 1998 年和 1999 年用于更新改造的投资比重不足 20%，是与国家在 1997 年亚洲金融危机后为了刺激国内需求，加大了基本建设投资和其他固定资产投资。全民所有制其他固定资产投资的比重基本保持在 10% 左右，说明全民所有制固定资产投资中对于未列入基本建设、更新改造和房地产开发投资的建造和购置固定资产的投资是较少，也说明山西全民所有制固定资产投资是以基本建设和更新改造投资为主要内容。

2. 国家在山西产业投资结构改革开放后，国家每年在山西都有重点工程或项目建设（见表 6-1），而且很多项目的建设期都超过了一年，这些重点工程或项目对山西产业投资结构变迁有着重要的影响。

表 6-1　1991~2008 年国家在山西的重点项目情况

年份	项目总数	煤炭项目	电力项目	冶金项目	水利项目	交通运输项目	其他
1984	15	4	3	2		5	1
1987	14	2	4	2	1	3	2

续表

年份	项目总数	煤炭项目	电力项目	冶金项目	水利项目	交通运输项目	其他
1991	11	6	2	2	1	1	
1992	10	5	2	2		1	
1993	8	5		2		2	
1994	10	5	1	2		2	
1995	10	6	1	1		2	
1996	6	4	1			1	
1997	8	4	2		1	1	
1998	7	2	2		1	2	
1999	5	2	1		1	1	
2000	3		1		1	1	
2001	1		1				
2002	2		1		1		
2003	1				1		
2004	1						
2005	6	2	2		1		1
2006	6	2	2		1		1
2007	4	1	2		1		
2008	3	1	1		1		

资料来源：由相关年份《山西经济年鉴》整理而成。

从国家投资的项目总数来看，国家重点项目总数在2000年以后下降明显，主要是20世纪90年代开工的项目基本建设完成，而新开工的重点投资项目数量较少。从在山西的国家重点项目投资结构看，2000年以前，煤炭项目是国家投资重点项目中数量最多的，占据国家在山西的重点项目的一半以上，随后，在个别年份虽没有煤炭项目的投资，但从总体上看，煤炭项目仍是国家投资重点，说明国家非常注重山西的煤炭产业发展，并给予大力支持，帮助山西能源重化工基地的建设；其次是电力项目，国家山西的电力项目建设全部都是火电建设，而火电是以煤炭为动力的，因此，对山西煤炭资源的利用之一便是“煤变电”；第三是交通运输项目，国家在山西重点的交通运输项目主要是铁路运输项目，包括新建铁路（山西段）和原有铁路的光缆改造项目，其目的主要是为了解决“晋煤外运”的运力问题，也是围绕山西能源重化工基地建设开展的；第四，水利项目是持续建设多年的万家寨引黄工程，是为了解决山西生产生活用水的问题。从总体上看，国家在山西的重点项目投资结构是以建设山西能源重化工基地为主的投资结构。

国家在山西的重点投资项目投资额波动较大，占山西当年基本建设总额的比重总体上呈逐年下降的态势（见图 6 - 5）。其原因，一是国家在山西重点投资项目数量是在不断减少的，很多项目资金的投入是分若干年逐年进行投入的，国家投资额总体随着投资数量的变化而变化；二是除国家投资外，山西其他投资主体的投资发挥的作用越来越大，投资额也在不断增加，成为地区投资建设资金的主要来源，特别是 2000 年以后，国家重点项目投资额在山西基本建设投资的比重就没有超过 10%，个别年份还不足 1%；三是 20 世纪 90 年代以前，国家重点项目投资在山西基本建设投资中的比重较大，达到了 40% 以上，是由于国家在山西建设能源重化工基地方面给予了大力的支持，投资了一大批重要的工业项目和交通运输项目，投资规模基本保持上升态势。

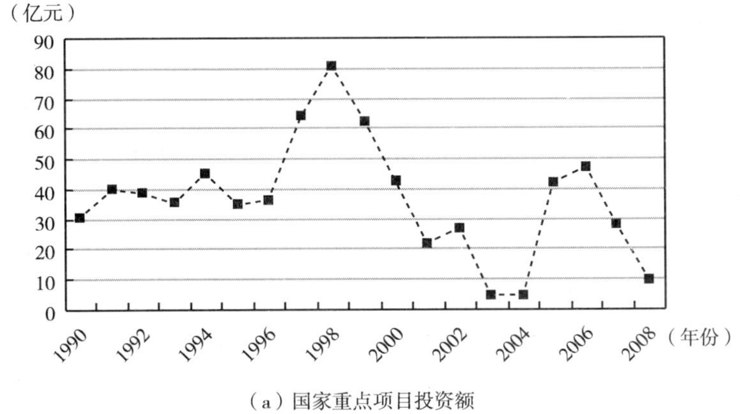

（a）国家重点项目投资额

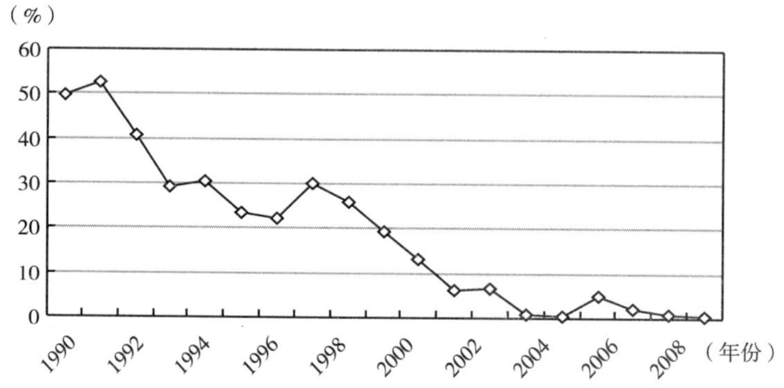

（b）国家重点项目投资额占山西基本建设投资的比重

图6－5　国家重点项目在山西投资情况

资料来源：根据相关年份《山西经济年鉴》相关内容整理而得。

3. 国有单位的产业投资结构。

国有单位的投资资金虽不是全部来源于国家投资（国家预算内拨款和国内贷款），且国家投资在国有单位的投资资金中占比也不足50%，但是国有单位因其地位的特殊性，其投资是代表国家的，政策性因素更多，投资规模大，其投资结构直接关系到资源在各行业、各部门间的分配格局，关系到国民经济能否稳定、协调和持续、高速的发展，也关系到其他投资主体的投资取向，因而国有单位的产业投资结构会对地区产业投资结构的变迁产生较大影响。山西国有单位的固定资产金来源中，国家预算内拨款和国内贷款两项，即国家投资，占到了国有单位投资资金投资占据着山西全社会固定资产投资总额在20世纪80～90年代这一比例高达七成以上，进入21世纪后，这一比重才下降至50%左右。在国有单位投资的资来源的比重三成以上（见图6－6），虽然不能与改革开放前比，但国家投资仍为国有单位的主要投资资金来源之一，而且国家对山西的投资意图、产业投资布局等也是通过国有单位的具体投资行为来实现的。因此，通过研究国有单位的产业投资结构也可以在一定程度上说明国家投资对山西产业投资结构变迁的影响。

具体而言（见图6－7），能源工业和交通运输业是山西建设能源重化工基地过程中投资最为突出的两个产业，在各个时期，都是山西最主要的投资产业。山西国有单位的产业投资结构明显偏于重工业，特别是能源重工业，

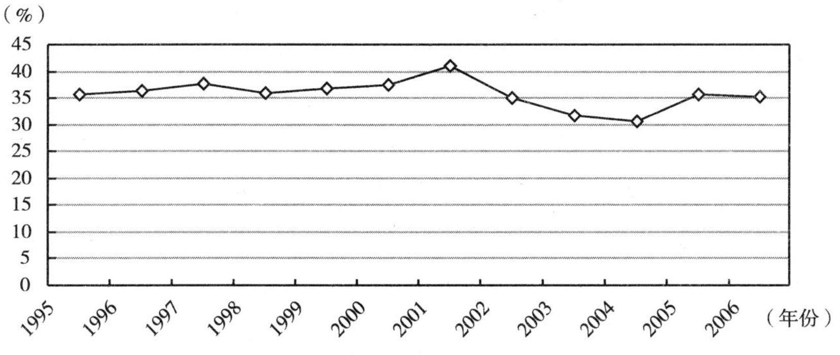

图 6－6　国家投资占国有单位投资资金的比重

资料来源：由相关年份《山西经济年鉴》整理计算而得。

且能源重工业的变化态势与重工业的变化态势基本一致，说明山西国有单位对重工业的投资绝大部分都投给了能源产业；20 世纪 90 年代中期至 21 世纪初，正是山西对经济结构调整时期，山西国有单位对能源工业的投资比重有了较为明显的下降，但同期交通运输邮电业的投资比重却明显上升，且能源工业和交通运输邮电业在考察期内占据了国有单位近六成的投资，也体现出

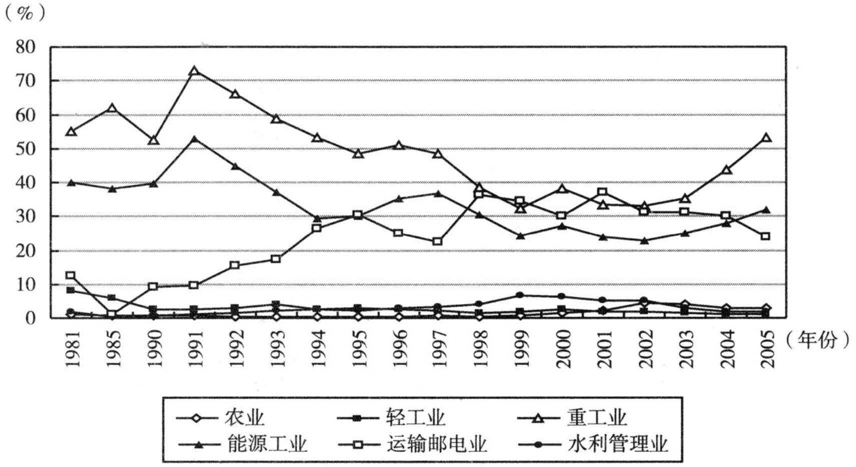

图 6－7　山西国有单位 1981～2005 年固定资产投资分配情况

资料来源：由相关年份《山西统计年鉴》整理计算而成。

山西在改革开放后的各个时期以能源和交通为投资重点的投资政策。国有单位对于农业的投资，只是在 21 世纪初的五年中，在山西经济结构调整的要求下，投资比重才超过 1%，但最高时也不足 5%；对轻工业的投资比重，更是逐年下降，到 2005 年，轻工业投资比重不足 1%。

分行业看（见图 6－8）2005 年以前，由于采掘业、制造业和电力等行业在一起进行统计，这一统计值占到了全部国有单位投资的 30% 以上，其中 1998 年以前达到了 50% 以上；1998 年由于山西开始产业结构调整，工业投资有所下降；但是 2003 年以后又逐年增加，2005 年达到报告期最高值 54%；随后采掘业、制造业和电力等行业投资比重普遍开始下降，2009 年以后由于山西产业结构转型，投资降至 30% 左右；2006 年以后的详细数据表明，国有单位在这三个分类表示的指标中，对采掘业的投资比重是最多的，对制造业的投资是最少的。另一个国有单位重要的投资行业是交通运输、仓储和邮政业，2004 年以前基本保持在 30% 以上的投资比重，2005 年以后下降至 25 % 以下，2009 年在国家四万亿投资的刺激下其投资比重又回升至 30% 以上。

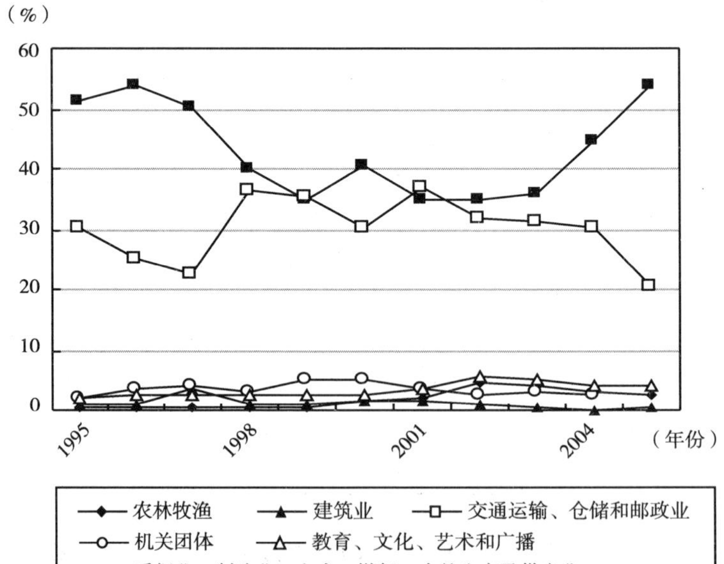

（a）主要行业国有投资分布情况

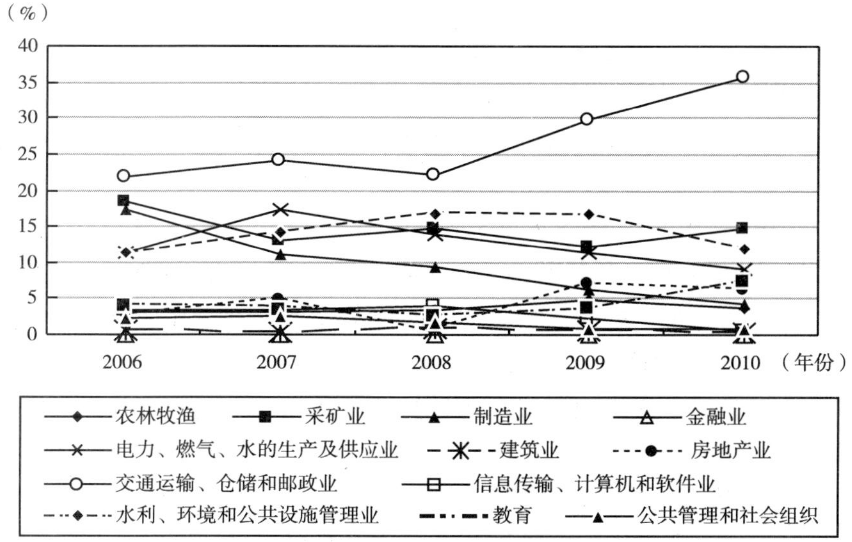

(b) 主要行业国有投资分布情况

图 6-8　1995~2010 年主要行业国有投资分布情况

资料来源：1995~2005 年数据由相关年份《山西经济年鉴》整理计算而得；2006~2010 年数据由相关年份《山西统计年鉴》整理计算而得。

山西国有单位的这种产业投资结构变化基本与山西改革开放后的全社会固定资产投资结构变化是完全一致的，说明国有单位的产业投资结构基本决定着山西的产业投资结构。因此，国家在山西的产业投资结构的变化对山西产业投资结构的变迁有着重要的影响。

6.2.2　国家在山西的产业投资结构成因分析

从以上的分析可以看出，国家在山西投资的主要产业就是煤炭工业、电力工业和交通运输业。究其成因，就是国家经济发展对能源的需要，无论是煤炭、电力，还是交通运输业，都是为了利用山西的煤炭资源，提升山西能源的供应量。

首先，在中国的经济发展过程中，煤炭是最主要的能源。中国目前是世界煤炭消费大国，煤炭的消费量从 1978 年的 5.6 亿吨增加到 2006 年的 23.9

亿吨①，到了 2010 年，全国煤炭消费量达 31.22 亿吨②，煤炭消费量占国家全部能源消费总量的比重从 1978 年的 76.2% 下降至 2010 年的 70.5%。巨大的煤炭消费量支撑着中国经济改革开放三十年的快速发展，因此国家对于煤炭资源的供应一直都是作为能源供应的投资重点。新中国成立到 2010 年，山西几乎所有的一次性能源生产量都是煤炭资源。原煤的产量从 1979 年的 10893 万吨增长至 2010 年的 74096 万吨，三十年增长了近 6.8 倍；山西原煤产量占全国的原煤产量的比重由 1979 年的 17.2% 上升至 2010 年的 32.58%；2010 年山西原煤外调量（不含出口）占全国煤炭消费总量（不含山西消费量）的 26.31%，而这一比重在 1979 年只有 14.85%；1949～2010 年，山西累计煤炭外调量 70 多亿吨，占山西煤炭产量的 65% 以上，占全国省际煤炭净外调量的 70% 以上。

其次，电力是一种清洁环保的能源，也是国民经济发展的重要基础能源之一。1980 年全国火力发电量 2424.2 亿千瓦小时，到 2010 年，全国火力发电量达到了 33319.28 亿千瓦小时；1980 年火力发电量占全国发电总量的比重为 80.64%，2010 年这一比重为 79.2%，期间这一数据基本维持在 80% 左右，说明我国的电力供应是以火力发电为主。尽管我国的火力发电量三十年里增长了 13.7 倍之多，但是仍未解决电力的供应短缺状态，因此，大力建设电力工业是我国能源建设的主题之一。煤炭与火力发电是密不可分的，作为煤炭资源大省，山西改革开放三十年间，电力建设也成绩斐然。1980 年山西火电发电能力为 116 亿千瓦时，占全国火力发电量的 4.79%，到 2010 年山西火力发电能力达到 2104.35 亿千瓦时，占全国火力发电供应量增加到 6.32%；1980 年山西电力外调量为 2.8 亿千瓦时，1985 年外调量为 20.1 亿千瓦时，占全国当年电力消费量（不含山西）的 0.51%，2010 年山西电力外调量达到了 685.2 亿千瓦时，占全国电力消费量（不含山西）的 1.69%；山西电力源源不断地输往北京、天津、河北、河南、山东、江苏等省（区、市），其中北京 1/3 的电力来自山西的输送。

可以看出，随着中国经济的发展，随着中国对能源需求的不断增长，山西的能源工业适应了这一发展的需要，对整个国家的经济发展发挥了重要的

① 数据来源于 http://www.bj.xinhuanet.com/bjpd_sdzx/2007-11/06/content_11592164.htm。
② 数据来源于中华人民共和国国家统计局官方网站。

支撑作用。

此外，国家对能源供需矛盾中，还有一个重要的问题就是能源的运输问题，因此，作为煤炭资源大省，国家为解决“晋煤外运”，对山西交通运输业进行了巨额投入，使山西交通运输能力得到了较大的提升。1980年山西铁路货运量为11067万吨，公路货运量为7004万吨，到2010年分别增长至63836万吨和60819万吨，其中1980年山西铁路运煤总量为9223万吨，2010年山西铁路运煤总量是52340万吨，是1980年的5.89倍。

6.3 国家投资对山西产业投资结构变迁的影响分析

6.3.1 国家投资曾是山西产业投资结构变迁的唯一推动力

改革开放前，计划经济体制下的投资体制是国家投资决定地方投资，地方没有投资自主权，而且投资领域只有国家一个投资主体，因此，改革开放前的山西产业投资结构是由国家在山西的投资结构所决定的。那么，国家在山西的投资结构又是如何形成的？其最主要的因素就是国家需要和山西自身的供给条件。这是决定国家在山西的产业投资结构最主要的因素。

改革开放前各个历史时期，国家对山西的投资都是在山西已有的供给条件下，按照国家发展需要及产业投资政策，来进行投资供给配置的，山西产业投资结构也由此形成。

在国民经济恢复时期，国家财力有限，投资重点放在了“重点项目的恢复和建设”①，在14项重大工程中山西占据了一项；除了重点项目外，原来工业基础较好的区域都得到了国家投资的倾斜，“工业投资的重点是纺织、电力、煤矿、有色金属的开采和冶炼”②，山西在新中国成立前这些工业在全国都是领先的，因而得到了国家相对较多的恢复性投资。此后，国家经济发展战略基本上就是工业化，特点是重工业的发展。“一五”期间，国家优先

① 曹尔阶等，《新中国投资史纲》，中国财政经济出版社，1992年，第61页。

② 曹尔阶等，《新中国投资史纲》，中国财政经济出版社，1992年，第64页。

发展重工业的侧重点是机械制造业，特别是国防工业，建造了一批机械工业重点项目，在山西工业投资结构中，机械工业的投资比重占到山西工业投资的 30% 以上。能源工业也是“一五”投资的重点，山西的煤炭和电力行业所占的投资比重达到山西工业投资的近 40%；化学工业在太原氮肥厂等一批重点项目的带动下，也成为山西工业投资的重点行业。从山西三次产业投资结构上看，工业占据着近七成的投资份额，而农业最少，不足 2%，且主要用于农业基础设施建设，而第三产业在交通运输邮电业的需要下投资份额达到 10% 以上，但是交通运输业在第三产业投资中“一业独大”，其中又以铁路运输为主。国家在山西三次产业上的投资结构与全国的产业投资结构相比，国家是“三、二、一”的结构，山西是“二、三、一”的结构，第三产业内部结构中，山西与国家是完全一致的。

三年“大跃进”时期，国家的投资结构更加明确，就是“以钢为纲”，着重发展钢铁行业及其相关的煤炭、电力和机械等重工业行业，为此，山西当时形成了以冶金、煤炭和机械为主的工业投资结构，三个行业的投资比重均占到山西工业投资的 20% 以上。1961～1965 年国家开始调整经济比例关系和工业畸轻畸重的结构，国家在投资结构方面“主要是压缩重工业特别是钢铁工业的投资，加强农业、支农工业、轻工业和满足出口需要工业的建设”①。为此，“二五”和 1963～1965 年调整时期，农业投资在山西总投资中的比重大幅度上升，1963～1965 年期间达到了近 15%，是新中国成立以来前所未有的，超过全国农业投资比重近两倍；工业投资的比重略有下降，且工业内部投资结构出现了变化，煤炭工业投资迅速增长，机械工业投资比重基本维持原有水平，冶金工业大幅度下降，但是“一五”以来形成的冶金、煤炭、电力、机械、化学工业仍是山西工业投资的重点；第三产业投资比重下降较大，尽管交通运输业投资比重下降，但仍占山西第三产业投资的半壁江山，而商业和邮电业的投资比重开始加大。这一时期，国家在安排山西三次产业的投资结构方面又与国家的整体水平有差距，虽然都是“二、三、一”的投资结构，但是国家在山西的投资结构中第二产业和第三产业投资比重相差非常大，山西工业的投资比重是第三产业投资比重的 2～3 倍，而国家这一

---

① 曹尔阶等，《新中国投资史纲》，中国财政经济出版社，1992 年，第 181 页。

差距只有 10% ~20%。因此，在这一时期，尽管国家的三次产业投资结构有所改善，但是山西的比例结构变化很小，工业变化不大，农业投资比重的增长基本来自第三产业投资比重的下降；当然，工业内部投资结构变化是明显的。

“文革”十年期间，国家形成了以“三线”建设为中心的投资结构，国防工业、原料、材料、动力、机械、化学工业以及交通运输成为“三线”投资的重点，且国家再次突出了钢铁工业投资，又一次加剧了工业内部投资比例失调。山西因其地理位置成为“三线”建设的一部分，得到了国家投资的倾斜。农业投资比重比调整期下降了一半，工业投资比重再次接近 70%，为第三产业投资比重的三倍；工业内部投资结构，冶金工业投资比重达到山西工业投资的 20% 以上，电力工业投资比重明显上升，机械工业基本保持不变，但煤炭工业出现大幅下降。国家“三线”建设需要的，在山西都有投资，这些投资客观上促进了山西落后地区的工业发展，带动了当地经济的发展，也使山西产生了诸如航空等新的产业，为以后山西发展机械装备制造业和精密制造业奠定了基础。这十年，国家在山西的产业投资结构仍旧以第二产业为主，在山西三次产业投资结构的比例关系依旧没有改变，仅是对工业内部的投资结构进行了调整。

综上可以看出，改革开放前各个时期，国家在山西的产业投资结构基本上是依照山西自然资源的条件和已有的经济条件（特别是工业条件）并根据国家经济发展需要来安排的，很少考虑到地方经济自身发展的需要。在那个计划经济统领一切的年代，国家的需要和山西的供给成为山西产业投资结构变迁的决定因素、唯一动力。

6.3.2 国家投资成为山西产业投资结构变迁的主要动力，继而成为辅助动力

在我国改革开放三十的时间里，国家对山西产业投资结构的决定作用、动力作用已经随着国家投资体制的变化而不再存在，但国家投资对山西产业投资结构变迁的影响作用却依然存在，主要体现在国家投资政策和投资产业两个方面。

1. 国家能源政策引导山西产业投资结构变迁。

（1）“建设山西能源基地”的政策是改革开放初期山西产业投资结构的定位。

1982年党的十二大正式提出中国经济在二十年内翻两番的伟大战略目标，但当时作为国家经济命脉的能源和交通是薄弱环节，是国民经济快速发展的瓶颈，如果能源瓶颈问题解决不好，必然要影响到经济翻两番目标的实现，这在全党全国达成了共识。为此，党中央根据科学的能源发展战略思想，采取了一系列有力的政策措施，包括“制定国家《能源科学技术》发展规划”，“成立国家能源委员会”，“建设山西能源基地”，“提出开发与节约并重，近期以节约为主的方针”，“各部门、行业和企业建立能源管理机构”，“全国开展节能月活动”，“制定节能法”等。而“建设山西能源基地”的政策是我国改革开放后具有重要战略意义的能源决策，对山西产业投资结构来说，其实是国家对山西投资结构已经做出的明确定位和方向，同期的国家第六个五年计划中的能源投资也已经向山西和内蒙古的煤炭资源倾斜。

（2）国家在煤、电方面的政策调整是引导山西产业投资结构变迁的主要动因。

20世纪80年代初，中国能源供需矛盾主要表现为缺电，并制定出以电力为中心的能源发展原则。国家在“六五”期间，就已经随着新的煤炭基地的建设，在煤炭资源丰富的山西、内蒙古等地区建设了一批坑口电站和火电厂。为了加快电力工业发展，1985年9月，中国共产党全国代表会议通过了《关于制定国民经济和社会发展第七个五年计划的建设（草案）》，明确指出：“能源工业的发展要以电力为中心，要积极发展火电……”即提出了以电力为主的能源政策，并在主要煤炭产区以及沿海地区、用电负荷中心，建设一批火电厂。同时，国家“七五”计划对能源生产而已进行调整时，明确指出“把能源、原材料建设的重点入到中部”，适当增加中部地带能源工业建设的投资。“八五”期间，能源战略的重点则是缓解交通压力，因此在“八五”的后三年，铁路建设成为了重中之重，这无疑是有利于加强能源基地在国民经济建设中的地位。同时，国家在煤炭工业上，提出“要加快国有重点的建设……”；在电力工业上提出“因地制宜，水火电并举，适当发展核电的方针”。

20 世纪 80 年代大力发展的能源工业到了 90 年代出现了“供应过剩”的局面，为此国家调整了能源政策，中国的能源政策也开始更多地强调可持续发展。在煤炭开采行业，鉴于小煤矿的盲目发展造成了煤炭产量失控、资源浪费，还有大量伤亡事故，国家开始整顿煤炭生产和经营程序，解决煤炭总量过剩问题，发展国有重点煤矿的生产能力，实施了关闭非法和布局不合理的小煤矿；国家对于煤炭产业的整顿，在 21 世纪初氛围了煤炭价格不断下降的趋势，也为国有重点煤矿企业的改组、改建提供了机遇，山西借此机遇对能源的开发生产进行了相应的调整，对煤炭工业实行了总量控制和战略调整。电力工业方面，由于国家长期缺电的局面有所缓解，电力行业开始注重电网投资并调整电力工业产业结构，使得在 20 世纪 90 年代的十年，电源、电网的投资结构不断改善。

进入 21 世纪，煤炭资源作为我国基础能源的地位依然没有动摇，以煤炭为主的能源消费结构造成了严重的环境污染，因此能源的可持续发展成为能源政策的重点。国家制定的能源战略的基本内容为：坚持节约优先、立足国内、多元发展、保护环境，加强国际互利合作，努力构筑稳定、经济、清洁的能源供应体系。在这一战略指导下，山西提出建立“新型能源与工业基地”的目标，山西能源工业开展了以提高科技含量和附加值为主的结构调整，按照传统产业新型化的要求，以节水节能、减污降耗、高效安全为方向，加快了对煤炭、电力等能源工业的新型化改造。同时，为了改善山西能源利用的有效途径，坚持能源的可持续发展，山西对煤炭工业采取了“优化企业结构，调整生产布局，提升产业层次，增强竞争能力”发展目标；对电力工业采取“总量调节，优化而已，调整电源电网结构”的发展目标；对其他能源工业也采取了总量控制、布局调整和优化产品结构的发展目标。

2. 国家在山西的投资结构主导着山西的产业投资结构变迁。

第一，国有企业在基本建设投资和更新改造投资方面主导着山西产业投资结构变化（见图 6－9）。国有企业对基本建设的投资比重要高于山西省固定资产投资中基本建设投资所占的比重；从两者所占的比重的走势曲线看，2001 年以前，两者的走势曲线基本一致，但是 2001 年以后，两者的走势开始分化，国有企业的基本建设投资在 2003 年波动较大，而山西固定资产投资中的基本建设投资比重却是平稳下降的趋势，说明 2001 年以后，国有企业基本建设投资对山西固定资产投资中基本建设投资的影响开始下降。国有企业对更新改造投资的比重曲线几乎与山西省固定资产投资中更新改造投资所占的比重曲线完全一致，1995 年以前，山西固定资产投资中的更新改造投资全是来自国有企业的更新改造投资，之后，其他类型的企业也开始投资于企业的更新改造，但依然是国有企业主导着山西更新改造投资；此外，无论是国有企业的更新改造投资比重还是山西固定资产投资中的更新改造投资的比重，其比例基本都在 30% 以下，这说明山西企业还是注重扩张式的发展，而不是注重内涵式的发展。

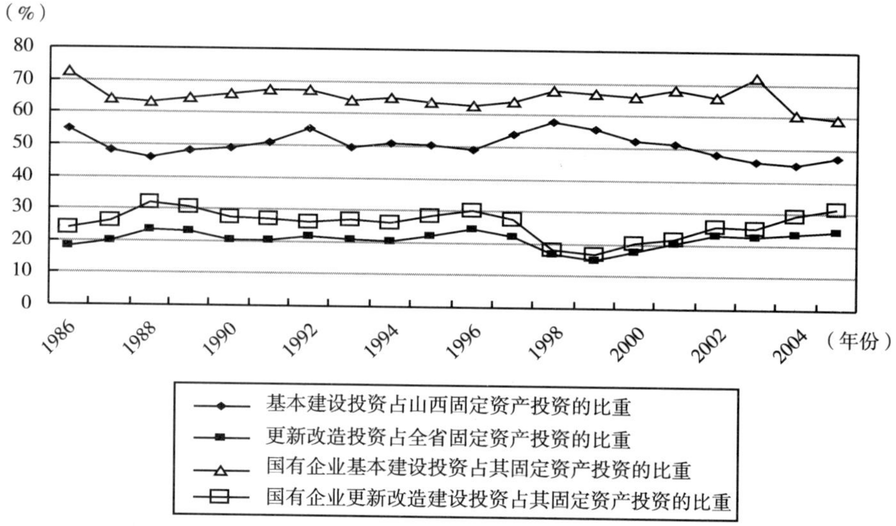

图 6－9　国有企业对山西基本建设投资和更新改造投资分配的影响

资料来源：根据相关年份《山西统计年鉴》整理计算而得。

第二，国家大规模的投资决定了 20 世纪 80 年代的山西产业投资结构。①国家在 20 世纪 80 年代在山西的投资规模占山西基本建设投资的比重超过 60%。在 1979～1988 年的 10 年间，国家在山西的投资绝对数额是在不断上升的，同期占山西的投资比重也在 1986 年达到最高的 73%，以 1979～1984 年为例，国家投资项目的投资规模由 9.1 亿元增长到 25.6 亿元，占山西省基本建设投资项目金额的比重由 54.7% 上升到 69.3%[①]。②高比例、大规模的

① 1985 年《山西经济年鉴》，第 107 页。

国家投资决定了山西80年代的产业投资结构。这部分基本建设投资主要投向了煤炭能源重化工基地的建设，在所有国家投资的项目中，除个别一、二项属于冶金和化学行业外，其余都是煤炭、电力和交通运输业，其中1979～1988年国家投资的重点煤矿大同矿区、古交矿区等十多个煤炭矿区，大同电厂、神头电厂等多个大型电厂的投资，投资了南同蒲、石太线、大秦铁路等多项铁路建设和电气化改造项目；在国家的投资带动下，山西形成了以能源产业投资为主的产业投资结构，十年间（1979～1988年），山西能源产业的投资是改革开放前的30年的2.8倍，达到了同期山西基本建设投资的40%以上，其中煤炭工业投资是改革开放前30年的3倍，电力工业投资是改革开放前30年的2.4倍，另外对于交通运输业的投资是改革开放前30年的1.7倍，达到同期山西基本建设投资的13.7%。

第三，国家在山西的投资结构主导着20世纪90年代山西的产业投资结构，但主导作用不断减弱。进入90年代后，国家投资总量虽然不断增加，但在山西固定资产投资总量中的比重开始出现下降；同期，中央投资项目的投资总额在山西基本建设投资中的比重也不断的下降，1998年以后在山西的基本建设投资中的比重已经不足50%。国家在这一阶段投资的重点仍是煤炭、电力和交通运输行业，而且在国家重点投资项目中，煤矿建设项目仍是最多的项目。然而，随着山西省地方投资总量和规模不断的提升，山西能源产业内部结构发生了变化，煤矿开采方面的投资在山西总的投资中的比重下降，而电力的投资比重在不断的上升，这是受到了山西省产业结构调整中“变输煤为输电”的政策指导的影响，此外这一时期焦炭行业也得到了快速发展；交通运输方面，山西把公路建设作为重中之重来抓，公路建设在这一时期快速发展。因此，90年代，尽管国家投资仍以煤炭行业为主，山西的产业投资结构仍以能源产业为主，但是随着国家投资占山西投资规模不断的下降，能源产业及相关的交通运输业的内部投资结构发生了变化，国家投资与地方投资对产业投资结构的影响相比，国家投资的影响作用开始下降。

第四，国家在山西的投资结构变化很小，但国家投资成为地方投资资金的补充，地方投资结构主导了21世纪的山西产业投资结构。这一时期，国家在山西投资结构对山西产业投资结构的影响已经非常小了，主要是因为国家在山西的投资总量和投资所占比重均出现了下降，2002 年以后，国家重点项目投资在山西基本建设投资中的比重已经不足 10%；项目数量也在减少，项目类别总体上仍以煤矿和电力为主，但已经不能够影响山西产业投资结构变化。

综上可以看出，国家投资对山西产业投资结构变迁的影响有一个特点，那就是国家政策和国家实际的投资行为的影响是此消彼长的。国家投资对山西产业投资结构的影响随着国家投资规模对山西投资规模影响的下降而不断下降；国家投资政策和国家能源政策的变化通过对山西产业投资政策的影响来影响山西产业的投资结构。

山西产业投资结构变迁：
1950~2010年

Chapter 7

第7章　结束语

产业投资结构的转型是产业结构和经济结构转型的前提，且是一个复杂和长期的过程。山西从2012年开始进入了经济结构转型发展时期，而经济结构转型首先要实现产业投资结构转型，这成为山西产业投资结构变迁的一个重要阶段。

7.1 山西产业投资结构变迁规律总结

从前面的分析可以看出，在1950~2010年间，尽管不同时期山西产业投资结构有着不同的特点，但是山西产业投资结构的形成是由一些共同因素造成的，这些因素主要有：

1. 自然资源因素。

山西自然资源相对较为丰富，很多矿产资源是我国经济发展中不可缺少的能源、原料，这成为新中国成立后国家在山西投资的基础，也是山西产业投资结构形成和发展的物质基础。因此，从不同时期看山西的产业投资结构，自然资源的优势特别是煤炭资源的优势成为山西产业投资的主线，无论是国家来源的投资，还是山西省自有的投资，都纷纷涌向了这些产业及其相关产业，从而使山西形成了当前以煤、电为主的产业结构。

2. 需求因素。

新中国成立后，中国进入了全面的社会主义建设时期，也就是要把旧中国的农业社会发展到工业社会，因此从国家发展工农业的需要来说，工业成为全国投资的重中之重。工业的发展离不开动力能源和工业原料，山西则在此方面拥有丰富的资源，因而山西的投资结构就体现出满足中国工业经济发展的需求，而在其他产业内部的投资结构中也体现出产业发展和相关产业发展的需求。从各个时期山西产业投资结构特点可以看出，出于社会发展的需要，工业投资成为1950~2010年间的山西最主要的投资产业；从工业内部投资看，由于中国工业发展需要能源、需要大量的生产资料，山西工业内部的投资结构就以能源重化工业为主，为中国经济发展提供动力；第三产业的投资结构也以为工业生产服务的传统的服务业为主，为了满足能源运输的需要，山西在第三产业投资中重点投资了交通运输业等传统的服务性行业；而作为工业发展的基础——农业，山西也重点投资了农业发展最薄弱、最需要的农田水利建设。因此，需求因素也是山西产业投资结构形成和发展的重要原因之一。

3. 体制、政策因素。

中国的经济体制经历了由计划经济体制向市场经济体制变化的过程，中国的投资体制也经历了这一变化。尽管投资体制正在走向市场经济，但计划经济体制下的投资结构所带来的、已经形成的影响是不可忽略的。而山西现有的产业投资结构就受到了新中国成立后计划经济时代的投资政策的影响和改革开放后能源重化工基地的战略定位的影响。改革开放前，在国家完全主导的计划经济体制前提下，我国曾制定了优先发展重工业的产业投资结构政策，山西以其资源优势，形成了以煤、钢为主的重工业投资结构，导致了山西产业投资结构中农业和轻工业发展滞后；改革开放后，虽然投资体制向以市场为主导的投资体制转变，国家也多次产业投资结构，逐步增加了对第一和第三产业的投资力度，但国家的经济政策和对山西的能源重化工基地的定位又深深地影响了山西的产业投资结构，鉴于山西自然资源条件和需求条件的因素，无论是能源重化工基地政策还是新能源重化工基地战略，均引导山西的产业投资大多投向了煤、电行业，投向了为煤、电行业服务的以交通运输业为代表的传统的服务行业。尽管20世纪90年代中后期以后，山西提出了产业结构调整的政策，但是已经的形成的产业结构和经济结构在对以后的投资结构中有惯性的影响，再加上21世纪初的煤炭“黄金十年”以及市场对电力的需求，更使得煤电投资备受青睐，因此到2010年为止，山西的产业投资结构虽然有所变化，可是没有根本性的变化，以往的优势产业仍是现在的投资的重点。

4. 政府的产业投资（沉淀资本）。

新中国成立之初直至改革开放前，国家作为唯一的或主要的产业投资主体，依据当时建设的需要和政策，在山西进行了大量的投资，特别是在重工业领域，使山西成为重工业为主的工业经济社会，国家的投资直接决定了山西倚工倚重的产业投资结构，沉淀了大量的重工业资本。改革开放三十年，随着国家投资体制的变化，国家依旧通过逐渐减少的政府预算内投资引导山西产业投资结构变化，而这一块投资仍然集中于能源重化工产业，使得山西进一步加深了能源重化工业的沉淀资本。能源重化工业沉淀资本不仅量大，更为重要的是这些沉淀资本能被再利用的可能性非常小，影响山西产业存量资本结构的调整，不利于产业投资结构调整和优化。

5. 技术进步因素。

新中国成立初期，鉴于生产的恢复发展，山西用于技术改造或技术进步的投资是非常少的。在形成一定的产业结构后，技术改造方面的投资逐步增加，特别是改革开放后。但是在能源重化工基地建设时期，山西经济发展方式是粗放式发展方式，这就决定了山西产业投资结构仍然是以新建投资为主，用于提升技术水平的更新改造投资依旧较少，因此技术因素对这一时期山西投资结构的影响是非常少的。经济结构调整时期，随着更新改造投资的增加，技术因素对山西产业投资结构的影响才开始显现出来。此外，外来投资，特别是山西吸引外商直接投资，对山西技术进步的作用是积极的、有效的，但是外商直接投资对山西技术进步的影响却是有限的。因此，无论是山西自身投资的技术进步因素，还是外来投资的技术进步因素，作为山西产业投资结构的决定因素，其作用是比较小的，这也使得在山西产业投资结构变迁中技术因素的总体影响小于其他因素的影响。

此外，山西资本国际化程度与资源型产业国际需求和国家政策紧密相关，导致山西资本国际途径狭窄、国际化程度较低，表现为外商投资的总量小，先进的国际技术、产业发展趋势等对山西产业投资结构变迁的影响较小，而且外商直接投资的投资结构集中在资源类产业，重要原因就在于山西产业投资结构过于集中、单一。

7.2 山西产业投资结构变迁对山西产业结构和经济结构的影响总结

山西产业结构、经济结构的变化是随着产业投资结构变化而变化的，因此，山西产业投资结构的变迁就是山西经济发展的过程。

改革开放前，主要影响山西产业投资结构的自然因素、政策因素和国家投资因素，使得山西产业投资结构的特点之一是倚工倚重，形成了山西最初的产业结构和经济结构，促进了山西从农业社会向工业社会的发展，产业结构由“一、二、三”转变为“二、三、一”，奠定了山西工业特别是能源重工业在全国的地位。改革开放前的三十年为山西工业化打下了坚实的基础，但也逐渐使山西走上了“一煤独大”的工业格局。改革开放后，山西产业投资结构的变化给山西产业结构和经济结构带来了更大的发展。①第一产业——农业经济人单一的抓粮食生产变为粮经作物并重，从偏重于农作物种植变为了农林牧渔全面发展，而且农产品生产逐步向优势区域集中，农业发展的区域化、专业化的优势已经显现。②第二产业特别是工业发展经历了两个重要的时期，一个是能源重化工基地建设时期，一个是新能源重化工基地建设时期（也是经济结构调整时期）。在能源重化工基地建设时期的近二十年时间里，山西工业因煤炭产业投资独大形成了“一煤独大”的工业结构，只是在煤炭需求遇到困难后，工业产业的投资结构才开始转变；经济结构调整时期，能源工业同样在需求的推动下又出现了新一波的投资高峰，形成了煤炭、冶金、焦炭和电力四大传统支柱产业，能源工业在全国的地位举足轻重，对全国经济发展做出了巨大贡献；在政策的引导下，山西新兴产业也得到了投资的青睐，装备制造业、医药产业等新兴产业得到了快速发展。工业发展呈现出了传统产业新型化、新兴产业规模化的发展态势。③第三产业从 20 世纪 80 年代中后期后，加快了发展的步伐，特别是交通运输、金融、房地产、信息等产业在投资带动下有了较快发展，进入 21 世纪后，第三产业更是有了快速发展态势，且传统服务业比重下降，以文化和旅游产业为代表的现代服务业上升，第三产业内部结构不断优化。

改革开放前，山西的投资主体主要是中央和地方政府，以国有投资为主，非国有投资只有很少的一小部分，甚至是可以忽略不计的。改革开放后，以国家投资为主的高度集中的投资体制模型演变为现在的由国家、集体、私营、个体、外资和其他所有制成分的多元投资主体格局，因此，山西经济体结构也发生了重大变化，呈现出多元化的经济形式，国有企业数量明显下降，其他经济体从无到有，实现了单一公有制经济向多种所有制经济共同发展的转变。

山西产业投资结构地区布局的特点导致了各区域经济发展水平的不同，也导致了各地区产业结构的类同。从山西各地市发展水平看，太原作为省会城市，从新中国成立到21世纪初的10年，是吸收固定资产投资最多的地区，因而太原市的地区生产总值、总产出、人均地区生产总值等经济发展水平指标均是位居全省第一的，且远远高于其他各地区；从各地区产业结构看，尽管太原、大同和阳泉三个地区的产业投资结构已经转向“三、二、一”，但到2010年，山西各地区的产业结构仍是“二、三、一”的顺序，而且各地区的第二产业特别是工业结构具有相似性，其采矿业、电力和制造业三个工业行业的投资就占据了各地区固定资产投资的50%以上，主要工业产品集中在煤炭、钢铁、电力、生铁、焦炭、水泥、化工品等资源和能源类产品上。

7.3 建　　议

鉴于山西产业投资结构变迁的历史状况、因素分析，以及当前山西产业投资结构情况和山西经济结构转型的需要，本书从以下几点提出相关建议。

1. 制定符合山西经济发展需要的产业规划。

山西以往产业的发展非常偏重于生产性消费的投资，体现为山西的重工业投资远远高于轻工业的投资。未来我国经济转型的方向之一就是通过消费更多地拉动经济增长，因此，在山西产业规划中，不仅需要注重生产性消费产业的发展，更要重视消费性产业的发展。

2. 国家和地方的经济政策或产业政策应倾向于对山西产业投资结构质的变化的支持。

政策的引导对于山西产业投资结构有着重要的影响，因此当前应改变以往那些注重短期利益、注重规模扩大的投资政策，而是在做好产业规划的前提下，优先鼓励产业规划中有潜力的产业的投资发展；对传统优势产业，政策则应侧重于产业的升级。

3. 重视技术进步对山西产业投资结构未来发展的作用。

技术因素尤为重要，当然，通过技术创新、技术进步推动经济可持续增长是转变我国经济增长方式的重要途径之一。对山西来说，也是如此。重视技术因素可谓对山西当前正在进行的经济结构转型以及山西的可持续增长都具有重要作用。山西一方面可以通过自己的企业、科研机构积极开展研究开发，特别是鼓励企业从事科学研究，向跨国公司的研发机构学习，鼓励在研发方面的国际合作；另一方面，可以从外面将新的具有产业化可能性的科学研究成果引入山西，培育新的产业，带动相关产业的投资，从而改变山西产业投资结构现状。另外，要挖掘山西新的资源或深度加工利用原有资源，提高原有资源使用中技术含量，提高资源利用效率。

4. 多种途径加快资本国际化步伐，重视资本国际化对产业投资结构优化的作用①

从对外贸易、吸引外资和对外投资三个方面为资本国际化途径切入点，加快资本国际化步伐。第一，通过转变对外贸易增长方式，改善以资源类产品为主的对外贸易结构，依托山西产业投资结构调整和升级，深入开发和使用资源，大幅度提高 资源类商品的附加值，培育新的对外贸易增长点。第二，通过政策引导，优化外资结构，即明确各产业投资政策，实行差别化产业政策优惠措施，特别是在具有优势的资源类产业方面，引导外资向资源类产品深加工等科技含量高的产业环节进行投资。第三，加快对外直接投资，可以通过对外投资，满足山西产业投资结构调整和升级的技术等多方面的需求。

① 任力军、杨军，《资源型地区资本国际化的途径》，《光明日报》，2012年7月15日，第7版。

参考文献

中文部分

［1］万峰，《日本资本主义经济结构的历史特点》，《日本研究》，1985年创刊号

［2］《全国投资结构讨论会纪要》，《投资研究》，1986年第12期

［3］徐立，《产业结构和投资》，《复印报刊资料（政治经济学）》，1986年第10期

［4］王承倜、张汉民，《谈优化投资结构》，《投资研究》，1986年第9期

［5］方仲平、阎心艾、张春雷，《从收入乘数分析看山西产业结构》，《经济问题》，1986年第7期

［6］郝延庆、赵曼，《我国当前投资结构的轻型化及其宏观控制问题》，《中南财经大学学报》，1986年第6期

［7］史正富，《投资分配和产业结构》，《经济研究》，1986年第3期，第3~11页

［8］郭跃进，《论投资结构运动与产业结构演进的相关规律》，《复印报刊资料财政金融》，1987年第10期，第32~37页

［9］王卫东，《实现有效投资结构的对策与措施》，《投资研究》，1987年第10期，第14~17页

［10］吴小萌，《浅谈我国产业结构和投资结构调整模式》，《投资研究》，1987年第9期

［11］林德金、周斯富，《用求伪逆法研究中国工农业投资结构》，《数量经济技术经济研究》，1987 年第 8 期

［12］建设银行投资研究所《经济体制改革与投资结构演变》课题组，《改革前后我国生产性投资结构的演变、问题及对策》，《投资研究》，1987 年第 6 期

［13］张中华，《产业与投资结构优化的困难及其对策》，《投资研究》，1987 年第 4 期

［14］汪同三，《1986～2000 年投资结构的定量分析》，《数量经济技术经济研究》，1988 年第 4 期

［15］俞文青，《试论增量投资结构与存量投资结构的双重调整》，《财经研究》，1989 年第 12 期

［16］丁华，《合理调整投资结构》，《投资研究》，1989 年第 10 期

［17］陈淮，《80 年代日本产业结构及产业政策的回顾与评价》，《外国经济与管理》，1990 年第 10 期

［18］张剑平，《我国投资结构的现状及调整方向》，《中国金融》，1990 年第 4 期

［19］国家计委投资所课题组，《我国投资总量与结构的若干问题》，《管理世界》，1990 年第 3 期

［20］林叶、何通威、王锐，《论投资结构变动对经济增长变化的影响》，《统计与决策》，1990 年第 2 期

［21］张中华，《论产业投资结构中的几个主要比例关系》，《投资研究》，1991 年第 6 期

［22］张仲敏、曹建海，《我国产业结构、投资结构分析及优化对策》，《投资研究》，1991 年第 5 期

［23］聂宗筠，《投资模型研究的两个问题》，《数量经济技术经济研究》，1991 年第 10 期

［24］李建中，《八十年代投资结构变动的体制背景》，《财经论丛》，1992 年第 5 期

［25］李锡奎、刘增印，《论我国投资结构》，《国际金融研究》，1992 年第 5 期

［26］夏晓岩,《投资结构研究观点综述》,《经济研究参考》, 1992年第Z3期

［27］孙健,《我国投资结构现状及调整方向》,《经济研究参考》, 1992年第Z1期

［28］戴玉林,《税收补贴与投资结构》,《财经问题研究》, 1993年第9期

［29］王芬吉,《对我国固定资产与流动资金比例关系状况的分析》,《南开经济研究》, 1994年第4期

［30］刘立峰,《投资结构评析——基础产业与加工工业投资比例关系研究》,《财经问题研究》, 1995年第3期

［31］刘亚莎,《从投资结构的调整看山西产业结构优化》,《经济问题》, 1997年第5期

［32］刘俊霞,《需求结构、投资结构与我国经济发展》,《投资研究》, 1998年第2期

［33］强莹,《产业投资结构的微观决定因素》,《投资研究》, 1998年第1期

［34］刘俊霞,《投资制度变迁与投资结构优化》,《中南财经大学学报》, 1998年第3期

［35］张莲莲,《投资结构优化与山西国有企业的再振兴研究》,《经济问题》, 2000年第2期

［36］郭克莎,《外商直接投资对我国产业结构的影响研究》,《管理世界》, 2000年第2期

［37］张德修,《入世后的中国外商直接投资结构变化趋势探析》,《经济科学》, 2001年第6期

［38］何大安,《投资流向与结构调整、结构升级的关联分析》,《经济研究》, 2001年第11期

［39］邱华炳、刘晔,《投资结构变迁的体制转轨背景分析》,《财经问题研究》, 2001年第8期

［40］张世贤,《论产业投资效率与结构变动方向》,《中国工业经济》, 2002年第12期

［41］李杰，《追赶型投资产业结构策略选择：国际经验及启示》，《社会科学研究》，2002 年第 1 期

［42］李杰，《中国投资产业结构的偏差及其调整》，《经济学家》，2002 年第 1 期

［43］范德成、刘希宋，《产业投资结构与产业结构的关系分析》，《学术交流》，2003 年第 1 期

［44］杨军，《基础设施投资结构变动的国际比较与决定机制》，《投资研究》，2003 年第 8 期

［45］邬滋，《投资结构、产业结构与需求结构的协调性探索》，《经济问题探索》，2005 年第 2 期

［46］赵红、张茜，《外商直接投资对中国产业结构影响的实证研究》，《国际贸易问题》，2006 年第 8 期

［47］张亚斌、曾铮、陈开军，《一国 R—D 投资与生产性投资的权衡：理论与中国经验》，《世界经济》，2006 年第 5 期

［48］陆迁、刘志峰、朱捷，《社会固定资产投资地区差距的结构分解》，《软科学》，2006 年第 20 卷第 1 期

［49］刘宇，《外商直接投资对我国产业结构影响的实证分析——基于面板数据模型的研究》，《南开经济研究》，2007 年第 1 期

［50］冯翠竹，《对山西省投资结构调整的若干思考》，《宏观经济管理》，2008 年第 9 期

［51］范德成、王晓辉，《基于多元回归与灰色关联分析的我国产业投资结构优化研究》，《现代管理科学》，2008 年第 3 期

［52］张炎治、聂锐、冯颖，《我国投资规模、投资结构与能源强度变化的实证研究》，《软科学》，2009 年第 8 期

［53］黄凤羽、杨琪，《中国的产业投资结构及相关财税政策研究》，《学术论坛》，2009 年第 11 期

［54］李春瑜，《近年来中国工业投资结构与效率变动趋势研究》，《经济与管理研究》，2009 年第 9 期

［55］张汉亚，《新中国投资 60 年》，《中国投资》，2009 年第 10 期。

［56］干春晖、郑若谷、余典范，《中国产业结构变迁对经济增长和波动

的影响》，《经济研究》，2011年第5期。

［57］赵越、王玫，《中国投资结构与经济增长的灰色关联度分析》，《中南财经政法大学研究生学报》，2011年第6期

［58］董志凯，《投资结构调整与经济结构变迁的回顾与展望——兼及增长方式转变（1950～2010）》，《中国经济史研究》，2012第1期

［59］刘立峰，《地方投资结构问题与调整优化方向》，《宏观经济管理》，2012年第2期。

［60］王英，《基于产业结构优化的我国OFDI宏观绩效评价》，《世界经济研究》，2012年第4期。

［61］任力军、杨军，《资源型地区资本国际化的途径》，《光明日报》（理论实践版）2012年7月15日，第7版。

［62］任力军、杨军，《山西产业投资结构变动及其效益分析》，《理论探索》，2014年第3期。

［63］（日）都留重人编，马成三译，《现代日本经济》，北京，北京出版社，1980

［64］（日）高桥龟吉著，宋绍英译，《战后日本经济跃进的根本原因》，沈阳，辽宁人民出版社，1984

［65］（日）中央大学经济研究所编，盛继勤译，《战后日本经济高速增长及其评介》，北京，中国社会科学出版社，1985

［66］中国投资学会编，《投资政策与管理》，北京，中国财政经济出版社，1986

［67］（日）小宫隆太郎等编，黄晓勇等译，《日本的产业政策》，北京，国际文化出版公司，1988

［68］孙尚清、马建堂，《中国产业结构研究》，太原，山西人民出版社，1988

［69］东北财经大学基本建设经济系，《投资、调节、改革——对社会主义投资问题的思考》，大连，东北财经大学出版社，1988

［70］李京文、郑友敬，《技术进步与产业结构－选择》，北京，经济科学出版社，1989

［71］徐文通等，《新的技术革命与固定资产投资问题研究》，北京，中

国展望出版社，1987

［72］李国强、陈明，《产业结构论》，杭州，浙江教育出版社，1990

［73］吴援朝，《当代投资体制改革》，哈尔滨，黑龙江人民出版社，1992

［74］曹尔阶、李敏新、王国强，《新中国投资史纲》，北京，中国财政经济出版社，1992

［75］林森木，《中国固定资产投资透析》，北京，中国发展出版社，1993

［76］王东京，《国际投资论》，北京，中国经济出版社，1993

［77］国家计委宏观经济研究院，《经济社会发展重大问题研究》，北京，中国计划出版社，1995

［78］戴玉林，《投资结构论》，北京，中国金融出版社，1995

［79］周振华，《现代经济增长中的结构效应》，上海三联书店、上海人民出版社，1995

［80］张中华、谢进城，《投资学》，北京，中国统计出版社，1996

［81］裴长洪，《FDI 与中国开放型经济研究》，北京，中国青年出版社，1996

［82］杜两省，《投资与经济增长》，北京，中国财政经济出版社，1996

［83］王树静、荣彤、叶焕民等，《山西省投资研究》，北京，中国轻工业出版社，1996

［84］安合祥、丁卫等，《中国投资结构分析》，天津，天津科学技术出版社，1997

［85］杨文进，《经济投资分析》，北京，中国财政经济出版社，1997

［86］岳军等，《当代投资问题研究》，北京，中国财政经济出版社，1998

［87］蒋同初、黄汉江，《投资结构经济学》，上海，上海世界图书出版公司，1998

［88］龚仰军、应勤俭，《产业结构与产业政策》，上海，立信会计出版社，1999

［89］邱华炳、孙健夫，《中外宏观投资比较研究》，北京，中国金融出

版社，1999

［90］曾培炎，《中国投资建设50年》，北京，中国计划出版社，1999

［91］程兴华，《中国工业投资结构论》，上海，立信会计出版社，1999

［92］李大胜、牛宝俊，《投资经济学》，太原，山西经济出版社，2000

［93］郭克莎，《结构优化与经济发展》，广州，广东经济出版社，2001

［94］侯荣华、汲凤翔，《中国固定资产投资效益研究理论、实证、案例》，北京，中国计划出版社，2002

［95］彼得．马赛厄斯，M. M. 波斯坦，《剑桥欧洲经济史》（第七卷），北京，经济科学出版社，2004

［96］彼得．马赛厄斯，悉尼．波拉德，《剑桥欧洲经济史》（第八卷），北京，经济科学出版社，2004

［97］周骏、张中华、张东，《投资与资本市场2005年中国金融与投资发展报告》，2005

［98］夏明，《投入产出体系与经济结构变迁》，北京，中国经济出版社，2006

［99］刘春梅，《中国产业投资优化研究》，上海，上海财经大学出版社，2006

［100］刘义军，《巴间郭楞蒙古自治州“十一五”投资规模与结构研究》，乌鲁木齐，新疆人民出版社，2007

［101］任佳，《印度工业化进程中产业结构的演变：印度发展模式初探》，北京，商务印书馆，2007

［102］叶汇，《投资结构与效益研究 投资专业论文集3》，北京，中国出版社，2008

［103］吴亚平等，《中国投资30年》，北京，经济管理出版社，2009

［104］李英明，《山西水利要事纪略：1949～2002年》，山西科学技术出版社，2005

［105］山西省史志研究院，《山西通志（第10卷）水利志》，中华书局，1999

［106］刘作舟，《区域发展战略与产业结构》，山西人民出版社，2002

［107］国家发展和改革委员会投资司，《投资体制改革》，中国方正出版

社，2004

[108] 刘慧勇等，《论我国投资体制改革》，中国经济出版社，1988

[109] 汪同三，《中国投资体制改革 30 年研究》，经济管理出版社，2008

[110] 高铁梅，《计量经济分析方法与建模：Eviews 应用与实例》（第 2 版），清华大学出版社，2009

[111] 项俊波，《结构经济学——从结构视角看中国经济》，中国人民大学出版社，2009

[112] 黄凯南，《现代演化经济学基础理论研究》，浙江大学出版社，2010

[113] 杜强、贾丽艳，《SPSS 统计分析——从入门到精通》，人民邮电出版社，2011

[114] 贾根良，《演化经济学的综合：第三种经济学理论体系的发展》，科学出版社，2012

[115] 韩志峰，《中国政府投资调控研究》，中国社会科学院，博士论文，2001 年

[116] 范德成，《VSC－IOD 模型与黑龙江省产业投资研究》，哈尔滨工程大学，博士论文，2003 年

[117] 张亚彬，《投资结构调整中政府作用问题研究》，中国社会科学院，博士论文，2003 年

[118] 黄建清，《经济转型时期中国政府投资与经济增长研究》，福建师范大学博士论文，2004 年

[119] 乐智强，《影响国际直接投资的产业因素》，厦门大学，博士论文，2006 年

[120] 盖国凤，《固定资产投资与经济协调发展研究》，吉林大学，博士论文，2007 年

[121] 石薇，《外商直接投资引起的产业结构效应研究》，同济大学，博士论文，2007 年

[122] 陆昂，《转型时期中国政府投资行为研究：基于公共管理者视角》，暨南大学，博士论文，2008 年

［123］张宏霞，《中国地方政府投资效应研究》，东北财经大学，博士论文，2010年

［124］霍跃，《中国民间投资国际拓展研究》，东北师范大学，博士论文，2010年

［125］李凯，《经济转型期影响产业投资结构的因素研究》，东北财经大学，博士论文，2012年

［126］谢治国，《新中国能源政策研究》，中国科技大学，博士论文，2006年

［127］刘卉，《新中国能源发展研究：不同时期的政策、技术与战略分析》，博中国人民大学，士论文，2012年

［128］李邃，《对我国产业投资结构的实证分析》，河北大学，硕士论文，2005年

［129］王桢，《新中国能源政策的演变与启示》，中共陕西省委党校，硕士论文，2007年

外文部分

［1］A. Ross Shepherd, Factor Price, Optimum Scale and the Structure of Industry, Southern Economic Journal, 1983, No. 4

［2］Ewan Clague, The Problem of Unemployment and the changing Structure of Industry, Journal of the American Statistical Association, 1958, No. 282, pp. 209－214

［3］Malhotra Gunjan, Growth and Structure of Industries in Madhya Pradesh, Advances in Management, 2009, No. 7

［4］Kancs, D'artis, Does Economic Integration Affect the Structure of Industries? Empirical Evidence from the CEE, Economic System Research, 2007, No. 1, pp. 73－97

［5］Philip, Alan Butt, The Structure of Industry in the EEC, Journal of Common Market Studies, 1976, No. 3

［6］Dennis W. Carlton and Jeffrey M. Perloff. Modern Industrial Organization (Second Edition), HarperCollion College Publishers

[7] National Innovation Systems: A Comparative Analysis. New York: Oxford University Press, 1993.

[8] N. S. Siddharthan, Industrial Structure, Non-Price Competition and Industrial Development, Economic and Political Weekly (Vol. 19, No. 31/33), Aug. 1987

[9] Sudip Chaudhuri, Economic Reforms and Industrial Sructure in India, Economic and Political Weekly (Vol. 37, No. 2), 2002